做幸福的引领者

班主任核心素养八讲

欧阳国胜 著

大夏书系 全国中小学班主任培训用书

华东师范大学出版社
·上海·

目录 CONTENTS

序一　心中有幸福，引领无止境　001
序二　书写自己的班主任学　005

第一讲　价值引领：享受教育，享受幸福

1. 创造价值，获得尊严　003
2. 关怀尊重，照亮生命　006
3. 跬步教育，艺术高效　010
4. 向善向美，引向幸福　017
5. 角色定位，影响关系　022
6. 师者之道，温和坚定　025

第二讲 专业引领：让爱明智，润泽生命

1. 关系"调色"，爱为底子
   ——一张便签与一个红包 029
2. 专业输出，让爱明智
   ——四粒大虾与一个鸡蛋 035
3. 爱是尊重，学会等待
   ——一个"不听课"的学生 039
4. 理解学生，理性关爱
   ——一次减压交流 044

第三讲 人文引领：信息甄别，"逢凶化吉"

1. 捕捉信息，防患未然
   ——一句童言与一次催访 051
2. 主动服务，顺性而为
   ——一张信息表 056
3. 静观默察，就事化育
   ——一次瞪眼 065
4. 随机应变，用心呵护
   ——一股异味 068

第四讲 文化引领：处处育人，时时滋养

1. 物理环境，无声之育 073
2. 文化建设，"气氛"之教 079
3. "钱班"精神，六个"特别" 083
4. 宿舍文化，"习"出美好 088

第五讲 会话引领：言启智慧，语润心灵

1. 平常谈心，平等对话　097
2. 说其未听，发其深省　102
3. 随心所语，点亮心灯　107
4. 巧借阅读，"教育纠正"　115

第六讲 活动引领：品质培养，全面发展

1. 大型活动，培根铸魂　125
2. 与生同乐，乐满赛场　133
3. "圆满"开会，达人利己　137
4. 家访之旅，爱之轨迹　143
5. 主题班会，塑造品质　151
6. 以好促好，发掘潜能　158

第七讲 品行引领：学会求知，学会做事

1. "美德德目"，幸福源泉　165
2. 读出力量，读出幸福　168
3. 写出自信，写出高分　176
4. "劳"而有法，"动"即成长　182
5. 放下手机，仰望星空　187

第八讲 共育引领：关系重建，温暖彼此

1. 健康第一，生命第一
　　——逃课的小丁　195

2. 摆正自己，松而不懈
　　——烦恼的森明　201

3. 关系重建，自信从容
　　——颤抖的小容　209

4. 发现美好，传递美好
　　——那碗沙茶面　213

5. 为何而忧，为何而教
　　——一次"伤心"的回复　221

附录1　关于本书部分评论　225

附录2　教师：做幸福的引领者
　　——兼谈如何提升教师职业幸福感　231

后记　嗅着花香，真好　241

序 一
心中有幸福，引领无止境

在一次去重庆讲学的行程中，我收到欧阳国胜老师发来的《做幸福的引领者——班主任核心素养八讲》的电子书稿。我一看书名就被吸引住了，迫不及待地在飞行途中读了起来。书中一个个鲜活生动的故事、幸福引领的案例，让我手不释"机"地从厦门读到重庆。

到达重庆后，我在电脑上静静地品读起来。文字中流淌出涓涓细流的幸福之源，章节里叙说着平平实实的引领之道，让我感受到欧阳老师那颗开放、细腻和敏感之心，用一种高贵的生命形态去感染学生、成就学生。心有幸福的引领，引领出他作为班主任的大爱情怀、大智境界和大师风范。

班主任的核心素养如何练就达成？也许可以从欧阳老师所说的八大"引领"入手。

"价值引领"，引向"美好未来"。从指导农村中学学生获奖，到培育伍绿羽同学写出《绿羽》之诗，欧阳老师悟出："任何地方，任何工作，都可以创造价值，获得尊重。"从早恋的小木同学那动人一跪，到他考进名牌大学，欧阳老师费了多少心血！从关注学生的学业成长，到重在学生精神成长，欧阳老师用爱与专业照亮每一个学生。欧阳老师在享受教育，更在享受幸福！

"专业引领"，引向"让爱智慧"。一张便签很平常，唯有题字价更高！小小红包续真情，粒粒粽子寄厚意。四粒大虾一个蛋，从小抓"吃相"，家长要跟上——最好的教育就在餐桌上！别激怒，静观、默等，让那个"不听课"的小女生主动给老师送自己的书法作品。还有那些给学生"减压"的故事，深入学生内心世界，许多难题也就迎刃而解了。

"人文引领"，引向"因类施教"。对单亲家庭的孩子辩证看待，并给予人文关怀，让教育带着温度。"不知学生过往，焉知学生未来？"一张信息表，让教师快速掌握新生情况。从"一次瞪眼"和"一股异味"的信息甄别，化凶为吉，化危为机，细微之处见真情！化"不利"为有利，也许是我们最好的教育契机。

"文化引领"，引向"育人无痕"。"钱学森班"的班级文化建设，提出了"培植善念，根植理性，文明砺进"的班训，体现了"特别明礼、特别有爱、特别自律、特别勤拼、特别能静、特别会玩"的精神。宿舍文化建设，寓教于生活之中，让生活教育像一缕春风，时时拂过学生的心灵。在耳濡目染中，欧阳老师潜移默化地熏陶、感化学生，从而产生一种"随风潜入夜，润物细无声"的教育效果。

"会话引领"，引出"三冬之暖"。平常谈心，平等对话，多给学生一些民主，多给学生一些自主，多给学生一些激励。说其未听，发其深省，"做会飞的蝴蝶"，让学生精神成长！随心所语："相信勤奋的力量""醉心阅读，方能致远""高度自律，自带阳光"……句句"点亮心灯"。高三冲刺不忘阅读，"阅读之于高考，甚至之于人生，无比重要"！

"活动引领"，引向"全而有特"。大型活动，大而有当：精准定位，精心布局，精细统筹，达到培根铸魂之效。运动会的赛场上，师与生同乐，师与生共情，让班主任工作变得更加充实而富有诗意。"九段管理"，让家长会充满温馨与人性。家访之旅，乃爱之轨迹。主题班会是班级活动的重要阵地，是班级生长的支点，谋划好，必将涵育出有境界的好班级。

"品行引领"，引向"幸福人生"。"美德德目"是学生幸福之源，更是学生积蓄砥砺前行的力量。"以书为伴的人生是幸福的"，学生之读，读出力量，读出未来，也读出一个民族的精神境界。写作不仅仅是为了考试，写作的背后，是积极、坚持、勤奋、努力、奋斗，写作不止，动力永存。"只有人的劳动才是神圣的"，"劳而有动"为学生的一生打好底色。让学生放下手机谈何容易，可欧阳老师做到了。

"共育引领"，引向"光明前景"。家校共育，珍惜生命，健康第一，争取把逃课的学生吸引回欢乐的课堂。以情感人，以理服人，美丽的守望，给茫然的森明带来敞亮和清明，给颤抖的小容带来自信和从容。发现人性之美，传递身边美好，"美美与共"，"那碗沙茶面"味更美！为何而忧，为何而教，部分优生之"忧"点，我们的教育，我们的教师、学校和家长，还有更好的方法吗？

读完全书，写到这里，我端坐电脑前，思绪万千。中国最小的"主任"，却是最伟大的"雕刻家"，欧阳老师至少是位杰出的"雕刻家"。

"没有爱就没有教育，没有兴趣就没有学习，教书育人在细微处，学生成长在活动中。"这是顾明远先生的四个教育信条。书中的每一个故事，都是欧阳老师践行这四个教育信条的真实写照，都是欧阳老师"热情、主动、艺术、享受，成人达己"的育人境界。

是啊，好的班主任，是有大境界的班主任。欧阳老师，让我看到了一位班主任幸福成长的最美姿态，让我悟出了一位高素养班主任的修炼之道，让我见证了一位贤者班主任可以达到的育人高度。

心中有幸福，引领无止境。

期盼有更多的班主任，永怀教育幸福之心，多向引领学生成长，成己必将达人，成人终将达己。

原厦门市教育局副局长、巡视员，特级教师，
获评"当代教育名家"称号

任　勇

序 二
书写自己的班主任学

欧阳国胜老师大作《做幸福的引领者——班主任核心素养八讲》即将付梓，嘱我作序，我在快意之余诚惶诚恐。快意者，我恒久的期待终于成为现实；惶恐者，虽说我40年从教生涯几乎不曾离开过班主任工作，但真正沉下去深入研究还远远不够，既缺引经据典之学养，亦乏一新耳目之新词，未必能写好这个序。但我又不忍断然拒绝，一则欧阳老师曾应我之邀多次莅临厦大附中就班主任工作传道，我从中获益良多；二则他为拙著《让教育稍稍有点诗意》撰写书评《把"仰望星空"的诗行写在学校的每一寸土地上——读姚跃林校长新作〈让教育稍稍有点诗意〉兼及帕尔默〈教学勇气〉感怀》并发表在《福建教育》（2022年第15期）上，令我备受鼓舞。单就这两条，他之嘱我就不能不复。尽管我是在匆匆赶回老家陪护生病住院的老岳父的途中受命的，但我并未以此为由婉拒，此可见我的诚意。我请他将文档发给我，承诺认真拜读后如觉勉强胜任，则一定勉力完成任务。

收到文稿后，我在病房里一边陪护病重的老岳父，一边拜读文稿。先睹为快，欲罢不能！我用了两天多的时间通读了文稿，且边读边在手机记事簿上记录心得。阅读的过程中，我多次默念一句话：欧阳老师是一个"阴谋家"，肚子里有很多的弯弯绕。甚至为此几次笑出声来。毫无疑问，这是一个似贬实褒的评价，意思是欧阳老师几乎在所有的教育事件和教育现场中都有自己的思考，他用教育心理学的方法，用研究的态度观察、分析、解决日常教育教学过程中出现的所有问题,将相关问题的解决方案考虑得很周到,是位高明的破局者,洞悉每个棘手事情背后的教育价值,于寻常处总能获得新颖独到的教育感悟。温和坚定,胸有成竹,居高临下,高屋建瓴,运筹帷幄,所以才会得心应手,手到"病"除。全部书稿,旁征博引,娓娓道来,既有深入浅出的学理剖析,更有典型案例的例析示范,既发人深省,又立学可用。总之,这是一本极具魅力的书稿。

优秀的教育者必然是思想者、研究者、实践者。在和欧阳老师多次接触后,我清楚地知道他有自己成熟的教育思考,他带班是有"套路"的,是位"老班"。但拜读文稿后,深感欧阳老师的"驭人术"和"关系学"炉火纯青,"套路"太深。

这本书用"八个引领"铺陈出38个"方法论",几乎涵盖了班主任工作的方方面面。宏观到边,微观见底,有很强的实操性,对不同年资的班主任都有极好的参考价值,是一份实用性很强的班主任工作指南。当然,举凡优秀教师都应当是"班主任"和德育工作者,因此值得每位教育工作者阅读。我不想也不必在本文中一一援引点评,一则能力不逮,未必中肯;二则难免鹦鹉学舌,招人厌烦,还是请读者自行探宝。

关于班主任工作的文字浩如烟海,相关专著也是数不胜数,大都有可资学习和借鉴的地方。如果说很多教育著作是作者用心写出来的,这本书可以说是欧阳老师用生命写就的。他从农村中学到城市中学,从一般学校到重点名校,由专科学历起点而成正高级教师,从教29年来几乎一直担任班主任或从事与之相关的行政工作,一步一个脚印成长为学生喜欢的优秀教师。我们从书中可见其教育行走的清晰的足迹和跋涉的身影。而这条路,我们每个人都可以走得通,唯一需要的是像欧阳老师那样一直坚定往前走!

教师或者说优秀教师的核心素养是什么?一定会见仁见智。讨论和辩论都是多余的,因为不会有唯一的标准答案。优秀教师也是多姿多彩的,是各有特色。其成长道路、专业发展的动力和教育成就也是有差异的。我个人的想法是,如果称之为"核心素养",那一定不能列出几十条。几十条还叫"核心"吗?而如果就一条,我觉得"挚爱"是最重要的。有学者通过反复调查和研究，列出了优秀教师的一二十条特点或表现，最后归类概括成工作态度、师生关系、人格魅力三条。这很符合我自己观察和研究得出的结论。这在欧阳老师身上也得到了印证。一个优秀教师之所以在工作态度、师生关系、人格魅力上超出一般，其关键在于对事业、学生和专业的"爱"。"爱"是幸福的前提，学会"爱"则是获得幸福的不二门径！欧阳老师深爱班主任工作。令我印象深刻的是，他有滋有味地做着班主任，享受着班主任这份工作。身为正高级教师、特级教师、省级学科带头人、厦门市拔尖人才，已是功成名就，辞去学校干部不足为奇，但辞去干部却主动担任班主任可谓罕见。诚如其同事所言，他是"不愿做校长，愿做班主任"的"怪人"。就工作量而言，即使你有天大的本事，班主任仍然是个"苦差"。欧阳老师为何作此选择，唯有"爱"可以解释，对教育、对学生最纯真的爱，一种"母性的爱"。幸福的教师必陶醉于自己的职业，这是一种最高境界。

2012年6月28日，联合国大会通过了66/281号决议，宣布每年的3月20日为"国际幸福日"，并强调"幸福是人类共同的追求，是人类生命的目的，也是世界各国发展的指导方针"。尽管至今还没有能用来衡量"幸福"这种源自内心美好感受的全球统一标准，但追求幸福和快乐却是我们全人类共同的目标和愿望，这一点毋庸置疑。幸福感是可以训练修为的，所以说幸福是可以追求的。罗素说："对于某件事情的信仰，是大多数人的快乐之源。"如果你认为幸福很重要，你很向往，是一种信仰，你就比较容易得到幸福。如果你能主动追求幸福，你就很容易找到幸福的理由。职业幸福也即职业幸福感，是指人在从事某一职业时基于尊严得到保障、需要得到满足、潜能得到发挥、力量得到增长并由此所获得的持续快乐体验和职业荣誉感、自豪感。既然幸福是人类生命的目的，那么，追求职业幸福就是天经地义、顺理成章的，教师职业也不例外。

职业幸福自然可以从过程幸福和结果幸福、现时幸福和未来幸福等维度来分类。无论什么样的幸福获得，都离不开正确的人生观和幸福观。不懂得幸福的人永远得不到幸福！教师职业的过程幸福、现时幸福的获得更需要教师具备乐观的人生态度和积极的人生智慧，要有正确的教育观，要深刻洞悉、把握普遍教育规律和当代教育特点。我一直倡导并努力实践的教育无非服务、办学生喜欢的学校、实施人道的应试教育、让教育更加尊重生命、让生命因教育更幸福、做幸福的平凡人等理念，其基本前提和根本目的是保障师生的幸福，特别是过程幸福，也即"现实快乐"。教育是为学生的事业，是为明天的事业。很多时候，想到学生，想到明天，我们丝毫不怀疑自己的职业价值和职业幸福，但我们没有办法摆脱当下的苦恼。很多老师都有这样的想法：你问我幸福吗？我没有理由说不幸福，但我也做不到理直气壮地说"幸福"，因为我现在正烦着呢。在如一团乱麻的工作中感悟到幸福是需要智慧的，但智慧地应对显然是可行的。欧阳老师的教育实践，特别是班主任工作实践，很好地回答了教师职业幸福的宏大命题。

当然，爱一个职业最基本的前提是有驾驭这个职业的关键素养和必备能力，具备相应的技能。怎样才能做一个幸福的教师？怎样才能营造幸福的课堂？怎样才能培养出幸福的学生？《做幸福的引领者——班主任核心素养八讲》一书为我们提供了有效的解决方案。班主任工作是技术，更是艺术，但核心是技术，只有专业才能化繁为简，技术经由专业运用直到炉火纯青，才可能进入化境，进而上升为艺术。透过欧阳老师的个性化探索，我认为一个优秀的教师应当是一位冷静、理性的热心人。唯有冷静方能看到"学生问题"和"问题学生"，唯有理性才能找到解决"问题"的科学方法，唯有热心才能走近学生进而走进学生心灵成为"亲密型的引领者"。只有触动心灵方能解决根本问题乃至根本解决问题。只有真付出才会有真快乐、真幸福。只有幸福的老师才能培养出幸福的学生，而培养幸福的学生才是教育的终极目的。因此可以说，教师幸福远不是其个人的事。进教室恐惧，上课紧张，课后抱怨，根子出在本领恐慌。没有真功夫，哪里有真幸福！

班主任的做法不止一百种，我认为"欧阳法"算是其中出色的一种；班主任技术不止一千种，我认为"欧阳式"是经过实践检验堪称有效的方式之一。"三人行必有我师"，学习的本领是教师最重要的本领。热爱学习，善于学习，终身学习，守正创新，终将成为优秀班主任。我们要不停地追问：在众多的"法""式"中，最适合我的是哪种？欧阳老师有自己的"班主任学"，我能否也建立自己的"班主任学"?"八个引领""38式"是欧阳老师的技术、艺术,那什么是我的技术和艺术?我能否将海量的通用技术化作我个人的独家秘诀?……具体答案留给各位朋友,但这里我要肯定地回答:一是不要被欧阳老师精妙到近乎繁琐的技术所吓倒,要相信熟能生巧,日久则驾轻就熟;二是成功无捷径,优秀教师应有自己的"班主任学";三是相信欧阳老师说的,"任何地方,任何工作,都可以创造价值,获得尊重"。

最后我想说,《做幸福的引领者——班主任核心素养八讲》付梓,建立了自己的"班主任学"之后,欧阳老师的班主任管理水平必定更上一层楼,处理诸如早恋一类难题势必更加游刃有余。我对欧阳老师的班主任管理学还有很多期待,希望他和他的智慧能引领众多同仁成长为终身幸福的教育人,做一个从容、优雅、不忙碌的"大先生"。谢谢欧阳老师!

厦门大学附属实验中学名誉校长,

福建基础教育研究院、德旺基础教育研究院特聘研究员,

中国教育学会第九届理事会常务理事

姚跃林

第一讲 价值引领：享受教育，享受幸福

1. 创造价值，获得尊严

高三常逃课的我，高考数学考了 136 分，却依然只上了一所三年制高等师范专科学校，即湖南零陵师范高等专科学校（现更名为湖南科技学院）。1996 年大学毕业时，经严格面试选拔，我被分配到福建省晋江市英林中学。

现在的英林中学校园环境好、设施齐全、办学质量高，但当时属农村学校，只有七栋小楼：校门正对面左右并排各一栋三层教学楼，教学楼后面是一栋两层石头办公楼，余下四栋是分布在四周的大礼堂、食堂及两栋教工宿舍。我与一位代课老师被分配到与校门连楼的最边上一间不足十平方米的小房间。房里只有两张旧木床，一张旧木制书桌。房间隔壁是全校男生卫生间，臭气熏天。房间石头小窗户外面是当地的一个"祭祀点"。祭祀的鞭炮声整日响个不停。那时候血气方刚，总感觉烟雾缭绕中弥漫着荷尔蒙爆棚的豪气。

恰逢学校升级为完中校，大批外地教师纷纷被调入。我是第二批分配到此校的外地教师，后来又有了第三批、第四批。当时，用闽南语说"外地教师"，似乎不太悦耳，但也恰恰是这一批批外地教师，冲击了学校教学的陈规陋习，自觉或不自觉地将教育改革不断向前推进。

后来，一些老师，包括与我同宿舍的代课老师，纷纷离开，大家或考研，或辞职，或另寻出路。我没有选择离开。工作后，我才真正意识到学历的重要性，便一边坚持当班主任，同时承担三个班的语文教学工作，一边自考福建师范大学本科，最后获得文学学士学位。后来在我全力备战清华大学汉语言文学专业第二学士学位入学考试时，清华大学突然关闭了此通道。我只好眼睁睁看着先我一年报考的一位女教师通过这种方式成功步入清华大学，成为一名正式的清华大学在校本科生，两年后直接分配到一所高校任教。

我工作的第一年带一个初二的班级。这个年级的孩子经过一年学习后有了较大的分化，急需调整的两个后进班的班主任都换成了新来的老师。我带的班级在科任老师来上课时，学生居然都不起立，直接与老师对抗。此外，学校还新成立了一个班级，就是将这所农村中学原初一年级各班最调皮的学生抽离出来，组成一个新的班级。学校说我是一位男老师，便让我去给这个班上语文课。这个班上课的常态是：老师在台上讲课，学生有时在台下三五成群地打牌，一些学生压在打牌学生的肩膀上喊叫应该如何出牌，还有学生在教室后面的黑板前垫排球。

当时学校教学楼没有教师办公室，在飘荡着男卫生间特殊气味与窗外响声不断的鞭炮声的小房间里，我架起简易的煤气灶，劈柴、生火，力求让"不纯"的空气中飘荡出一点湖南人喜爱的辣味来。每个周末，当学生与本地教师纷纷离校后，我与当时同年级的一位四川籍男教师马开其老师就窝在我那张木板床上，聊起一周来各自班上发生的事，各自当时是如何处理的，又应该如何改进。当时是一种无意识的聊天状态，现在想来，那应该就是最好的德育研讨。仅一个学期，我所带的班级就被年级教师全票评为先进班级。

我周一到周五几乎全勤陪护学生。每到周末，就在那个小房间里批改作文，常常批到深夜。改到多数学生均出现错误的地方时，我就不改了。我利用周末将一些集中出现的问题进行深入研究，慢慢形成专题论文。在那个小房间里，我写作并发表了许多论文，我论文写作与发表的第一个小高峰正是在这里形成的；在那个小房间里，我还进行了大量阅读。

刚到英林中学，我发现学生每次考试的试题基本是从之前做过的练习试卷中抽取，因此学生常在考数学物理前，大量背答案。外地教师的加入，迅速打破了这些陈规陋习。但从学校之前的做法中可以看出，学生的基础有多差了。但我从没有放弃对这些孩子的教育。后来我指导的学生洪光淼在参加由共青团中央、国土资源部、中央电视台等举办的"保护地球，爱我家园"全国中学生征文活动中荣获二等奖。"二等奖"在当时是什么概念呢？那次征文活动全国一、二等奖获得者总共 8 位，皆被邀请到北京人民大会堂参加颁奖仪式。后来经媒体报道才知道，除洪光淼同学属农村中学学生外，其余 7 位获奖者均为全国首批公布的国家级示范校学生。我们当时没有声张，只让洪光淼悄悄入京，领完奖就回来。此事以及教学上取得的成就，让我树立了职业自信：任何地方，任何工作，都可以创造价值，获得尊重。

从此，我建立了职业自信。这种来自专业成长的自信，为我奠定了坚实的职业基础。

至于从建立职业自信到获得职业幸福感，是后来我对教育不断深入接触才逐渐生发的一种情感。这种情感来自我的一位特殊学生——伍绿羽，他让我更深刻地理解了教育的真谛——教学相长，好的教育是相互成全的生命旅程。

2. 关怀尊重，照亮生命

由于教学业绩突出，我升入高中任教。

某年9月开学，高一班级来了一位特殊学生：他摇摇晃晃，偏着头，在家人的陪护下，一瘸一拐地来到教室。我迎上去，他微笑着，头上渗出豆大的汗珠。他走路时使出全身力气。我与他交谈，他吱吱呀呀。显然，他说话也十分困难，而且我听不懂。他，就是高一新生伍绿羽。更糟的是，他不能拿笔，不能书写，只能用摇晃的双手慢慢敲击键盘。他无法完成作业，也无法正常参加高考，相当于一位旁听生参与班级听课活动。

随后，我了解到他的情况：小时候一次生病，使他的行动与语言系统受到破坏。正如他在日记中所写："一生下来就患病，直到上了学还要家人背着到学校。听到别人的嘲笑，我很伤心。为了站起来，我用了一年多的时间，可腿还是迈不开。后来，经八方治疗、万般磨砺，才勉强站起来，再后来终于可以摇晃着走路。"

那段时间，我常常深夜思考他的问题。他还有很长的路要走，家人、老师都不可能永远陪伴着他。他也不应只需要同情与帮助，同情与帮助不是教育的全部。学习跟不上、高考不能参加，这些是现实，但他的思想、性格、品质等的培养也迫在眉睫，一旦错过黄金教育期，对他的成长将极其不利。

卢梭说："教育即生长。"诗人凸凹说："每束阳光都有照耀的理由，每一种生物都有自适的风流。"高考压力面前，如何促成这位非高考生的特殊

"生长"呢？这时，我想起了元好问评价陶渊明的两句诗："一语天然万古新，豪华落尽见真淳。"我迷茫的心慢慢变得澄澈：褪去高考的绚丽光环，于他，是更朴素、更真淳的教育。

磨合久了，我便基本能听懂他的发音，加上动作与表情，连听带猜，我们可以慢慢交流，于是常常一起聊天。时间长了，我们成了无话不谈的朋友。周末，他也常常艰难地爬楼到我在学校的家里。慢慢地，我们聊起了文学。一开始，我让他多读些书，后来又鼓励他写诗，因为诗短，他可以敲键盘，输出文字。

奇迹出现了，他次日就以他的名字"绿羽"写了一首诗给我。我觉得写得太好了，就在我带的两个班里读了他的诗，用于鼓励他。之后，他每天早上到校都交给我一至三首诗。我们热情交流，探讨诗歌意境，锤炼诗歌语言。慢慢地，他居然写出了上百首诗。我与他探讨，反复交流，一一作了修改（见下图，图中括号内为绿羽同学所写，灰色字体为我所改）。他的诗也越来越有思想，越来越有灵气，而他也找到了学习的快乐与人生的自信。他坚忍不拔的精神更是感动了我，鼓舞了年级所有健全的学生。

绿　羽	希　望	把握（自己）生命的根
伍绿羽	伍绿羽	伍绿羽
像飞行在暴雨下 风浪中的海燕 不（惧困难）畏磨难 与 险阻 总是向前飞（着）翔 生命垂危时 抛开死亡的双手 抓住了生命的（楼梯）承诺 当银针 插遍（布）身体的每条血管 而身体 却依然像块石头 默（莫）不作（吭）声 绿色羽毛总属于蔚蓝的天空 而不在陆地 2003-6-28	让我们一起打开未来世界的大门 一起跑过黑暗通向光明的隧道 飞速地跑 超越时空隧道 （犹）如光束般 （不断地跑）（下面应分节，原文未分） 挣脱黑暗的（束缚）桎梏 （奔向阳光大道） 奔向心灵的辽阔 2003-6-28	怨天尤人 只会一味埋怨 把希望寄给了天 自己却整天无所事事 命运在于天的掌控 是否没了天就不知（所措）何去何从 天 哈哈 只是地球周围的气体 加上少许固体 并没有所谓神的存在 来吧 让我们像雨天中的闪电 穿过那厚厚的云层 把握生命的根 去翱翔去驰骋 2003-7-13

我们一起修改过的诗

高二那年秋天，我因市级骨干培训需离开学校40天。临行前，我发现绿羽的情绪不对，原来他担心自己的诗没有了读者。我安慰他，并私下与接任老师作了安排。但临行前三天，我还是不放心。那天夜里，我辗转反侧。突然，一个念头跃过脑海：为什么不把他的诗结集成册，校内"出版"呢？我太太是学计算机的，那时全校教职工中唯一买了电脑的就是我家，我有这个条件呀。于是，我连夜爬起来，开始编辑源自于他内心深处的文字。终于，一本以他的名字命名的学生个人诗集——《绿羽》——首次在全校发行。这本粗糙却凝结着特殊学生生命感动的诗集在全校引起轰动。拿到这本诗集，他的母亲泪流满面。

高三时，我与他继续聊阅读，谈写作。有时走在乡间小路上，我们也一起写诗，夕阳照耀着我们。后来，他去了一所民办大学。毕业后，他在晋江市残联工作，服务大众。我也调入了厦门外国语学校（以下简称"厦外"）。就此，我们分开了，偶尔也会聊文学，聊人生，互发文章，奇文共赏，但毕竟交流不似从前那样密集，不能面对面交流了。

一晃十余年过去了。突然有一天，绿羽和他的父亲给我寄来一封信，我迫不及待地拆开，原来是一张报道绿羽的文学作品获奖及被评为"青年作家"的采访报道报纸原件。工作后的绿羽创作了大量的文学作品，散文《一百六十八级台阶》获得第十七届福建新闻奖暨2010年福建报纸副刊作品年赛一等奖，其个人也获得"青年作家"的称号，媒体争相报道。更让我高兴的是，他通过文学找到了人生的自信，也结婚生子，组建了自己幸福的家庭。

写下这位学生的故事绝非为了炫耀，而是在征得他本人同意后发自我内心的一份责任，一种敬佩，更是一种生命的感动。每一朵花都有绽放的自由，每一个生命都应该得到关怀与尊重，这是教育的原点！

"教育即影响"，实际上，并不是我影响或推动了绿羽，更多的，是他影响和推动了我。绿羽对我的影响是深远的。到现在，我依然能背出他以名字为题写下的人生第一首诗《绿羽》：

像飞行在暴雨下
风浪中的海燕
不畏磨难
与
险阻
总是向前飞翔

生命垂危时
抛开死亡的双手
抓住了生命的承诺

当银针
插遍身体的每条血管
而身体
却依然像块石头
默不作声

绿色羽毛总属于蔚蓝的天空
而不在陆地

与绿羽同学相伴成长的过程，其实很慢。一步一步往前走，有时甚至只是一跬步。但教育，往往不能操之过急，需要"得寸进尺"，也要相信"跬步"的力量。

3. 跬步教育，艺术高效

2005年，在英林中学工作的第九年，一个偶然的机会，我得知厦外与深圳外国语学校布吉分校在招聘教师，于是壮胆整理了一份简历分别邮寄到两校办公室。深圳外国语学校布吉分校对我的面试考核课非常满意，校长许诺了我四个优惠条件。来厦外参加面试的老师来自全国各地，而我的面试成绩得了两个第一名，即所有听课老师、领导综合评分第一，全班学生听课综合评分第一。

按照当时厦外招聘的惯例，得两个"第一"可以直接签约，但由于我第一学历和原工作单位都不是很出名，厦外迟迟没有答复我。8月12日，我开始整理行装准备去深圳外国语学校布吉分校报道，没想到，8月14日厦外办公室的陈丽珍副主任电话通知我次日去学校报到，参加当年的新教师培训。考虑到家人，我万般不舍地放弃了深圳，选择到离太太和孩子更近的厦外。

刚到厦外，学校安排我带一个高一普通班和一个新疆预科班的教学。到下学期时，学校领导觉得我工作表现好，任命我做了新疆班副班主任。我成了厦外唯一有文件记录的副班主任。

厦外工作的第二年，学校信任我，把年级实验班交给我。到厦门后的几年里，我两次参加学校教学比赛，都获得了高中组一等奖；参加厦门市第四届教学创新大赛及厦门市首届班主任技能大赛，均获得厦门市高中组一等奖，这给我的教学和班级管理带来了信心，也赢得了学校的信任。

有一年高二分班时，班里来了一位从普通班考入实验班的小木（化名）同学。一接触小木，我就感觉到他身上有很多问题。我有预感，接下来的两年时光里，我三分之二的时间都将花在小木身上。

父母离异的小木跟随母亲生活，他早恋，还是个"手机控"，几乎不跟老师和家长交流，即使与母亲交流，基本也是通过微信，回家即关房门，甚至还有一些让人头痛的其他问题。

在所有高中学生的思想工作中，我最担心的就是早恋。因为一个人一旦陷入感情的漩涡，谁还会在乎学习呢？但情感质量是可以调节的。我因此特别注重对起始年级高一学生情感质量的培育，引导他们的情感向高质量发展，比如，我会借用傅惟慈先生的"克制情感是人的一种尊严"等语句，引导他们的情感向上向善，切不能以不成熟的假象过早宣示情感。不知道是我运气好，还是引导起了效果，我带的历届学生中，没有出现明显早恋或严重抑郁的情况。

我不是保守之人，说实话，谁不想尝试一下爱情的滋味。爱情是甜蜜的美好事物，是人间的至性真情，但现在我们聊的不是爱情，而是早恋。既是早，必不成熟，必带苦味或酸味。我不愿说得那么严重，因为幼稚苦涩里隐藏着真情。我更愿说早恋是一件奢侈品，一般人承担不起。所谓"一般人"，指的是尚未养成必备控制力、辨别力与应对力的绝大多数中学生。你要是触碰禁果，表现出非中学生身份的"亲热"，就超越了环境与身份，成为格格不入的"异类"。史铁生说："死亡是一件不必急于求成的事。"其实，人生诸多事情皆不必急于求成，爱情也是，所以，何必急于早恋呢？根据埃里克森人格发展阶段理论，上大学的时候（18~24岁），才是建立亲密关系的关键期，而中学阶段并不宜早恋。

回到小木同学身上。小木并非我高一时就带的学生，据我了解，他在高一时早恋程度就较深。果然，2015年4月21日下午，小木与邻班的一位女生躲在一个小教室里。学校德育处发现后，要求停小木三天课。这时，距离高考仅一个多月。

没想到，次日一早6点半，我接到小木母亲的微信，同时还发来一张她与小木微信聊天的记录截图。大致是母亲对小木说，这次学校可能要处分他了，但小木回答说"无所谓，只要不处分她就行"。后面的一句话让小木母亲万分着急："我已经差不多打算要走了，我没有信心参加高考了。"他母亲正是看到了这句话才紧急联系我。我叫小木母亲表面上不要着急，今天的工作先放一放，在家陪着孩子。小木在家虽然关着门，但毕竟有人在家会更好。同时，我意识到这件事的严重性，要求小木母亲务必把小木父亲也请过来。虽然父母早已离异，但这个时候，应该属于共知共管合力教育的时候。

面对此类问题，老师该如何去化解呢？直接家访？学生不见得会接受。即便强行家访，就像前面说的小木一回到家就关闭房门，与母亲也只是通过微信交流。即使我去了，小木也不一定会开门，所以去了也没用。

但问题总要解决，此时就涉及班主任的管理艺术——如何艺术化地让学生的精神走向成长。

我当时的想法是，要化解此事，必须艺术化，且高效。

小木思想的顽固，是年级所有老师共知的，任由老师如何做工作，他都是静静听着，也不反驳，但就是油盐不进，事后又重犯。我一向对自己的会话艺术与劝说能力充满自豪，但他几乎直接摧毁了我所有的自信。但我还是相信教育的契机未到，而这次事件，很可能就是一个转机。我坚信小木还有基本的人性，只要基本的人性还在，就可以化解危机。

我决定另找一个理由去家访，前提是小木要接我的电话。如果他连电话都不接，问题就很难办。但我相信他会接我的电话，因为无论学生多么坏，我都真心对他好。对学生好，是关键时候学生愿意与我们交流的一个重要原因。

我给小木打电话，果然，他接了。这让我有了信心。我没有跟他谈论任何昨天发生的事情，也没有说要去家访的事，只是借学校要求高三学生填写毕业生社会实践档案表这件事来做文章。

我在电话中直奔主题，说："你昨天晚上没有来教室，恰好昨天晚上学校要高三学生填写社会实践档案表，而且要求以班为单位将表格一次性交齐。现在因为你不在，全班同学的表格都交不了。能不能这样，我把表格拿过去，只要十几分钟就可以填好，你填好我就马上带回学校，这样全班同学表格的上交就不会受到影响。"他一听，或许觉得自己拖累了全班同学交表，很快就说："老师，没事，你过来吧！"

我坚信只要他还有基本的人性，就不会拖累或影响全班。我正是利用了这一点起码的人性，成功地进入了小木的家，并见到了他。我相信，只要让我见到他，问题就能解决。在这个事情上，填表是真实的，但要求全班同学一次性交齐显然是一个善意的谎言。这，就是艺术化管理。

我拿着一份样表和一份要给他填写的表，如约而至。小木从房里出来，我什么也没有说，摸了摸他的头，然后坐下来开始教他填表。小木在我的指导下开始填表，并逐渐放松下来，也慢慢地露出了笑容。我得了"寸"，接下来要想方设法"进尺"。

表格其实很复杂，说十几分钟就能填好，明显也是一个善意的谎言。我顺着表格内容，一项一项教他如何填写。然后借着表格条目与内容，见缝插针，顺势发挥，巧妙地过渡到了人生问题。

我跟他说："欧阳老师像你这个年纪，做过的坏事比你多多了，但我的做法是，我是一个男人，男人最大的魅力其实在于敢吃苦与敢担责。"就这样，我一步步"滑"到了学校处分他的事情上。有了前面的铺垫和感情基础，我开诚布公地说："其实学校最担心的是你们昨天把自己封闭在小教室里，究竟有没有突破最后的底线。"小木说："没有，绝对没有。"我说："问题是你现在如何来证明呢？学校的难处在这儿。"这时，我在想，学生的思想工作，必要的时候需要有一定的仪式感。想到这里，我动情地说："今天这里没有别人，只有'骚哥'（我的一个绰号，为学生对我的褒称，源于我的一节公开课，具体可见"后记"中的说明）和生你养你的爸爸妈妈。你如果敢为你刚才说的话的真实性负责，就在爸爸妈妈面前跪下来。"

没想到，小木立刻站起来，对着爸爸妈妈"噗通"一声就跪了下去。男儿膝下有黄金，那一跪，感动了我。我相信，小木刚才说的是实话。这表明，他一定还有救。

我说："你今天太让我感动了，后面的事就交给我来处理。今天我好不容易来了，爸爸妈妈也好不容易都来了，我们今天来，就是来解决问题的，就是要来帮助你的。只要你从现在开始配合，还有一个多月的时间，完全可以考上理想的大学。"我趁热打铁继续说："'骚哥'以前也像你这样做过许多不好的事，但遗憾的是，没能留下事后供自己回忆从而促使自己不断前进的一个凭证。今天你介不介意留下这张珍贵的照片，留作往后激励自己前行的一个物证呢？"小木说："我愿意，您拍吧。"于是便有了"学生动人一跪"的珍贵照片。

没有强行要求家访，我只需要他同意我送表格，却达到了家访的效果；没有强行拍照，尊重学生及家长的隐私，这是起码的道德准则。我不赞成一到学生家里就随意拍照的做法，但我们可以艺术化地在征得学生和家长的同意后留下珍贵的照片，这就是尊重，是教育，是教育的艺术化。就像教育部德育专业教学委员会核心专家、华东师范大学教授黄向阳在《德育原理》中所说："'教育'包含认知标准与道德标准，从道德标准上看，教育必须包含善良的意图，必须包含有价值的内容或产生有益的影响，必须采取合乎道德的方式或在道德上可以接受的方式。"

上面的"得寸进尺"与"艺术化拍照"都是"合乎道德的方式"，那种一到学生家里就拍照的家访，其实在很大程度上是为了完成任务，并不是真正的教育。教育是有条件的，教育有着认知与道德上的双重标准。

拍完照后，我继续鼓励小木。我拿出一个全新的笔记本，说："你看，今天'骚哥'带来一个全新的本子，这个本子跟任何人包括学校领导都没有关系，只用于你我之间。我们能不能借今天的机会，一起达成几条协议，帮助我们今后少犯错误，也借这个机会给自己一些必要的约束呢？人成长很重要的一种方法，就是善于借助外力来约束自己，使自己有看得见的进步。就像康德在《论教育学》中所说的，从'自助'到'自律'，再从'自律'到'自由'。"小木说："可以。"于是，我们一条一条聊。对话过程中，我在笔记本上记录了下面几条重要信息。

1. 绝对没有突破生理防线。
2. 不会再有看轻生命等不良想法。

3. 曾表示无信心参加高考，经谈话，现确定不仅参加，且立志考上武汉大学。

然后，小木拿起笔，在笔记本上写下承诺。

不再沉溺于早恋与手机，在家也不关门了，立志考上武汉大学！

我没有要求小木父母在本子上写意见，可是，他母亲非常激动，两次主动从我手中拿过笔和本子，写下了她的承诺和感慨：第一条是为孩子做好后期学习服务的保证；第二条竟把我这次的家访比作"福星高照的艳阳天"——"永不忘怀2015年4月22日这一福星高照的艳阳天！"

2015年4月22日，距离高考仅剩40余天。

谈完话后，我让小木下午就回学校上课，为理想而奋斗。小木却说："昨天德育处说要停我三天的课。"我说："你不是已保证不再沉溺于早恋了吗？你只管回学校上课，并守好你的承诺。至于别的事情，我来协调。"我之所以作这样的决定，是因为，我认为学校肯定有学校的理由，但论对学生的了解，学校应该没有我深透，作为班主任，我必须为他的学业和精神成长负责。

可是，回到学校后，小木就真的不会再犯此前的一些错误了吗？一定会再犯的。要是不犯，他就不是问题学生了，也不合乎转化规律。

接下来的40多天里，我每天到班级后都会特别留意他，常在经过他的位置时，只摸摸他的头，并不说话，旨在传递一个爱与责任的信号。当他再犯错误时，我会巧妙地及时提醒，或与他单独聊聊。我把这种每天只要求他进步一点点的方法，称为"跬步教育"。古人把迈出一只脚叫一跬步，再迈出另一只脚，合起来就是今天所说的一步，"不积跬步，无以至千里"。"跬步教育"就是要求学生每天进步一点点。对于学困生，我们不可以强迫他们一步到位，因为他们相应的精神品质没有培养起来，要求一步到位既不现实，也不合逻辑。这种教育思想的来源，其实很简单，我儿时在农村长大，常见到这样的情景：在河里洗好了衣物，两手端着物品往家赶的有经验的母亲，常常是走几步就要回头唤一下自家的孩子："来，宝贝跟上来。"正是这个经典的儿时镜头，让我想到了"跬步教育"。

就这样，我带着小木一步一步"跬"到了高考。高考成绩出来后，毫无疑问，他的成绩在我们班并不理想。但小木母亲查到孩子高考录取结果时，第一时间截图给我，录取学校正是"武汉大学"。

小木母亲无比感动与激动，自己在家做了两份肉，送到学校门口，电话我，让我出来一下。我以为母子之间又发生了什么事，匆匆赶到。没想到，小木母亲近乎祈求地说："欧阳老师，我知道你不会收礼，就做了两份肉。这个不是用钱买的，只想表达一下我们的心意，请你无论如何也要收下。"

我无法拒绝那种祈求的眼神，犹豫了一会儿后，说："今天这两份肉我都收了，哪怕违规我也认了。"小木母亲高兴得像个孩子。

一年后，小木母亲的侄女中考成绩全市排名前500名，全厦门高中学校可任由她挑选。小木母亲第一时间联系我，说毫不犹豫让孩子报考了厦外。

我常想，老师现在对学生的态度，扎实、专业而有成效的日常教学与服务，就是学校最好的招生广告。

绿羽和小木的故事让我明白，无论是农村中学，还是城市名校，我的劳动或教育都是有意义的，它可以改变一个人，甚至一个家庭。同时，这些故事也丰富了我的教育经历，让我在对待问题学生时不急躁、不功利，学会静心等待，并施予持续性的、跬步式的阳光雨露。

我热爱教育，是因为教育并非只是单向付出，它需要创造，需要艺术，因为它直接关联学生的生命成长！同时，教学相长，教师不是蜡烛，不能只一味照亮别人，燃烧自己。如果一种活动只有单向付出，是不持久的。就像力是相互的，教育的影响也是双向成长。正如黄向阳教授在《德育原理》中所言："正因为教育人不仅是促进他人发展的方式，也是自我发展的最佳方式，教育者才可能从教育人的过程中获得许多乐趣。"这种乐趣就是幸福，是一种高于物质享受的精神收获，它帮助我们培养起幸福的职业情怀与职业精神，是一种与身份、地位、财富并无多大关系的精神慰藉。

4. 向善向美，引向幸福

绿羽和小木的故事让我意识到，做一名幸福的引领者，关键在于自己对职业与人生的认知。

"幸福"的基础是将职业与兴趣合二为一。但能将两者合二为一的人，少之又少。所以，我常采用退而求其次的办法，即教育是我的衣食来源，我必须慎而待之。

教师，尤其是班主任当下的现实困境大多是一地鸡毛：事务冗繁，程序杂乱，心力交瘁。班级工作的事务性、琐碎化，直接导致教师尤其是班主任工作的庸俗化与非专业化。因事务繁杂而降低了自身的精神持守，消减了自身的职业守望，既不能升华自身的从业境界，亦不能做学生精神成长的引路人。

米兰·昆德拉评价文学时说："媚俗，是真正的灾难。"文学之外，现实生活中的人生亦然。

《中小学班主任工作规定》明确指出："班主任是中小学日常思想道德教育和学生管理工作的主要实施者，是中小学生健康成长的引领者，班主任要努力成为中小学生的人生导师。"这一定义赋予了班主任三个关键词：实施者、引领者、人生导师。而这三个词的共性便是"主动"，即班主任应积极主动地把学生学业成长与精神成长的同步建构作为工作的重心，而非只是被动地完成学校各职能部门硬性规定的事务。

学生的学业成长与精神成长显然离不开家长与教师的专业素养。班主任工作除了冗繁杂乱,更重要的是班主任自身的职业定位与人格魅力。有的老师表示,自己从来没有感知到职业的幸福,这同时也意味着,这类老师并没有认识到,自己的工作不仅关系到自家人的幸福,更关系到千万个家庭的幸福。

思想是行为的引擎。人必先有好的精神、好的态度,才能有好的管理方法与管理策略。当前教育中,虽然主动申请做班主任的教师多了,但多为职称等现实需求所驱动,并未上升到发自内心的热爱与精神享受的高度,或至少是心甘情愿而为之的一种良好心态,故一触及班主任现实冗务,便表现出不情愿、牢骚满腹等情绪化的行为反应。时下多数教师对自身职业的认知,其实还比不上陈忠实《白鹿原》中的长工鹿三。

《白鹿原》第六章说,白嘉轩与其妻仙草的第八个孩子白灵顺利落草,躲过了四六大关(前面已有三儿一女连续夭折)。按当地习俗,满月后,为了找一个护荫"给灵灵认个干大"(干爹),白嘉轩拟认有身份、有地位、有世交的医生冷先生。可是妻子仙草却说:"你去问问咱妈,咱妈说认谁就认谁。"结果出乎所有人的意料,白嘉轩的母亲白赵氏没有确认两代交好而又有身份、有地位的冷先生,说:"咱就认鹿三!"鹿三是白家的长工。

白嘉轩得了母亲之令后去找鹿三。当白嘉轩告知鹿三想让白灵认其做干爹时,小说在这里对鹿三作了一段专门的聚焦式描写与评议。

鹿三捉着短管烟袋依然吸烟,烟雾飘过脸面,像一尊香火烟气笼罩着的泥塑神像。这是一个自尊自信的长工,以自己诚实的劳动取得白家两代主人的信任,心地踏实地从白家领取议定的薪俸,每年两次……在他看来,咱给人家干活就是为了挣人家的粮食和棉花,人家给咱粮食和棉花就是为了给人家干活,这是天经地义的又是简单不过的事。

这里的"自尊自信""诚实劳动""心地踏实""天经地义"等词所表现出的朴素的教育思想与教育态度,读得我热泪盈眶。长工鹿三对他的职业定位能达到如此高度。鹿三的职业精神更使我坚信:在任何一个地方,任何职业都可以凭借自己的劳动创造价值,赢得尊重。现实教育中,有太多教师轻视自己美好的教育事业，没有意识到教师首先应建立自己的职业自信，争做一名幸福的引领者，进而引领学生的幸福。幸福不是单向度的物质享受，更多的是一种职业本身带来的美好感觉，即被信任、被肯定的价值认同——有职业尊严与职业收获的精神认同。

《白鹿原》中的长工鹿三不卑不亢，诚实为人，坦诚行事，虽身份低微却一样受人尊敬。一个人的高贵不在物质，更多的是在精神。维尔纳·耶格尔在《教化》中说："人性的价值不是权力，而是教化。"如果我们做不到将职业与兴趣合二为一，但至少可像鹿三一样，退而求其次，即衣食来源，慎而待之。我常警醒自己，教育是我所有的衣食来源，我必须学习鹿三，慎而待之，站好一班岗，守好一段渠，悦纳自己，做好一切教育事务。这无关领导，无关学校，只为坚守朴素的"鹿三式"的职业精神。

问题在于，很多老师对职业、对成功的定义本身就有偏差。一些老师认为：哎呀，我这么大年纪了，还是一个班主任，混得很不好。潜意识里仍然是"教而优则仕"的思想在作祟。其实，每一个行业、每一个位置都有其不可替代的价值。"仕"是一种输出服务的人群，"民"（即普通人）也是一种输出服务的人群。"仕"与"民"作为不同的服务输出者，其意义不在于人群本身的差别，而在于所输出的服务的意义与价值。为官者的行政意义当然值得肯定，但普通教师所产生的专业意义与专业价值亦不可小觑，有时"民"的专业影响力甚至会超越"仕"。我们做的是专业，既不应被他人矮化，也不应自我矮化，是为专业尊严。

有此人格守望，心里才能坦然接受学校的各项事务，并竭尽全力主动建构学生的精神成长；有此人格守望，你才可以活出自己的风采，有自己的精神高度，你才能看见独属于自己、属于教育的满园风景。面对教育的形形色色，尤其是身边各种消极情绪，我们应发挥海水般的自净能力，以稳固自己的身心系统，否则，身心难以愉悦。达尔文在《物种起源》中说："保留有利的变异，淘汰有害的变异，我称之为自然选择。"

一次，一位入职不到三年的老师向我诉苦："欧阳老师，我今天好郁闷呀。"我说："怎么了？说说看。"她说："我每天都坐在办公室备课、改作业、找学生谈话,校长都没有看见。今天上午我确实有事,没来办公室,恰好校长就来巡课,到办公室时没看见我。我好郁闷,怎么就这么倒霉,平时那么努力他都没有看见,一次不在他就看见了,校长有天眼吗?"我注意到她的语言中用得最多的一个词是"看见"。我笑着问她:"学校要求坐班吗?"她说:"那倒没有。"我说:"就是呀,没有哪一位校长会因为一次没看见你在办公室就否定你。如果有,这样的校长大抵也不用理他了。这不是问题的症结,根子不在校长,校长不会如此狭隘,反倒是你的心魔。你是在'跪着'教书,你一切的工作只是为了让校长'看见',你工作的目的就是要被校长'看见'吗?我们工作的意义在于为学生传道授业解惑,是一件默默工作而不求人看见的良心活,是无人监管依然也要尽心去做好的一份天职。你要站着教书育人,你的心才会敞亮。你只为校长一人'看见',终将被大家淹没。你是人民教师,学生与家长就是我们的'人民'。你问心无愧地工作,即便校长没有看见,也终将被多数人看见,而最终校长也会因你的教学业绩与育人成效看见你。所以,你要破局,不能自我设局,作茧自缚,做局里的'囚徒'。你要从局里出来,立在更高的视点。"

换一个角度说,对职业境界的追求其实也是一种道德修养,一种人生修养。德国作家、诗人赫尔曼·黑塞在《读书:目的与前提》中说:"真正的修养不追求任何具体的目的,一如所有为了自我完善而作出的努力,本身便有意义。对于'教养'也即精神和心灵完善的追求,并非朝向某些狭隘目标的艰难跋涉,而是我们的自我意识的增强和扩展,使我们生活更加丰富多彩,享受更多更大的幸福。"教师要学会不止于获取特级或正高级等某些具体的头衔名号,而应追求自我完善,并意识到这种追求本身就是一种幸福,这样的教师才能拥有真正的职业修养与职业幸福。

周国平说:"教育的道理,就是你自己做人的道理。"作为教师,我在学生的引导方面,正是向着道义、尊严、感恩、善爱、仁慈、健康,至少是不作恶等人性素养的方向努力。

迟毓凯在《人生困惑20讲》中归纳出积极心理学家马丁·塞里格曼关于影响幸福的六种美德:智慧、勇气、仁爱、正义、节制、精神卓越。"精神卓越"就是人在遇到事情后超越、升华的一种情绪优势，一种自净能力，即不受身边消极因素影响、能抽离不利环境、非功利性地向着利于自身专业与身心健康发展的能力。

郑也夫在《阅读生物学札记》中说："人是具有可能性的动物……进一步推论：人是自我决定的动物。"通俗地说，就是"我命由我不由天"，但这样的"决定"，可正可负。教师职业幸福指数关键取决于自己对职业的认知与定位，取决于对职业的个人信念。幸福与烦恼都是自我决定的，思想决定行为，教师必须先有准确的认知、态度、信念，才能表现出积极主动的教育行为与职业精神。

这其实是一种生命的自觉与唤醒，就像教育家于漪先生所言："卓越教师成长的根本在于生命的高度觉醒。"有了这样的底线认知，教师尤其是班主任在应对冗繁、杂乱的工作时才不至于心力交瘁，才有可能穿越冗繁、琐碎的层层迷雾，上升到精神层面，去记录、总结、凝练班级事务；才有可能超越眼前的苟且，在脚踏实地、弯腰拾取地上的"六便士"之时，抬头仰望天上的"月亮"，向善向美；甚至拿起笔，超越冗繁事务与经验层面，记录教育，创造教育，向精神的高地出发，向专业型教师出发。

用爱与专业照亮每一个学生。教师要做一个有思想、有个性、有师德师风且业务过硬的专业型教师。一所学校，校长固然重要，但如果教师尤其是中青年教师不奋起、不作为，将是莘莘学子及学校的厄运。教师的幸福，当然不能仅停留在遵守常规的显性师德师风上，应跃升至常被忽略的、隐性型、内涵式师德师风上，实现境界的提升，即必须依托"师能"，以专业的高、精、深提升专业素养，照亮每一个学生。

有德无才是次品，无德无才是废品，无德有才是危险品，有德有才方为精品。缺乏医术空喊治病救人，无济于事；不具实学徒叫尊师爱生，于事无补。进德修业、德才兼备是师风、校风、学风的两翼！没有"才"支撑的"德"，师德师风就可能止于口号，流于形式，幸福也将成为无源之水、无本之木。教育如此，其他领域何尝不是。

5. 角色定位，影响关系

教师或家长在孩子面前的角色定位显然会影响双方关系。如果我们常以教师、家长或管理者的身份自居，很容易把自己定位成"警察"，这样就容易只盯住孩子的不是，难以发现孩子的美，孩子自然不喜欢；如果把自己定位为服务者，孩子就会亲近，并喜欢与之交流。

再回到陈忠实的《白鹿原》。长工鹿三的儿子黑娃跟着鹿兆鹏兄弟和白孝文兄弟读书，小说中对他想与谁坐在一起读书这个细节有一段精彩描写。

黑娃不由得在心里将鹿兆鹏兄弟和白孝文兄弟进行比较，鹿兆鹏鹿兆海兄弟使人感到亲切，甚至他们的父亲鹿子霖也使人感到亲切。鹿子霖常常在街巷里猛不防揪住黑娃头上的毛盖儿，……哈哈大笑着胁逼他叫叔……而白嘉轩大叔却永是一副凛然正经八百的神情，鼓出的眼泡皮儿总是使人联想到庙里的神像。黑娃知道白家对自家好却总是怯惧，他每天早晨和后晌割两笼青草，匆匆背进白家马号倒在铡墩旁边又匆匆离去，总怕看见白嘉轩那张神像似的脸。他坐在白家兄弟的方桌上，看着孝文孝武的脸还是联想到庙里那尊神像旁边的小神童的脸，一副时刻准备着接受别人叩拜的正经相。……他终于耐不住白家兄弟方桌上的寂寞，把自己的独凳挪到鹿家兄弟的方桌边去了。

这是一段非常精彩的人物描写。按理，白嘉轩资助了黑娃上学，多给他加了一张独凳，可他却因白家人过于正经而拘谨，身感不适，于是"把自己的独凳挪到鹿家兄弟的方桌边去了"。

我猜测陈忠实先生一定很熟悉这两种不同类型的"管理者"，甚至深感过于严肃所带来的拘谨与不适，或者是更严重的负面影响，于是在小说中有意影射了一些教育现状。

黑娃明显知道白家对他们一家的好，心里也特别感恩，但就是有惧怕之感，产生了敬而远之的心理。学生亦然，知道这个老师或班主任好，勤奋努力，以身作则，掏心掏肺，教学成绩也好，却不愿接近这样的老师。这是一种矛盾现象，却又是正常的心理反应。

有果必有因，内在的原因是什么呢？

三好真史在《教师的语言力》一书中阐述了"交流分析理论"。"交流分析理论"认为人有三种自我形式：父母型（P）、成人型（A）和儿童型（C）（见下图）。

人的三种自我形式

其实，每个人的身上都会同时兼有父性特征、母性特征及儿童特征。父性特征一般偏向严厉、刚烈、凶猛，母性特征则一般偏向慈祥、温婉、柔和。一个男人身上并非一定是父性特征超过母性特征，同样，一个女人身上也并非一定是母性特征超过父性特征。所以，一些让学生惧怕无比的女教师，实乃其释放出更多的父性特征。儿童特征则是成人身上所表现出的天真、可爱、好奇的一面。

三好真史的"交流分析理论"涉及班风建设与人际交往问题。一些学生，尤其是低年级学生，教师管理如果偏松，学生则可能太吵太闹；教师管理如果太严，学生又太压抑，甚至上课的氛围也难以活跃。班主任应引导学生不能把老师的温和与善良当软弱而放肆，亦应建立一个宽紧有度的良好班级氛围。

如果一个班主任身上的父性特征过强，超过了母性特征，学生一般会感觉压抑或害怕，班级气氛就会过于严肃单调，毕业后学生因对老师的害怕与畏惧而难以与老师及母校联系；如果一个班主任身上的母性特征过强，超过了父性特征，学生则会感觉轻松自由，班级气氛温和团结，学生普遍感觉身心愉悦，毕业后学生也更愿意与老师及母校联系。

两种类型的班主任风格不同，优劣各异，因此我们不能说某一种类型一定优于另一种类型，教育因人而异，应因材施教。有的学生可能需要严格，有的学生则需要宽松。但因教师的身份定位而带来的幸福指数可能会不一样。一般情况下，母性特征更强的教师可能收获来自学生的幸福会更多一些，但班级学风有可能会难于管理；而太严格的教师可能会让学生敬而远之，少了一些幸福感，但班级学风会相对较好。

这方面，我可能偏严过正，这也是我一直反思并努力改进的地方。

6. 师者之道，温和坚定

读初一那年，家人把我送进本地一所农村中学。因离家远，我成了一名住校生。那时我年龄小，营养不良，还常常尿床。可惜，当时本应得到老师更多关爱的我，没能及时得到老师应有的呵护，反而觉得好多课堂充满了恐吓，凶狠的老师如恶梦，如灾难，尤其是初二时的物理老师。

那时我的物理老师高大帅气，可能不满被分配到农村中学任教，脾气糟糕透顶。记忆中的物理课堂是这样的：上课铃响后，一群农村娃还在嬉笑斗嘴，物理老师夹着一本书，拿着一盒粉笔，走进教室，猛拍讲台桌，一声大吼："吵什么吵！"教室顿时安静下来。接着，他阴沉着脸说："科代表，去我房间窗台抱作业本！"我们战战兢兢地坐着，科代表战战兢兢地离开教室。不一会儿，作业本放在讲台桌上。这时，物理老师总会说："每天的作业都乱七八糟，是猪也教会了吧！"这是他的口头禅，我们几乎天天听，但我还是每次都会被刺痛。

接下来，他拿过作业本，用极简洁的一句话点出每一个同学作业中的毛病，精准狠毒，然后恶狠狠地将那一页作业纸无情地当众撕毁。所以，那时我们常听到这样的吼声："张三，什么'解 ='，哪有什么'解 ='？要么直接写'='，要么写'解：原式 ='！重做！"然后"啪"的一声，把"张三"的那一页作业纸撕毁，夹在作业本中，将整本作业本重重地扔在讲台桌上；或者是："李四，为什么不分栏对齐？东倒西歪的，不是说了短的物理算式要分两栏写吗？"又是"啪"的一声，又一名同学的作业本被扔在讲台桌上。每当这个时候，我们都如坐针毡，头恨不得埋到桌子底下，生怕自己的名字被叫到。哪怕侥幸逃过这一节课，可是，每一节课都能躲得过吗？因此每一节物理课我都惶恐不安。

这个上课环节过后，是授课环节。物理老师还是充满着怨与恨。他上课的过程就是发泄的过程，对着上课分神的同学扔粉笔头也是常见的事。印象最深刻的是，他的板书写完后，往往是将粉笔头一扔，然后语气凶狠地问："值日生，哪一个是值日生，上来擦黑板！"

课中的黑板也要让值日生去擦，这在我读书和教书过程中，仅见此一例。

就这样，我和同学们也在不知不觉中养成了粗暴的脾气，似乎看什么都不顺眼。坐在后排又被老师点名骂过的高个子同学会在课下拿前排矮个子同学发泄。一年后，我大哥知道了此事，便将我转到区中学，重新从初一念起。但想要忘掉那个恶梦，为时已晚。因为，易于暴躁、动辄迁怒的种子已深植我幼小的心灵。

后来，我走上了三尺讲台，居然不知不觉地"模仿"起了自己当年的那个物理老师。那时候，班上只要有同学吵闹，或者只要我听到有班干部反映班上吵闹，就会不顾一切地训斥他们。再后来，经过多年的"遗毒"清理，我才学会了宽容，不再简单粗暴地对待学生。可是，那已耗过了我教育的青春年华。虽然我不再咆哮，但无形中总不自觉地偏向严肃，所以我一直惭愧自己的从教生涯可能偏向严厉，没能妥善处理好这一层关系。

现在，我深刻体会到：对于学生而言，遇到一位好脾气的老师，无疑是一生的福音；而过于严苛的老师，自己都生活在怒气与怨恨中，又何谈职业幸福呢？

一个班级，一个家庭，若有一位这样的长者，那将是孩子成长中的恶梦与灾难。

刚则易断，柔则强劲。容易发怒，性子刚烈，非智者表现，且离智者甚远。真正的睿智，不是金刚怒目，直来直去，而是柔情似水，水滴石穿，润泽万物。幸福的师者，专业之外，更应有温和而坚定的智爱，用爱与专业照亮每一个学生。

第二讲 专业引领：让爱明智，润泽生命

1. 关系"调色",爱为底子

——一张便签与一个红包

师生间的交往,说到底其实是人际关系的交往。既是人际关系交往,就需要爱做底子。班主任或科任老师与学生的交往至少一至三年,且密度大,几乎天天接触。如果一成不变,生活就会失去色彩。所以师生间的人际关系需要维系,甚至需要调色。积极心理学家塞里格曼说:"良好的社会关系同食物和温度一样,对人类的情绪至关重要。"

一些学生情商较高,或由于天真,或出于对老师发自内心的喜欢,他们有时会放几粒糖果或写一张小卡片给老师,这不是巴结,更不是贿赂,而是小可爱,因为学生的动机很纯,从他们的笑脸就可以看出来。同理,老师对学生的爱也是一样的。如果与学生交往很久,你一点"小可爱"都没有,有时可能就会无趣,甚至无聊,久而久之,会影响情绪。比如,在重要的时间节点,如春节后返校的第一天、毕业班教室搬迁、儿童节、学生生日、成人礼,或分别的时候,老师尤其是班主任每次都无所感触,与学生的生命缺乏同频共振,久而久之,虽然与学生也是一样的交往,但生命的交往缺乏光亮。爱,不止于送个小礼物,只要是指向生命感知的,都会受到学生欢迎。

2021年,厦外40周年庆典大会时,我从庆典活动现场走过,突然校友席里一位女生冲出来，跑向我，并叫住我。走近时，我才认出是多年前教过的小圆（化名）同学。她很兴奋地问我："'骚哥'，你还记得你曾给我写过一张便签吗？"她一边问，一边从背包里抽出一本书，又从书中抽出一张便签，说："看，'骚哥'，这是你当年给我写的鼓励语，我一直收藏着。"我接过一看，便签纸都泛黄了，纸的边沿参差不齐，明显是当时随手撕下来的。熟悉的字迹让我瞬间想起当年给她写便签的情境。那是一次晚修，我坐在教室的讲台边备课。我观察到她心神不宁，浮躁难安，于是，悄悄撕下一张便签纸，给她写了几行鼓励的文字。

小圆：

  一个静得下心的人，是有内涵的人；一个不为外界浮躁而浮躁的人，是一个富有的人。

  守住自己的心，走准自己的路，外界的一切就都将是我奢华的风景。

——欧阳与小圆同学共勉

  写好后，我就假装常规巡视，利用在教室走动的时机悄悄塞给她。后来我回到讲台上后悄悄观察，她反复默读过几遍之后，便很快进入了学习状态。但我如何也没有想到，她竟然把这张便签纸保存到现在。而且我相信她会一直保存。

  我对小圆同学的印象很深刻。初中我教了她三年，到高一后，我并不是她的班主任，只是她的语文老师，但那时在她的班级下晚修时，我却是了解她的。只一个眼神我就知道她心神不宁，无法静心学习，就及时给了她几句鼓励的话。

  其实这是我的一个习惯，我常常利用晚修时间观察学生，有时会集体性地给他们写鼓励性的话。平时学生学习都忙，也没有那么多时间与他们一个个当面聊天，就会把最想跟他们说的话三言两语地用便签纸表达。这样的留言很多，都是很有针对性的言语，有的甚至一语中的。这些便签纸我都是悄悄递给对应的每一位同学。

作为年龄比学生大的长者，每次春节返校的第一天见面，我都会按中国传统习俗给班里每一位同学一个小红包。准确地说，应该是压岁礼。厦门的学生家庭基本不会贫困，他们也不会在意我能给多少钱。当然，我也给不了多大的红包，就想传递一下中国人过年的文化习俗和新年的喜庆氛围。我会在每一个红包里放六元钱：一张一元和一张五元的新纸币，还是连号的。后来国家停印了一元的纸币，我就用硬币代替，而银行用来流通的硬币又很少，所以我常常需要到一家家小商店去寻找，有时还要特地打车去远地寻找，才能换齐全班所需要的硬币。有时是给一个红包加一个橘子，寓意"大吉大利"。红色的红包传递着年后的喜庆与温情，这时全班同学都非常高兴。其中有同学提议，说毕业后的同学聚会，就凭这一元或五元的连号纸币作入场券。

后来有一天，邬逸非同学的家长突然给我发来一张照片。我点开一看，瞬间让我备受感动，眼泪都出来了。原来逸非到了美国后，几经周折安定好住处，整理好房间后，把他房间办公桌的照片发给父母，其父又转发给了我。照片中逸非居然把我当年给他的小小的红包摆在写字台正中央最显眼的位置。逸非跟他父母说："'骚哥'给的这个红包，我这一辈子都不会用掉里面的钱，我会把它一辈子都带在身边。"我怎么也没有想到，当年给的一个小小的红包，竟然漂洋过海，被学生带到了异国他乡，摆在最显要的位置。

我送学生最多的还是书，有时是成绩考得好时的奖励，有时是学生生日时的祝福，有时是活动胜出时的鼓励，有时是全班集体性地送。记得 2021 届学生成人礼时，我给班里的每一位同学都送了一本书。因为书多且书名不一样，为了公平起见，我让学生直接抽取，其中有卡尔维诺的一整套书，共计 25 本，另有 30 多本其他人的书。后来有学生说，十年、二十年后再聚会，抽到卡尔维诺书的 25 位同学要一起表演节目。多有创意啊！这个创意也活跃了气氛，协调了氛围，滋润了学生间的人际关系。

为了调剂高三的学习生活，家委会也会在学生成人礼上送给他们一些特别的礼物，提示他们已成年，应有更多的责任与担当。

只要带毕业班，每年的六一儿童节我都会买棒棒糖或别的小礼品给学生过节，目的是活跃气氛，缓解一下学生的高考压力。每到6月5日，只要我教高三做班主任，我太太就会给班上每一个学生做一个粽子，意为"高中"，祝愿班上的同学都能考出理想的成绩，考上理想的高校。

我一直觉得，教师对学生要有类似父母般天然的爱，这是一种不求任何回报的纯粹的爱。但与父母之爱相比，教师是持证上岗的职业人，还需要在育人方面有更智慧的专业输出。父母解决不了的问题，教师可以解决。当然，父母之爱毕竟是不可替代的，所以家庭父母之爱与学校教师之爱既有同质性，又有互补性。

毕业典礼后，学生便离开学校，身份转变为校友。2021届学生毕业典礼前的一个下午，我一家店、一家店地去找寻中意的明信片。晚上，我给每一个学生写毕业寄语卡片，写到凌晨近3点。因为我主攻《论语》，所以我为每一位同学都摘录了《论语》中的一句话作为共勉，且这句话还必须包含对应学生姓名中的某一个字。最后有几位同学的名字，实在是在《论语》中找不到，只好转向《诗经》。

林放问礼之本，子曰："大哉问！礼，与其奢也，宁俭。"（《论语·八佾》）

——致龚林鹭

君子博学于文，约之以礼。（《论语·雍也》）

——致黄文斌

色斯举矣，翔而后集。（《论语·乡党》）

——致高翔

学而不厌，诲人不倦，何有于我哉？（《论语·述而》）

——致何枝威

人与人之间的爱类于物体间作用的力，是相互的。你用心于学生，学生自然也会反过来爱你。虽然教师之爱无须回报,但学生之爱会自然表达。厦外是一所住宿制学校。一个周末返校日,我正要进教室,班长龚林鹭冲出来把我拦住,说:"'骚哥'你现在不能进去。"我一头雾水,问为什么。班长笑着说:"反正你现在不能进去,你得再等三分钟才能进去。"我说:"好好好,我正好忘了拿一件物品。"于是回楼上办公室取。待我再次到教室门口时,班长早已在门口迎接。当我步入教室时,看见讲台上一大束鲜花,整个黑板写满了生日祝福语。同学们齐声高喊:"'骚哥'生日快乐!"我很惊诧:他们是如何知道我的生日的?因为我的生日时间对学生与家长是保密的,他们不可能知道。而且那天也不是我的生日,我自己都没有过呢。但仔细一想,那天确实是我的公历生日,只是我平时过农历生日。我想,可能是某位家长意外知道了我的公历生日时间,然后又被学生所知,便上演了一次生日祝福乐事。

爱生敬业,这是教师必备的情感基础,属于教师起码的职业情感。但我们要拿什么来爱学生?对学生最深层的爱不是送一个苹果、炖一碗汤、写一张便签,而是不断丰富自己、提升自己,以高、精、深的专业水平来提高学生的学业成绩,丰盈学生的思想。在热爱学生的同时,做到自我实现。新时代的教师,不应只作蜡烛,燃烧自己,而应与学生共成长,即在"助他"的同时,实现双向奔赴,走向专业成长。

这里的"专业",可以指科任教师或班主任的学科教学能力。一个学科教师的专业水平不高,自己带的班级成绩就不会很理想,也就很难把班主任工作做好。例如,新课程改革以来,有的老师拒绝学术跟进,习惯吃老本,这样的老师很快就会因适应不了课堂的变化而对学生无法提供帮助。比如,以前讲解小说文本,可能仅用人物、情节及环境三要素来分析便可,但随着小说叙事学知识的普及,高考小说阅读题介入了大量的叙事学知识,老师如果还只停留在小说三要素的层面,就很可能让学生败在高考考场上。又如,近年来兴起的多元关系型作文,如果老师不能学术跟进,不能借助约翰·彼格斯、凯文·科利斯《学习质量评价:SOLO 分类理论(可观察的学习成果结构)》中的 SOLO 分类理论来指导,学生分别单写 A、B、C 三元,思维就只能停留在最简单的"单点结构"层面。作文检测的是思维的深度，多元关系作为一种关系型作文，应深刻揭示其相互关系，所以需要上升至"关联结构"或"抽象拓展结构"，才能有效提升学生的作文能力。这类老师也爱学生，但仅停留在简单层面，毕竟没有"才"作基础的"德"，往往容易流于形式。

"专业"也可指德育知识、德育能力与德育智慧等。例如，前些年，我的同事陈兆维老师面对高一新生小凡（化名）同学，便用专业知识守护了学生的生命健康。

小凡因"抽动症"在晚自习时常不由自主地发出类似于咳嗽一样的声音。班级同学常窃窃私语，小凡也陷入了众议之中。而"抽动症"的康复与环境息息相关，身边人报以理解和善意，患者的精神就会更加放松，症状便能不断改善，反之则越发严重。初中时小凡也曾一度陷入众议之中，后来学校给小凡所在的班级播放了一部电影《叫我第一名》，借助影片中患"抽动症"的男主角的转化故事开启了小凡新的人生。

但现在小凡上了高中。面对新的环境，他再度陷入困局。在班主任陈兆维老师与家长商议如何为小凡开启自信人生、用知识和爱的力量驱散他心中的阴霾时，小凡母亲担心高中生没有时间观看 95 分钟的电影《叫我第一名》，便建议只播放电影中男主角勇敢介绍自己患病的 4 分钟的片段，陈兆维老师却认为 4 分钟的片段无法使不了解这部影片的同学共情，达不到预期效果，于是陈老师苦寻资源，最后找到了一部 11 分钟的纪录片 Living with Tourette，很好地用专业素养化解了班级困境，守护了学生的生命健康。

与学生相处，教师不仅需要爱，更需要智爱。一个人不是因为当了老师就有专业，他可能有当教师的资格，如拥有教师资格证，但未必有专业素养与真正的智爱。如果专业素养缺失，爱就会走向空泛、乏力，有时甚至会误伤孩子；有专业素养支撑的爱，才能照亮孩子的生命。

2. 专业输出，让爱明智

——四粒大虾与一个鸡蛋

教师对学生要有类似父母般天然的爱，这种爱纯洁无瑕，无任何条件附加。有附加条件的爱，很可能会转化成孩子的压力。

"教师对学生要有类似父母般天然的爱"，严格地说，这句话也不全对。教师，毕竟还是一份职业，其有门槛要求，故教师之爱与父母之爱相比，应有更智慧的专业输出。但这里有一个常识，满足入门要求的，不一定都懂教育；未满足入门要求的，也不是都不懂教育。所以，判断一个教师是否做得合格，关键看他给予的爱是否有利于孩子的精神成长。这就是爱的专业性。没有专业的爱，有些爱，便是害。

南方老家小县城的饭店里普遍设有两张桌：一张大餐桌，用于餐聚；一张小麻将桌，用于餐前餐后娱乐。先到的客人，会在笑骂声中先摸几把麻将，试试手气。待客人基本到齐时，方入餐桌。一天，几位老同学相约以家庭为单位聚餐，大家没有玩牌，坐定后就是叙旧，聊些家常，享用美食，或和风细雨，或喜开玩笑，其乐融融。没想到，刚入席没一会儿，一个在小学当老师的妈妈夹了饭菜，坐在麻将桌的椅子上给3岁多的孩子喂饭。因为孩子想玩麻将牌，便边吃边玩。孩子玩的动作有时大了，就将麻将牌推倒，掉在地板上时常发出尖细刺耳的击地声。餐桌上的朋友耳朵不好受，也无法再静心聊天。

那天点了一份大虾，总共不到20只。一大桌近20个人每人平均分不到一只，但玩麻将牌的孩子因为觉得虾好吃，妈妈就夹了很多。当我们离开时，我发现孩子残留的饭碗里还剩下大半碗饭和四只大虾。

表面上看，这个年轻的妈妈很爱孩子，百依百顺，但其实蕴含着许多教育危机：

第一，独立意识缺失。3岁多的孩子还喂食，家长无意识去培养孩子的独立意识，所以大概率独立能力缺失。这样的孩子一进幼儿园，如果遇到素养差一些的老师，是不会喜欢这样的孩子的。道理很简单，别的小朋友都不用喂饭，只有某一个孩子要老师专门费心教他吃饭。一方面，在当下繁杂的教育困境中，老师没有额外的时间将精力都集中在一个孩子身上；另一方面，老师的心情可能也不会太好受。这就是本应着力培养的品质在家庭教育中缺失了。

第二，环境意识缺失。孩子好动，是年龄特征使然，所以孩子在一定程度上吵闹，是应给予理解与支持的。但在一个密闭的集会场合，家长不可以任由孩子长时间肆意吵闹。如果在密闭的集会场合孩子过于吵闹（是过于吵闹，不是不可以吵闹），短时间无法安静，应暂时将孩子带离现场，等到相对安静后再回来。此外，当环境趋于相对安静的时候，家长纵容孩子玩牌吵闹，将心比心，你会喜欢这样的孩子吗？静心吃饭，同时也是训练安静力的好时机。安静是一种力，没有安静力作基础，孩子长大后静不下心，就很难有静坐力与静悟力。况且，古人要求用餐时"食不言"，以利于消化，一些重要的文化传统与卫生常识还是需要坚守的。

第三，专注力缺失。孩子用餐时，是同步训练专注力的最佳时刻。可是，这位妈妈没有培育的意识，造成孩子一边用餐，一边分心的习惯，久而久之，便会成为一种常态，导致专注力缺失。这种专注力缺失的毛病带入后期的学习，就是很难集中精力，导致学习效率低效。

第四，节俭意识缺失。吃多少，盛多少，不浪费粮食，这是中华民族的一项优秀传统。孩子碗里最后还剩半碗饭和四只大虾，造成粮食浪费，节俭意识缺失，若不加纠正，终将导致孩子养成不尊重粮食、不尊重劳动的恶习。

第五，共享精神缺失。孩子不懂理，吃第一只虾时觉得好吃，于是吵着多要，可后面孩子未必能吃下那么多。母亲在孩子不够理性提要求时，没有及时劝说引导。物品虽好，可是与人分享的精神更加美好。无条件满足孩子"占为己有"的畸形心理，容易导致共享精神缺失。智慧的母亲应劝导孩子，把孩子往大气的方向引领。

生活即教育。一餐饭的时间，就可以看出育儿理念的差别与教育水平的高低。一个不顾及他人感受（环境）、喜欢浪费、缺乏共享精神与节俭意识的父母（老师），能培育出什么样的孩子来呢？格局即高度，境界即教育。如此施教，这个孩子（学生）的节节败退已悄然根植于父母（老师）错误的养育之中了。如此非专业的爱，可能就是害。

网上流传的"一个鸡蛋"的故事，同样值得我们深思。

一个妈妈雇佣了一个保姆，名字叫简，主要负责照看身体有些小问题的孩子克。克想吃简做的蛋挞，便自己伸手到冰箱的上层取鸡蛋，结果没拿稳，鸡蛋滑落掉在地板上摔破了。简赶紧说："克，别动，我来清理。"说完便习惯性地弯腰想去擦拭地板。

没想到孩子妈妈及时制止了简，对简说："让孩子去做。"简用惊奇的眼光望着孩子妈妈，急忙说："那怎么行？"孩子妈妈说："克，简今天的卫生上午已经做好了，她的工作已完成了，现在是你把地板弄脏了，所以得由你来擦拭干净。绅士就要懂得负责任，明白吗？"

克把地板擦拭干净后，妈妈问他："你拿鸡蛋干什么？"克说："我想吃简做的蛋挞。"妈妈说："好呀，那你再去拿鸡蛋吧。"克转身要去冰箱重拿鸡蛋，简害怕克再次打破鸡蛋，赶紧说："我来拿吧。"妈妈制止后说："简，你不要管他，让他去拿。"果然，这次克成功地取下了鸡蛋，并成功地交给了简。

这时，孩子妈妈对简说："简，鸡蛋重要还是自信心重要呢？我知道你对孩子非常爱，可是，爱孩子要明智，不能因为爱把他们的实践拿走了。"

张文质老师说:"教育是慢的艺术。"教育不能揠苗助长式直接代替,它需要等待,需要我们克服原始冲动的溺爱,任何急功近利、任性的爱或恨铁不成钢的怒骂可能只是我们一厢情愿的情感宣泄,最终都有可能酿成大错。遇到不配合、不给面子,甚至与自己顶撞的孩子时,忍住,不发火,就是成功。冲冠一怒是解恨,但那只是瞬间的快感与浅层的正义宣示,随之而来的是师生或亲子间情感的割裂,是见面不好意思的尴尬,是"过刚"之后孩子的逃离。

随着年岁的增加,我也慢慢学会了"慢"。

3. 爱是尊重，学会等待

——一个"不听课"的学生

一个始终"不听课""不给面子"的学生，差点让我铸成大错。但幸好，源于心中的智爱而给予学生的理解，让我等到了花开时节。

2012年秋季的那个学期，理科重点班的她，课堂上似乎总是漫不经心，常常或明或暗地在赶她永远也做不完的数学作业。她对数学的痴迷几乎到了无以复加的程度，就连我在课堂上播放《红楼梦》中"宝黛初会"那种能带给中学生青春触电般感觉的视频，她也懒得抬头，简直就是一个"数学狂"。

她对语文课的态度差点摧毁了我教学的所有热情与信心。我很沮丧，也很无奈。我从不敢夸耀自己的教学，但想想觉得自己应该不算太差，学生也非常喜欢上我的课，学校在高二面向全年级学生开放选修课选课时，连续几年我的课都"秒光"。唯独她，总是一幅冰冷的样子。

撇开教学，我一向不怀疑自己做学生思想工作的能力。我单独谈过话的学生，几乎都转变很大，我甚至认为自己的说服能力超强。可是，我两次找她谈话，每次聊得都很愉快，但后来课堂上的她还是"我行我素"。

我沮丧到了极点，也极度为她感到悲哀。心想，喜欢甚至热爱数学是好事，但过度到起码的人文修养都不注重的时候，就可能变得冷漠无情。我常跟学生说，推动世界前进的常常是科学家，摧毁这个世界的同样也是科学家发明的武器。但大凡真正的科学家，他们恰恰都有人文情怀，也恰恰是这些有着深厚人文关怀的学者在维系并推动着社会前行。人，如果单有知识，再怎么强，大多数也不会超过强大的计算机，但人不能活成冷酷的机器。

可惜这样的道理她似乎永远听不进去。曾经有好几次，我在课堂上很想当面狠批她。但我不是一个霸权主义者，我甚至允许学生在我的课上选择自主的学习方式。我认为，学生不听课，或课上得吸引不了学生的注意力，首先反思的应该是教师。但，她就坐在讲台下第一排，我激情四射地带领学生陶醉在文学的海洋里，却常常冷不丁地一眼就看到她在我的眼皮底下公然"唱反调"——刷数学题。每一次我都努力告诉自己要忍住，不能冲动之下批评学生。我想，人心是复杂的，如果真爱学生，就容不得心急气躁。教育是理性活动，如果任凭自己的情绪肆虐，怒火就会烧毁一切。我还是得坚持自己的底线——不激发矛盾。实在看不下去时，就选择沉默，毕竟一旦激发了矛盾，很可能就失去了一切转机，难以挽回。

退一步吗？这是很难的。这时我就会想，这个学生其实也蛮可怜的：她还停留在本能的程度，喜欢数学就只做数学，把数学学好，这仅仅是一种本能。她不知道，自己不喜欢的学科，克服感性而把它学会，才是本事；她不知道有更高的精神追求——超越本能才是本事，跨越感性方有理性。她的感性还表现在，她不知道"评价"与"重要"的区别。一个学生可能会天生就不喜欢某个学科，甚至认为学这个学科完全无用，这仅仅是自己的"评价"，但没有这个学科的高分，他很可能连好的大学都上不了，止步于此，又如何去发扬自己的所长？这于人生是"重要"的。"评价"只是评价，但"重要"不可替代，我们可以不喜欢，但必须要清楚"重要"的分量，从而走向理性。可是，这些她都无法知道。这恰恰是这个孩子最需要老师或家长启悟的地方。

在我百般努力她依然如故之时，最好的教育方式不是怒骂与恶批，而是等待——静观、默等。

2013年3月15日，我上完课在即将走下讲台的那一刻，她兴奋地跑上来，压低声音笑着对我说："'骚哥'，我想送你一幅字。""好呀！"我知道，这个孩子一直在练习书法。"那你要什么内容呀？"她高兴地问我。我张口就说："要苏轼'莫听穿林打叶声'那一首词。""真的呀！我爸爸也特别喜欢这一首，我爸爸特别敬佩你。"她更加兴奋地说道，脸上溢满了笑容。

我很惊讶，说："我不是班主任，也没有见过你爸爸，更不认得你爸爸呀。"她更有兴致地说："见过呀，上次开家长会的时候，我爸爸听了你的发言后回去就说特别敬重你。"我更诧异了，连忙说："那次开家长会弄得太晚，你们班上到我发言时天都黑了，我才说了不到五分钟呀。""我爸爸说你反对功利教学的思想很好，还有你说的那个什么生物学的书，也镇住了他。"

我恍然大悟。是的，那次家长会我向家长简要地推荐了三本书。其中一本是社会学家、北大教授郑也夫先生的《阅读生物学札记》，最早是《教育的细节》一书作者朱永通先生推荐给我的。我读完后感觉特别受用，自认为至少是我读过的国内第一本从社会学、生物学的角度间接关注教育的一本好书，后来又读了他的《后物欲时代的来临》《吾国教育病理》等。那次我不到五分钟的发言后，当时坐在台下的一位家长，也是一位校长，回去后在她学校的行政会上似乎也说了这件事。这位校长说："人家学校教师多敬业，不到五分钟的家长会发言，镇住了所有家长，让我反思了好多天。"

我要她替我向她爸爸表示感谢。在回办公室的楼道里，在为自己只因阅读就占尽便宜而沾沾自喜时，我也浸出了一身冷汗。我心想，还好，还好以前没有当着众多学生的面冲动地批评她，要不然，一棵苗子可能就被我冲动的"怒爱"扼杀了。这时脑海里又出现了一些画面，她课堂上也常常时不时地从数学书下抽出语文书来记上几笔，背诵古诗词她也总是很超前。从她今天与我交流的神态看，她对我也明显没有一点介意。可是，此前，我总是怀疑她不喜欢语文，不喜欢我。看来，教师也要学会调整心情。

这时我才明白，人有冷血型的，也有热血型的。有些时候，我们不能强行要求别人硬去变冷或变热。尊重性别之外，我们还要有性格尊重意识。或者，我们所谓的一些判断其实可能脱离了语境，孩子心理可能并没有我们所想的那么复杂。上语文课做数学作业，或者上数学课做英语作业，方法固然不对，但未必就是对老师的冒犯。

很简单，高中的学生仍是一个孩子；但又极不简单，高中的学生已具备了个人思想。

这使我想起了另一件更早的事。

刚工作的那些年，我因年轻而血气方刚，俨然将自己当作正义的化身，要"救"学生。那时的我，总是把"严师出高徒"奉为圭臬，见不得半点歪斜与疲沓，甚至觉得似乎家长对孩子的一切顺从都是在娇生惯养。

记得有一年做初一年级的班主任，那时班上有一位高高胖胖的男孩，整天捣蛋，没完没了。我把他的调皮视为不配合，屡教不改后，便一直在寻找与分析他之所以如此行为的原因。

有一天与男孩的母亲谈话，大约也是因为男孩惹是生非的缘故。谈话中，这位母亲无意识中谈到一个细节，说孩子现在还常常跟父母同睡一张床。那一瞬间，我自认为找到了这个孩子调皮的根源——家长娇生惯养惹的祸。我是一个农村长大的孩子，从小就自力更生，10岁的时候就可以把一头大水牛养得肥肥壮壮。所以，当听到12岁的初一男孩还跟父母同睡一张床时，我觉得不可思议，也颇不理解。

后来我来到厦门，时光一点点斑驳了流年。再后来，我的孩子也慢慢地长大，我才发现，他们的童年不再是我儿时的童年样子。他们有自己的语境，有自己的个性与心理，我根本无法让他"快熟"起来。这一点，也印证了一个观点：为人父母后再做班主任，会多一分理解，多一份真爱，也会更成熟。

我家孩子上小学六年级时，接近11岁的他还时不时地在餐桌底下钻。周末不上课时，只要他比我们早醒来，就会跑进我们的房间，钻进我们的被窝，一脸的稚气。这时候我才发现，严格之外，孩子还有自己的心理发展与生长规律。许多事，我还不能用成人的眼光来要求他，也并不是"严格"两字就能包治百病。这时候我才发现，当年对那个高高胖胖男孩的教育语境与方式，其实都不太切合事实，甚至我开始质疑一些常规的教育方法，比如不上正课（如午休）时要求小学或初一年级的学生做到绝对"安静"的做法可能并不太符合学生的年龄特征。

爱，不是简单的我要做什么，就要求孩子做什么，或者要求孩子不要做什么。爱是尊重，尊重孩子的性格，尊重孩子发展的规律，尊重孩子的喜好等。

许多年后，我才反思，我对那个初一男孩是有愧怍之心的。我是用成人的眼光来要求他，甚至为难了他，我应该要向他致歉。我用了十余年的时光，也是只有到自己身为人父并有切身体会后才慢慢学会了理解与宽容，学会了用父爱的眼光来看待学生。

宽容不是迁就，更不是放任，而是有原则地尊重，是无声地静待，是教育的优化。

当我们用力而无法再教育下去的时候，别激怒，静观、默等，就是一种教化力，是一种颇具崇高德性的教育智慧。

不激怒，正应了那句古训：留得青山在，不怕没柴烧。但这种不激怒，说到底，要源于内心对学生坚定的爱。

4. 理解学生，理性关爱

——一次减压交流

只有爱，很多时候还是无法解决学生的问题。就像医者，只有良好的医德还不够，要挽救病人，必须还要有过硬的专业本领。教师亦然，"进德"还必须"修业"。一味地打鸡血有时是乏力的，尤其是对优等生。比如对学生的减压指导，教师光说不要有压力，大胆往前冲，不仅没有用，有时反而会使学生增加压力。

2018年，厦外要创办全国性的"钱学森班"品牌班级，学校想让我担任首届"钱学森班"班主任。我结束了连续四届高三备课组长的教学经历，接任了学校首届"钱学森班"班主任。

高一新生入学不到两个月的一天傍晚，班里的两名外校考入的学生一起来找我聊天。

小紧（化名）同学说自己在原校原班是一班之长，成绩领先的地位从来无人撼动，到厦外后觉得自己似乎什么都不是了，身边的同学个个都那么优秀，感觉自己很没有优势，颇有压力。再者，以前初中校似乎只是做题，从来没有像现在这样有各种选择与机会，如模拟联合国、街舞社、爱影社、推理社等，上百个社团摆在眼前，个个都想参加，但又怕影响学习，于是焦虑也伴随而来。

而小张（化名）同学则说，自己不这样认为，反正自己原来在班上成绩也一直不在最前面，习惯了中上游生活。对于社团，根本就不想参加。

我微笑地听着，心里知晓了情况。知道小紧同学属于"放大别人优点照亮自身缺陷"的"要强型"学生，小张同学则属于"习惯性安逸"的典型。我先纠正了小张同学的错误认识，告诉他：虽然"习惯性安逸"保持了我们的乐观心态，但社团活动也是一种课程资源，而且是很重要的能力提升课，厦门外国语学校的特色之一便在此。并建议他应该尽量提升学习效率，勇于改变自己，挤出时间尽量适当参加一些社团活动。然后引导小紧同学分析形势，让他明白在一个相对较弱的群体里虽处上游，却赶不上优势团队里中游的道理。我说："你们俩作为外校少数能考进实验班的同学，这本身就足以说明你们的强大。别人看你们也一样觉得你们无比强大，可不能光放大别人的优点淹没了自身优点，否则极易产生压力。面对社团生活，不能求全贪多，选择适合自己性格与爱好的一个社团参加则可，要学会适当卸压。"经过这样的认知调整后，小紧同学的眉梢明显舒展开了，但似乎还是心存疑虑。

如果思想工作仅止步于此，我想，他们所面临的问题实际上并没有得到彻底解除。于是，我反问他们，为何同样作为外校考入的学生，面对同样的班级、同样的社团文化，他们俩却产生了截然不同的压力？显然，个人对待同一事物的态度也至关重要。

一番察言观色后，我觉得有必要进一步从专业的角度提升他们的理论认知。消除疑惑的最好方法是认识产生压力的根源。于是我开始给他们讲解有关美国心理学家阿尔伯特·艾利斯的 ABCD 理论。

我说："艾利斯认为，每个人面对同一事件（比如看到别人很厉害、社团多而难以选择等）所产生的压力是不一样的。在诱发性事件（A, Activating event）、个人对诱发性事件所形成的信念（B, Belief）和个人对诱发性事件所产生的情绪与行为后果（C, Consequence）三者中，A 对 C 只起间接作用，B 对 C 则起直接作用。换句话说，一个人的情绪困扰的后果 C，并非由诱发性事件 A 造成，而是由人对诱发性事件 A 的信念 B 造成的。B

对于个人的思想行为起决定性作用，而 B 是因人而异的一种态度。所以就出现了你们身处同样的班级、同样的社团文化（A），而心情（C）几乎完全不一样的情况。"

"那么，如何来调整 B 对 C 的影响呢？尤其是如何规避不良影响呢？这就要靠质疑（D，Dispute）来调整，这里 D 起的作用就是认知转换作用。它促使当事人多从正面、光明的角度来辩证地看待逆境，化危机为生机。我们'要看到'别人的优点，但绝不能'只看到'别人的优点，如果不能正视自身优点，则不能做到'多从正面、光明的角度'来思考问题，就不能在逆境中磨练自身的抗压力，就难以提高我们的生活智慧。"

如此解释后，小紧同学如释重负，他清楚了决定压力大小的并非环境，而是自身心态与认知。思想认知决定了人的"四度"——抗压的强度与效度、心情的宽度与深度。在他起身离去的那一刻，我习惯性地抛出一句能激励学生又简洁有力的鼓励性概括语："释放你的'四度'空间。"

两位同学离开后，我陷入了深思。这两位同学的压力实际上是一种显性压力，还有多少具有隐性压力的同学没有来找老师呢？显性压力，无论受压者是否诉求于人，其压力在某种程度上都是可以想见的，但隐性压力则由于某些原因更多地表现为自我封闭。

我班曾有一个女生情绪反复，成绩下滑弧度大，但外在行为并无二异。我想这样一个冰雪聪明却性格内向的学生，成绩持续下滑，一定存在某种原因。后来我认真观察、小结、分析，终于总结出其情绪反复的规律，即每次回家周末返校后，她的情绪就不稳定，一般到周三后才开始趋于平静与正常，而到下一次离家返校后情绪又再次反复。我推测问题应该出在她的家庭。

从同宿舍室友的反馈并直接邀约其父母相谈证实，问题果然出在家庭不和上。女孩的父母周末经常吵架，导致孩子的幸福感缺失，进而影响其心态，不断走向消极与悲观，隐性压力大到几欲弃学的程度。经过多番沟通，我将女孩及其家长约在一个轻松舒缓的咖啡屋里，大家坐在了一起。父母坦诚了自己的不是，女孩在哭泣过后也看到了父母的真诚，很快就找回了自信。后来我在校园的好几块草地上与这个女孩促膝谈心，或在夜色中漫步校园，或于作业评语中留下温馨寄语。当一个人主观幸福感能力与乐观态度能力得到提升后，其个人体验环境、欢乐、知足、自豪、感激等愉悦的能力也相应得到了提升，对挫败、内疚、耻辱、嫉妒等不愉快情绪体验的感受强度也就降低了。后来我发现，她对同学、班级的感觉好了，也愿意主动与他人接触，人际关系有了明显好转。这当中，我有意识地引导她感受了美国心理学家弗莱德逊的"愉悦体验"理论。弗莱德逊认为，体验愉悦心情的人思考问题会更开阔，感觉好可使人们变得更好，更具有乐观精神和压弹能力，更与他人合得来。

这个案例启发我：当人们遭遇不快或深感压力时，可以引导自己通过发现学习、生活中有意义的事情来提高个人愉悦情绪的体验，以提升个人自信乐观、自主行动、人际温暖与坚韧力等人格特质的能力，从而有效地提升抗压能力。这就是"专业"的力量。

"压力"本身是一个中性词，无所谓对错好坏。在一次问卷调查中，半数学生觉得有压力是好事，利于学习。如果把压力从小到大按0~100衡量，调查结果显示，学生压力平均值为62.3，而成绩好的实验班较普通班平均高出5个百分点。出人意料的是，如果心理压力较大时，有67.4%的同学表示不愿意去学校心理咨询室。而对于自我抗压的方法，明确表示"无招，任其摆布"的占被调查学生人数的61.3%。这两项指标告诉我们：提升学生日常群体性自我抗压能力工作的建设比解决学生单个的心理辅导可能更常态，也更重要。

抗压能力就是在外界压力下处理事务的能力。既是能力，便可培养。我就学生压力问题专门请教厦门市心理健康专家黄碧芬老师，她说："对于学生压力最好的办法就是两个词：'承受'与'抛弃'。"也就是说，对于无法推却的压力，要大胆地"承受"，进而"享受"。就像周国平先生在有关智慧人生的讲座中回答如何看待高考压力时所说：这是体制问题，没法改变，那就承受吧。而对于无法承受的压力，就要干脆、大胆地"抛弃"，而不是一味地欲受还怨，欲弃还留，这样的莫名牵挂本身就是一种压力，压力持续，就变成了焦虑。

　　压力是相对的，抗压也应因人而异。应激心理学、健康心理学、积极心理学等专业知识都是抗压能力提升的理论基础。但无论如何，理性深度思考、辩证分析事件、调整自己的心态是抗压最经济、最有效的常用措施。

第三讲

人文引领：信息甄别，「逢凶化吉」

1. 捕捉信息，防患未然

——一句童言与一次催访

一位初一男生可能因多次违纪，被班主任叫到办公室谈话。我和同事们在办公室批改作业，听到了他们的一段对话。

班主任：（生气但较平静）如果再不改，我可要惩罚你了。
男生：（不屑）你不敢。
班主任：（惊讶）我为什么不敢？
男生：（带着童稚）如果你敢，我就告诉我爸，叫他让你下岗。
（班主任与全办公室教师都很惊诧。）

男生离开后，班主任摇头，我们都哭笑不得。还没等班主任介绍这位学生，我先说道：从刚才听到的信息判断，这个学生的父母不是市里的高官，就是公司的老总。果然，班主任说其家长是市某领导。显然，孩子传递的信息表明，他在家风"耳濡目染"的影响下，"中毒"已深，而"施毒者"正是其身边最亲近的人。

班主任一筹莫展。我正好教这个班的语文，这个男生我也了解一二。我跟班主任说，这可能不是个别现象，为了挽救孩子，得在家长会上说说。班主任年轻，面有难色，表示家长会上确实不太好说这样的事。考虑到我做教育这么多年，便决定由我来说。

男孩之所以如此，显然是受了家庭负面教育的隐性影响。我将突破口放在男孩的家庭背景和家教习惯等信息的收集与研判上。我开始更细致地观察这个男孩。我曾经在校门口多次看到他家人用单位公车送他来学校，后来知道是其父的司机每天专送他来学校。他下车后每次都把车门重重一带，头也不回地直入学校。可见，男孩在礼节教养上也出了问题。

家长会上，为了防止家长对号入座，我故意说这件事发生在兄弟班级。在不点名的情况下说了年段发生的这件事，再现了当时的会话情境。台下的家长听完后都笑了。接着，我和风细雨地说："这件事不怪孩子，也许是我们家长无意之中在孩子面前对您的员工说了类似的话，而且这种言说方式已经成为一种习惯。孩子在不知不觉中受了影响，并开始无意识模仿。"

我继续说："我们是不是应该给孩子一个公平的发展平台呢？我观察发现，有一些家长用单位的公车送孩子来学校。且不说要不要培养孩子独立往返学校的能力，长此以往，孩子会认为家人占用公家财物是理所当然的，这是不是一种错误的引导呢？是不是我们无形之中赋予了孩子更多的特权？长此以往，我们的孩子会不会变成一个无视公共财产与利益的人？这样一比较，哪一边的损失会更大呢？由此也可推至孩子对人的礼节、对粮食的态度等。"其时，教室里安静极了，家长们的目光很专注。

家长会后的当天晚上，我收到好多家长的信息。他们说还是第一次听到这么真实的声音，让他们开始思考"家教之忧"与"优生之忧"，即常人眼中"优秀家庭"孩子的性格之忧与品质之忧。

一句无忌的童言背后，隐藏着多少显赫之家的教育之痛。

这种隐性的教育之痛普遍存在于一些"光鲜"的家庭。太多的家长习惯于在孩子面前显示自己的能力，比如我曾多次看见好多父母带着孩子在超市购物，把选购好的一大堆家庭生活用品作为办公用品开了发票，并且让孩子知道自家所用可以在单位报销，优越感爆棚。此种隐性毒瘤从家长有意无意炫耀的那一刻起，就已悄然植入孩子幼小的心灵，而后，在此家风的"熏陶"下，孩子的恶习生根、发芽、生长。

其实老师又何尝不是这样。几乎所有学校可能都存在这样的事：老师与自己的孩子同在一所学校一个年级，甚至亲自教，孩子出入父母亲的办公室如入无人之地，久而久之，会不会一定是好事？老师们对待班级优等生是不是无形之中也是这样？不是不能把小孩放在身边，也不是不能亲近小孩或优等生，是亲近的尺度应如何把握。教师的亲近行为会变成一种信息，传递给每一位同学。记得我读初二那年，我们班英语老师的侄子李文宣（化名）与我在同一个班，每次英语老师都叫他"宣宣"，叫英语科代表为"珍珍"，而叫别的同学则称姓道名。后来班上大多数同学听不下去，就纷纷不听这个老师的课，转而把矛头指向了"宣宣"与"珍珍"，渐渐疏远这两位同学。

遗憾的是，当时的老师似乎对这些重要的信息毫无觉察，否则，无辜的"宣宣们"与"珍珍们"也不会被疏远，甚至被嫉恨。

信息素养好的教师，能从学生听课的状态及作业上交情况等信息来判断自身的教学是否为学生所喜爱。如果教师在授课时多数学生都在睡觉，或做与本节课无关的事，问题就可能出自教师本身，教师应反思自己的课堂为何吸引不了学生。

教育者要有信息甄别力，教师的信息素养不仅关乎自己教学效果的收集，更直接影响学生个体的精神成长，影响教育质量的提升。

有一段时间，外界相继传来一些学生坠楼等负面消息。一天，学校主管德育的副校长突然接到上级通知，要求学校所有班主任三天内必须对全班同学进行全员电话家访。副校长及时通知全校班主任后，大家一片哗然。班主任普遍反映，刚开学，事务冗繁，怎么可能三天内全员家访完？

对于上级主管部门"应急催访"这件事，我相对从容。因为此前，我已经提前对全班学生及家长无死角地全员家访过两轮了。

作为家长或德育工作者，在第一时间听到或看到其他地市的学生发生的一些极端事件报道时，就应有一定的信息敏锐力。我在听到第三起极端事件的消息后，就迅速悄然在全班范围内启动了谈话活动。我利用线上学习的机会，尤其是在无课的晚上，通过QQ、微信等聊天工具联系每一个同学，或直接电话，与他们分别对话，聊人生，谈美学。通过谈话，我了解到当下每一位同学的心态状况。即便是网课期间，对学生，也不再是隔着屏幕空间的遥不可及，而是心与心的交流与碰撞。

随着外界学生发生的极端事件的增加，我又启动了与全班家长的对话，全面了解学生在家的情况及与家长的关系，尤其是网课期间家庭亲子的运动情况，并把我和我孩子居家定时运动的视频发给学生及家长，交代家长务必多关注孩子的情绪。所以，当学校与上级主管部门要求班主任全员家访时，我已全员覆盖两轮了。

我相信，极端事件很难发生在我班上的学生身上。一个人出现极端的负面行为，他的内心一定很痛苦，一定经过长时间的犹豫徘徊。在这段时间里，哪怕有一个积极的信息进入他的脑海，哪怕有一个人走进他的心灵，与其聊天，做心与心的交流，他都不会出现极端的负面行为。这就是教育者应有的信息甄别力。

教育者要有敏锐的觉察力与甄别力，对外，能在第一时间借助外界环境、网络信息、舆情等迅速判断出能对自己学生产生正反向作用或影响的相关信息；对内，能及时通过学生的表情、作业表现、班级氛围等"习"出学生潜在的问题。内外结合则能及时发现学生或班级当下状况、学生思想，看出事件的轻重缓急，这样就能有效控制负面情绪、负面事件的发生，如打架斗殴、离家出走、校园欺凌、抑郁，甚至更严重的恶性事件，防患于未然。

教师信息素养缺失，不仅制约着师生关系的发展，影响学生学习状态，甚至有时还会伤及学生自尊。

一次家长会，一位女生告知班主任她的母亲因生病无法来参加家长会，班主任很自然地反问这位学生：妈妈生病了，爸爸不能来吗？谁知，女生掩面而泣。班主任情急之中追问原因，女生流着眼泪说，她长这么大，就从没见过自己的父亲，家里只有她和母亲两人。班主任此时才醒悟过来，这是一位单亲家庭的学生。正常情况下，班主任此刻应该跟学生真诚地道歉。

成熟的班主任不仅要在第一时间知道班级哪些学生是单亲家庭，还要设法通过信息收集提前知道他们是何种原因导致了单亲。单亲家庭的类别直接关联学生的教育方式与方法。与离异所形成的单亲家庭孩子谈话及与因病故等特殊原因所致的单亲家庭孩子谈话的方式是不一样的。

为什么要重视班级学生的这些教育信息呢？其实不只是单亲家庭，家庭的环境也会对家庭成员的教育产生影响。迟毓凯在《人生困惑20讲》中揭示了原生家庭的代际遗传对孩子成长的天然影响："成长于'不良'家庭环境中的个体，其心理社会行为会受到影响，进而更容易产生情绪管理及心理健康等方面的问题。例如，在单亲家庭中长大的孩子，由于父亲或母亲角色的缺失，他们往往会比其他人表现出更明显的性格缺陷；如果父母经常吵架，那么孩子就会对恋爱和婚姻感到迷茫、畏惧甚至是厌恶；如果父母提供不了支持性的、温暖的家庭环境，而是以拒绝或冷漠的方式来对待孩子，那么孩子长大以后就容易出现反社会行为，包括婚恋中的暴力行为。"

当然，我们也要辩证地看待这些信息，毕竟不是所有的处于"不良"家庭环境的孩子都会表现出明显的性格缺陷，这只是一种可能。班主任在甄别信息时，要力求全面、细致。例如，对父母经常吵架的家庭，要了解、甄别父母吵架的原因等信息；对单亲家庭，要清楚造成单亲家庭的原因以及单亲父亲或母亲的人格类型或性格特征等。

教育工作者对信息的甄别与捕捉，有天然的能力因素，如直觉，但更多的是靠主动收集。主动性强的老师，信息素养相对较好，班级进入良性学习氛围的时间就会更快，比如，学校在开学初力求公平分班，班主任抽到的平行班几个月后就不再平行，有了优劣之分。其实，除了学生与科任教师的差别，班主任带班的信息素养与风格也至关重要。有的班级快速、高效地进入学习氛围，有的班级开学几个星期了还是一盘散沙。这就涉及班主任的应对能力。而应对能力的前提就是甄别班级学生的信息，并依据有效信息做好班级服务。一个新班级的"黄金管理期"其实是刚开学的前两周。这两周，管理到位，班级就趋向良性发展；管理不到位，班级就可能趋向恶性发展。

实际上，如何快速甄别信息，经营好班级，对班主任而言，是一个隐性的危机考验，班主任要善于"逢凶化吉"。

2. 主动服务，顺性而为

——一张信息表

如何快速稳定一个新的班级并建构班级文化呢？这就涉及对学生的信息甄别力。快速稳定一个新的班级并建构班级文化是一个优秀班主任应具备的关键能力之一。具备这种能力的老师，带班能力强，能迅速把一个班级的学生带入一种良性的学习氛围之中；不具备此能力的老师，学生进入良性学习环境会耗时过长，甚至始终无法进入。

在第三次给云南普洱市名班主任培训班培训中，我抛出以下问题：对于刚接手的班级，班主任如何在新生入学后的前两天处理好以下九件事——熟悉学生、记住姓名、观察性格、考查能力、主题班会、首刊板报、团队培训、物色干部、编排座位。

这是新生"信息"专业化管理路径与班级实操能力问题探讨。常规做法是，等开学两个月后，学校教务部门把学生的档案材料分发给班主任，班主任再查看每一位同学的相关信息，但这样往往得不到自己最想要的一些重要信息，错失班级"黄金管理期"。一个班级的最佳"黄金管理期"，是在新生入校后前两周。这两周，规范管理至关重要，管理速度、效率也是最高的。如果前两周管理不到位或管理不规范，学生就会生发"破窗效应"，后续转变的难度、力度也就更大。所以优秀的德育工作者应有主动服务的理念，即班主任要焕发出对工作的热情，提高工作主动性，而不是被动地完成学校行政部门指定的事务；既要主动地完成学校交给的事务，还应艺术化地完成学校各部门交给的事务，并主动建设学校没有交给但又关涉学生精神成长的相关事务。

对于前面提到的问题，云南普洱市名班主任培训班的学员交流后，给出的答案是：难以做到。

我平时带班实际最快的操作时间是一天，即在开学后的第一天我就基本能熟悉每一位学生，并力求记全学生姓名，观察每一个学生的性格，开第一次主题班会，建立团队意识，考查每一个学生的办事能力，出好首期黑板报，物色好班干部并科学地选出合适的班团学生干部，还结合入学考试成绩与学生的个性编排好座位。

要在一两天内做完这些事，并要做好，有些事情就必须前置。比如，我会在拿到录取学生的名单之后，分别建立本班学生与家长的微信或QQ群，提前向学生发放一张重要的学生信息收集表（见下表）。

××××学校（　　　　）级高一（　　　　）班学生基本信息调查表

说明：本表旨在人性化服务班级，便于及时、快捷、高效地为您服务，请真实填写。

座位号：　　宿舍号：　　男（女）：　　宿舍电话：　　学生类别：

姓名		性别		民族		政治面貌	
出生日期		个人电话		邮箱		QQ/微信	
性格		爱好		特长		外语语种	
是否单亲家庭及类别		是否有网瘾		睡眠/健康状况		有无出国意愿	
原毕业学校		中考分数及市位次		原班主任姓名		原班主任电话号码	
曾任职位		拟挑战职位		目标大学		是否愿意教师家访	
个人优点				个人缺点			

续表

自评学习、兴趣程度	消极	中等	积极	自信力与决心状况	弱	中等	强

曾获奖励	
座右铭	

困境时最想与之交谈者情况	姓名	性别	与之关系	现在何单位或学校	电话号码	备注

家庭住址		户籍所在派出所		邮政编码	

家庭主要成员介绍					
称谓	姓名	年龄	职业	工作单位	职务	电话号码

家庭困惑	
班级建议	

重要考试成绩记载（横：考试次数；纵：名次）

名次
1
5
10
15
20
25
30
35
40
45
50
55
01 02 03 04 05 06 07 08 09 10 11 12 13 14 15 16 17 18 19 20　考试次数

我把这张表格的相关内容写成一篇德育文章《如何从一页表格快速掌握新生信息》，发表在《班主任》2009 年第 1 期上。后来，全国各地许多班主任联系我，与我详细交流了其中的管理技巧。

该表内容丰富，效果神奇，几乎涵盖了中小学阶段学生可能碰到的所有信息，包括可能遇到的一些难题，比如，"是否单亲家庭及类别"不仅能提前知晓班级里哪些同学是单亲家庭，而且还能知道是何种原因导致的单亲类别。不同的类别，对应的管理方式或服务方式是不同的，如因父母离异而形成的单亲家庭的孩子，往往过于敏感，所以在言辞上要特别注意；因病故等形成的单亲家庭的孩子不一定敏感，但可能更能吃苦等。"是否有网瘾""睡眠/健康状况""个人缺点"等可以帮助孩子克服不利因素；"原毕业学校""原班主任姓名""原班主任电话号码""困境时最想与之交谈者情况""家庭困惑"等能在学生陷入困境时，有效地在第一时间利用表格信息为学生提供帮助与服务。教育与教学，其实具有同质性。教学上，如果高中老师不知道学生初中的课程设置，便不好做到科学且顺畅的知识衔接与勾连；教育上，如果不清楚学生的过往，亦不好有的放矢、对症下药。正如我的导师鲍道宏教授所言："不知学生过往，焉知学生未来？"当然，鲍老师是从教学知识点的衔接上说的，教学如此，教育亦然。

收齐这张表后，班主任就会对班级所有学生有一个基本了解。然后借助假期提前家访的机会，了解到更详细的学生个人与家庭方面的一些重要信息，并且能基本记住学生的姓名，对学生的性格、爱好、交友、困境等方面有了一定程度的熟悉。

在此基础上，开学报到的当天，我会选择一个专门的时间开第一次主题班会。班会课的主题就是班级团队建设。这个活动基本就解决了前面提到的九大问题。

具体做法是：把学生带到一个舞蹈教室，或找一块比较空旷的地方，事先给每位同学打一张姓名贴，活动前均贴于学生左手臂靠肩的正面位置，方便师生快速记住相应学生的姓名。

具体活动流程如下。

1. 初识：全班同学分两队迎面而立，握手问好，相互介绍自己。因为左臂上有姓名牌，可以如此问候："××同学，你好，我叫××，很高兴与你成为同学。"

2. 分组：全班同学手拉手围成一个大圆圈，从任意一位同学开始报数，想分四组就按"1、2、3、4"重复报数，想分六组就按"1、2、3、4、5、6"重复报数。所有报"1"的同学为一个小组，以此类推。这样分出来的男女生比例基本是协调的。

3. 二识：分好的各小组找一个地方坐下来，再次相互介绍，要求在3~5分钟内认清本小组全部同学。并选出一名组长，拟定本组名称，提出本组口号。

4. 出刊：给每个小组一张大长方形白纸或彩纸，以及一些颜料、笔等书写及作图工具，要求按给定的主题出一期刊物。内容包括本组名称、口号、标识、话题内涵等。

5. 分享：各小组刊物出好后，重新聚集整合，全班同学相互交流，每组推选一名代表分享。

在这个过程中，最重要的环节是后三步。这三步中，班主任（也可邀请一些科任教师）要不动声色地认真观察，带上一个记录本，记住每一位同学的表现，尤其是那些同时具备"学习能力"和"引领潜质"的同学。比如，对在"组长推选"环节一直推辞，甚至全程几乎事不关己、不参与小组活动的同学，要记下名单。这些同学没有表现出担当的责任与精神，至少不适合做主要的班团干部。在讨论时，除不参与的同学，那些共同商议的同学按性格又会分出几种，如太强势、非要组员按自己的思路进行的同学亦不适合做主要班团干部；善于听取别人的意见，或能先放下自己的观点，在认真听取别人的意见后，综合各方观点的同学，最适合做主要班团干部。

等各组汇报完、活动结束时，把四张大纸收回来，贴在教室后面的黑板上，再略加修饰，首期黑板报便大功告成。之所以全班分组时按"1、2、3、4"报数分四组，其实是事先裁量过的，因为教室黑板报的位置只能容纳四张大纸，所以分成四小组，这便是工作的艺术性。

这种"在具体活动任务中考察班干部"的人才选拔方式，打破了传统的班级"单一演说竞选"的人才选拔方式，规避了那些"能说会道却不务实"的学生，能选出具有"学习能力"和"引领潜质"的学生，科学、合理，故更真实，也更有效。

以我带的 2021 届学生为例，用这种方法选出的主要班团干部，高考成绩均很理想，他们高考的录取情况如下。

班长：清华大学，省排 26 名，英语满分。
团支书：清华大学，化学省赛一等奖。
副班长（2 人）：一位复旦大学，一位高分进入华中师范大学（省排前 900 名）。
学委（2 人）：一位北京大学，一位高分进入北京师范大学。

在后来的阅读中，我进一步找到了相关的学理依据。约翰·哈蒂在《可见的学习——最大程度地促进学习（教师版）》中写道："令人惊奇的是，一年下来，那些不合作的学生学习成绩最差，但他们的成绩与那些厌学的学生相比，差异不大。举例来说，厌学的学生觉得学校作业非常无趣，面对挑战性任务倾向于放弃，喜欢分心。"所以，用这种方法不仅可以规避散漫的学生当选班团干部，从而选出真正优秀的班团干部，还可以观察出习惯性不合作的学生，这类学生很可能成为后期潜在的学困生，这样利于提早转化学生，从而提高全班学生的学业成绩与综合素养。

北京师范大学林崇德教授的《21 世纪学生发展核心素养研究》一书揭示了优生担任班干部会带来更大成功的学理依据。书中指出，世界经济合作与发展组织（以下简称"经合组织"）将学生"素养"与"做事"联系起来，认为"素养"是结合真实情境的需要而调动心理、社会资源（包括技能和态度）以满足复杂需要的能力。这本书梳理了经合组织"核心素养"指标体系，包括三个一级指标：

- 能互动地使用工具
- 能在异质社会团体中互动
- 能自主地行动

其中"能在异质社会团体中互动"具体包括：与他人建立良好关系的能力、合作的能力、控制与解决冲突的能力等三个二级指标，要求学生能够从他人角度思考问题，有效控制自己的情绪；善于表达自己的观念，倾听他人的观点；识别共识与分歧，重新认识问题。所以，在活动的第4步与第5步，那些善于吸纳本组成员观点的有利因素，识别共识与分歧并能重新融合意见，不情绪化、不独裁的学生，往往就是心之宽者、德之高者、能之大者，他们理应成为班级里的"领头羊"。

新入学的班级就是一个"异质社会团体"，这个新的集群来自四面八方，性格各异。将具体的"出刊"这件真实的任务置于学生小组时，学生真实的性格与办事风格、能力大小也就会自然显现。那些在活动中不参与活动，或过于强势、爱与人争吵的同学，首先就无法控制好自己的情绪，也无法善于听取他人的观点，空有棱角，也就无法建立良好的同学关系，更谈不上合作，自然不适合做主要的班团干部。久而久之，这样的学生会到处树敌，最后将陷入人际交往的困境，无法静心于学，成绩下降只是迟早之事。这也是一些智力尚可，初中时成绩理想，却因品质不健全，高中时成绩必定后退的原因之一，所以孩子小时候的品质教育至关重要。父母与老师在帮助孩子树立良好品质这一点应下功夫。

这个信息表之所以"神奇"，除其本身折射出大量的重要信息，后续还会生发出更重要的一些信息。比如，"家庭困惑"一栏，真实的学生反馈信息让我无比惊诧："与家长没有共同语言""父亲整天抽烟、喝酒""父亲整日在家，不出去工作，无所事事""太重视二宝，忽略了我的存在""家长出差太多，经常留我独自一人风中凌乱"……收览全班学生信息后，我发现，家长与学生的精神交往相对不足。于是，可借助此信息润滑代际关系。

再如，表格最后的"重要考试成绩记载"，我们可以在这里建立学生学习成绩的进退图谱。不能对学生的成绩进行排名，更不能公布学生的成绩，这是教育管理部门的正确规定。但这个是外指的，即不能将学生的成绩进行功利性排名，如果要做精细化的教育管理与服务，班主任需要清楚每一个学生的成绩进退情况。

我在这一栏建立了一个坐标系，横坐标是每一次较大考试的推进，纵坐标是名次。每一次较大的考试后，我就会在这个坐标系中定位出一个"点"，等多个点连成线后，对应学生的成绩线就会清晰地展现出来。我便可以根据这个线的走向，科学、合理地安排相应的教育行为，如做家访（见下图）。当我发现一位学生的成绩持续进步或持续退步时，就表明家访的宝贵时机到了。因为对于持续进步的同学，我们要及时表扬，表明老师的"看见"，但更重要的是及时提醒。因为没有永远一直进步的同学，对其可能会到来的成绩下降或起伏提前预设，避免让其产生心理压力。同时，对于成绩持续下降的同学，家访的目的旨在深入了解情况，和学生一起静下心来分析原因，学会总结，引导学生学会科学、理性地学习。

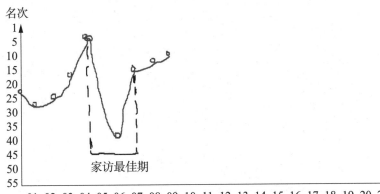

重要考试情况跟进示例

由此可见，这个表格可以生发出很多利于分析学生的信息。对于学生信息的及时掌握，方法与途径很多，班主任要切记，不可以坐等学校教务或德育部门来"投喂"。

厦门海沧实验中学的马于玲老师也是我工作室的成员之一，有一年在担任完高三年级组长后，下一年继续留任高三教学。她在暑假就通过班主任进入到班级学生群，给学生布置了一道特殊的作业题，即要求学生做一张介绍自己的图片，包含姓名、性格、特点、爱好及对新学期语文学习的展望等。这样，还没有到班级上课，马老师就已基本掌握了学生的情况。

这是属于马老师班级管理信息收集的"马氏智慧"。对相关信息的快速收集并迅速作出反应，是一个班主任或科任教师的关键能力之一，能在很大程度上避免负面事件的发生或负面影响的扩大，及时、快速地安抚并转化学生。这种能力有时是一种直觉，但更多的，是经验累积后所形成的一种能力素养。它与及时的信息收集有关，是对现场环境、氛围特色、人物表情、信息表征等的综合瞬间判断力。

3. 静观默察，就事化育

——一次瞪眼

1996年，我刚参加工作的第一年，学校交给我一个全年级较乱的班，初二（5）班。有一天，我要进城到一所学校听课教研。出发前的早读时间，我去了班级，一切正常。

待参加完教研活动后，在下午最后一节自习课时，我回到了学校，直接进入班级。自习课上同学们各自在写着作业。但我进入教室扫视一圈后，很快就感觉到班里一定发生了什么事。我没有说话，只是看着他们写作业，默默观察。可能是因为心虚，第三小组同一列前后相隔较远的两个女生写作业的状态不对，总是心神不宁。不到两分钟，我就准确定位到了两名同学。

为了不影响全班同学学习，我巡走到教室后面时，轻轻点了点最后一排的大个子女生的桌子，示意她跟我出来一下。我想了解一下她的情况。

我把她带到全班同学都看不见的同楼层的走廊一端，轻言细语地问她："怎么了？今天看起来好像有一点心事。"谁知道，她竟然大声反问我："她凭什么瞪我？当班干部就了不起，就可以乱瞪人吗？"我说："谁瞪你了？"她说出来的名字，果然是我一进教室就感知不对的另一个女生——同列第二排的班干部，一个小个子女生。

我瞬间明白怎么回事，心里快速确定了解决方案。这位坐后排的大个子女生性格大大咧咧，满怀正义，说话直率，不留情面。她一定是觉得同列的那个班干部女生瞪了她，于是得理不饶人地骂了前排女生。但她的特点是只要知道是自己理亏，一定会知错就改，否则，她绝对会对着干。而前排女生做事认真，心思细腻，性格相对内向，一定受了委屈。

　　这时候，我决定要"治一治"后排这个女生。要"治"她，就得先故意激怒她。于是，我狠狠地批评了她的冲动：不思考，遇事总不经老师就擅自处理，还觉得自己十分有理，满身正气。果然她不服，表示自己没有冲动，自己也没有讲小话，凭什么班干部就可以乱瞪她。

　　我看信息收集得差不多了，她的情绪也被激发，可以收场了。于是，我说："你要不要对质一下？"她说："好呀，我没有犯错，我怕什么？"

　　我说"好"，便把同列坐第二排的那个小个子女生也叫了出来，把她们带到一间无人的教室里。小个子女生刚一进门，大个子女生就十分得理地质问她："你凭什么瞪我？我又没有讲话！"小个子女生委屈地说："我没有瞪你。"大个子女生紧追不舍，说"你就是瞪了我"，一副盛气凌人、得理不饶人的样子。小个子女生百口莫辩。

　　正当大个子女生觉得胜券在握、得意之时，我说："来，做一个实验。两位同学再拉开一点，还原到教室里你们两人间的距离。两位同学背向，然后转头，互相对视，注意：重点是看对方的眼球。"

　　不到十秒钟，不出我所料，大个子女生就转身向我低下了高傲的头颅，说："欧阳老师，对不起，我错了。"

　　我故意问她："为什么你错了？"

　　大个子女生说："我和她坐在同一列，当时她坐着，转身看班上的纪律，看有谁在讲话，看到我时我就以为她是在故意瞪我。现在我才知道，是人转身后眼球会自然放大的缘故。"

　　这时候，小个子女生再也忍不住，蹲在地板上，大哭起来。

　　我让小个子女生好好地哭了一小会儿，随即，安顿后，便对大个子女生说："没有知识真是可怕呀。当两个人相隔较远，背面对视时，由于身体转动、拉伸的原因，人的眼球就会自然睁大、变圆，这是一种正常的生理反应。学过生物学的人都知道这一现象,这也是欧阳老师在没有单独找你们了解情况之前能准确判断的主要原因。你现在才读初二,还没有系统地学习生物学,不具备这方面的知识,所以误认为我们的班干部同学瞪你了。既然一个没有故意瞪,一个也是因知识缺乏而产生误解,你们都不是有意的行为,所以不能因无知而伤了和气,这也是我们为什么要不断读书求知的原因。有知识的人,做事更不易冲动,更讲理性。今天因祸得福,因误解而学到了生理学或生物学知识,两位同学吃一堑长一智,有没有必要因此相互怀恨呀?"

两位同学都愉快地笑了,连说不会。

我说:"那好,人要胸怀大志,不可拘泥小节,更何况,我们可是同班同学啊。来,握手言和并相互促进学习吧。"

于是,两位同学握手言和并热情相拥,说笑着回教室去了。这件事化解及时,反而促进了相互了解,她们之间的感情也更加融洽。

如果我没有及时回到班级,或者我回到班级并没有第一时间甄别信息,很可能就会在两位同学间埋下情感隐患,久而久之,这样的"蚁穴"累积下去,便会造成班级人心不和的现象。如果她们再私下拉帮结派,情况就会更糟,班级管理中"蚁穴溃大堤"演变为"霸凌、欺凌"的现象只是早晚的事情。

4. 随机应变，用心呵护

——一股异味

入职后第一年的某一天，我正在初二（5）班授课。突然，几位同学暗中骚动起来，随即一股较明显的大便味扑鼻而来——属于能感知却又不是恶臭的那种情形。授课过程中，通过对全班学生的察言观色，我凭直觉迅速甄别并收集到了信息。我意识到，是后排的一位女生可能因身体原因，拉了一点大便在裤裆上。通过味道及周边学生的反应，我很快确定了两个信息：一是拉出的量不多；二是骚动的学生只是感觉到了这股味道，并未能确切知道是谁。

我很快意识到出现了课堂偶发事件。这是课堂教学的两难处境，如果处理不慎，课堂将陷入僵局，影响教学进度，更严重的是必将影响到相应学生的自尊，给全班乃至全校同学留下一个永远的笑柄，并将长久地使其产生自我贬低的心理阴影，对学生健全人格的培养极为不利。

我的第一反应是要艺术化地解决这一难题，坚决维护学生的人格尊严。通过观察，结合心理学知识，我很快锁定了"问题学生"，发现是班长小馨（化名）同学。如果处理不好，更将影响她以后的治班威望。我并未轻易中断教学，因为这样停下课来专门处理问题，势必将全班同学的注意力转向小馨同学，反而会无意识地加重她的心理压力，造成更大的伤害。

那一瞬间，我提高音量，顺势抛出一个思考性较强的问题，将教学内容引向深入，以转移同学们的注意力，赢得处理问题的时间。

我巧借引导学生集中精力思考的机会，以走动授课的方式不动声色地来到"问题学生"小馨同学的身边，低头轻声安慰了她一两句后，让其悄然从后门出去回家换裤子。她家离学校大门不到 500 米。因为这时已临近下课，如果再拖延时间，待下课铃声响起，教室内外都有同学，他们的注意力必将聚焦到小馨同学身上，那时事情将会完全陷入被动之中。

考虑到已有较多同学注意到了此事，所以，小馨同学刚安全离开教室，我就暂时中断了教学，借机向同学们科普相关的病理知识，并告诉他们既然是病变，控制失调就是一件十分正常的事，医院的病床上几乎每天都有这样的事发生，所以我们不仅不能因此笑话同学，还应帮扶他们，要给予同学更多的关爱，以提高为人素质，增强自身修养。同学们听完我的解释后纷纷点头。刚好这时下课铃声响起，同学们下课后自然不会再聚集取笑"问题同学"，有效控制了舆论。小馨同学也已走出了学校大门，不用在尴尬的时候面对众人审判的目光。

安抚了同学后，如果没有做好当事人小馨的工作，她一样会产生负疚感，甚至可能还会出现难以预想的负面事件。而这种事又必须第一时间处理。好在当时是语文连堂课，第二节课恰好是写作实战训练。我预估小馨快回来的时候，就先走到教室前门边等候她。看见换了裤子的她从长长的走廊走来，我拦住她，把同样的知识告诉她，做好她的相关心理安抚工作，消除她可能因此产生的自卑心理。

三天后，我收到小馨同学的一张纸条，上面写道："欧阳老师，谢谢您呵护了一个学生的人格尊严。"大约是那三天都没有同学取笑她，所以她才给我写了这张纸条。通过后续一段时间的观察，事实证明，班上十分平静。"问题学生"小馨乐观开朗如初，同学间的情感也很正常，说明问题化解得科学、巧妙、合理。

也许，我的教学生涯中上过的课难以计数，但绝大多数课都稍纵即逝，一切皆如梦幻了无痕，唯这一节课让我刻骨铭心，终生难忘。

也许是出于人性之光，我在不经意间呵护了一位学生的人格尊严。这个事故的成功化解，我想主要有赖于我对学生信息的快速捕捉与分析。相关信息的及时甄别，人才能力、大小、方向的及时甄别，学生个性优缺点的及时甄别等，对于班级管理十分重要，其目的是给每一个学生提供个性化的优质服务，并快速形成班级管理合力。

其实，班主任或科任教师要善于捕捉各种信息。比如，班主任要知道自己的班里早晨常常是哪些同学最早到校，哪些同学常常不吃早餐，晚自习结束后又常常是哪些同学最晚离开教室；知道班里哪几个同学最喜欢点外卖，哪些同学常常结伴而行，哪些同学虽常常独来独来，但心情乐观，哪些同学有网瘾，哪些同学睡眠质量不好，哪些同学常常焦虑，甚至哪些同学有自残倾向……

现代社会，信息捕捉已成为一种基本素养。信息，是班主任或科任教师了解班级、管理班级、服务学生、助力家长的开始。

第四讲 文化引领：处处育人，时时滋养

1. 物理环境，无声之育

《墨子·所染》中说："染于苍则苍，染于黄则黄。"苏霍姆林斯基也说："只有创造一个教育人的环境，教育才能收到预期的效果。"中国教育学会班主任专业委员会名誉主任唐云增说："每个班主任都要学会建设班集体。"我想，这种建设，就是指对班级环境的建设，它包括班级物理环境建设和班级文化环境建设。

一次，我初中同学的微信群里传出一段话，是与我一样当老师的同学在布置完考场后，在群里发出的对他所布置的班级环境的感慨："我布置的那间教室，一个垃圾桶，一个饮水机的装水桶，铁桶老旧，看不到原来的颜色，更是脏得不敢用手提。捂着鼻子移开，那两个桶的下面厚厚一层污垢。收纳房也一样，亏了同学们在那样的环境里一待就是三年。"

马克斯·范梅南与李树英合著的教育名著《教育的情调》中写道："教室里面的布置，如书本摆放的空间、光线的明亮程度、墙上的装饰，以及学生们的表情和细微的动作、老师此刻的心情甚至眼神等，这一切构成了教学的情调，为接下来的教学埋下了伏笔。"这段话表明了班级物理环境建设的重要性。

班级物理环境指一所学校为一个班级学生个体的学习行为提供必备的物资保障，或用于改善个体学习行为的客观硬件。所以班级物理环境建设分为必备件建设和改善件建设。所谓"必备件"，是指用于教学要达到的最低的条件；所谓"改善件"，是指在完成必备件的基础上，为改善班级教学而提供的更优质化的服务条件。

必备件主要有教室四墙、门窗、窗帘、黑板、讲台、课桌、地板、储物柜、灯光、粉笔、黑板擦、卫生工具。改善件主要有多媒体或希沃、墙面饰物、教师桌、黑板报、学习园地、作品展区、绿植、粉笔盒、书架、宣传区、桌签、学生点名簿、手机临时储备柜、班级培养目标、采光、照明、色调、通风。

心理学研究认为，自然环境对人的影响主要是通过客观现实对人的心理产生影响。班级环境是学生受教育最直接、最重要的影响源之一。和谐的班级环境会对学生产生安身静心、潜移默化的作用，使学生增添学习与生活的情趣与乐趣，消除学习后的疲劳，让学生在愉悦的氛围中获得感悟，产生积极向上的力量。故班级物理环境建设的总体原则应该是，符合学生年龄特征，最大限度地发挥环境育人功能，使环境布置指向学生身心健康发展与精神成长。

具体原则作如下分解。

（1）必备件：作为必备的学习用地或工具，即必备的硬性条件或物资。其中：

教室四墙、门窗、窗帘、黑板、讲台、课桌、地板、储物柜——干净、整齐、整洁；

粉笔、黑板擦、卫生工具——有则行；

灯光——明暗适恰，色调和谐。

（2）改善件：非必备的学习用地或工具，是为了改善学习效果而自主选用的一些辅助性教学条件与物资。其中：

墙面饰物——艺术、雅致，赋予教育的暗示性与启发性；

黑板报、学习园地——美观、整洁、赏心悦目，及时更新，能引导学生思考；

多媒体或希沃——现代教学工具，需及时维修；

作品展区、宣传区——大方、整洁、更换及时、学生参与、互动；

粉笔盒、书架——整齐、干净、艺术；

绿植——不枯、不萎、生长旺盛；

色调——明亮、与教育目标相谐和；

桌签——统一、醒目；

教师桌——干净、整洁；

采光、照明——明亮、护眼；

通风——对流、通透；

手机临时储备柜——精致、小巧、分格均匀、简洁美观；

班级培养目标——醒目、大气、聚心、励志、方向性引领。

在班级物理环境建设中，需要前置的工作是"班级培养目标"的拟定与挂件制作。所谓"班级培养目标"，也称"班标"或"班训"，即要把学生培养成什么样的人。学校大的培养目标应与国家保持一致——培养德智体美劳全面发展的社会主义建设者和接班人。在不同的教育阶段，班主任需要将其分解成一个个更为具体的小目标，然后用一句高度凝练的语句将具体的小目标表达出来，之后制作成挂件，悬挂或张贴在教室后面黑板报上方的显著位置，做到醒目、大气，鼓舞斗志，凝聚人心，且必须具有方向性的精神引领作用。

我从接到担任班主任这一任务后，第一时间便是考虑班级培养目标的内涵，它作为"墙面语"需要进行环境布置。比如，我在2018年接到学校让我带首届"钱学森班"这一任务后，即启动了对班级培养目标的思考工作。考虑成熟后，待开学后交给全班同学讨论，一周后定稿。我和学生确定的班级培养目标为："培植善念，根植理性，文明砥进"。

要建设好班级环境，前提是基于班情诊断，即要考虑具体所带的班级的特点。比如"钱学森班"并非一般学校只为提高招生录取效果而随意拿一个名人来命名的那种班级，它是经过钱学森姓名冠名和肖像使用管理委员会审批才可以建班招生的。我校是全国第33所申办"钱学森班"的学校，所以我在对班级环境布置时要体现出"钱氏文化"。我在教室的不同区域设置了三个专栏：一是在教室后墙黑板的右边设置了"钱氏其人"专栏；二是在教室前面黑板的左边墙上设置了"钱氏其事"专栏；三是利用教室后面的黑板,以板报的形式开设了"钱氏其魂"专栏,比如"钱氏家训"的介绍等。这样,"爱国、奉献、求真、创新"的"钱氏精神"与"钱氏文化"就初步形成了。在"钱氏其魂"专栏的正上方,还用喷绘纸板张贴"培植善念,根植理性,文明砺进"的班级培养目标。

班级培养目标及环境

我总览了全校各班提出的班级培养目标,大致有口号型、励志型、内涵型三种。我提倡内涵型。所谓"内涵型",不仅仅是一句口号,也不仅仅是终将产生审美疲劳的励志语,而是要进入班级常态管理的实用型目标。比如,有一次王挥闵同学在期中考试后成绩不理想,哭着来找我。我安顿后与之聊天,问她是否还记得班级培养目标中的最后那个词。她说:"记得,是'砺进'。"我说:"对呀。那什么叫'砺进'?当时我们一起讨论的时候并没有现成的这个词,最后是我们创造的。用它就是要告诉你们,人的进步很多时候不是直线上升的,而是螺旋式上升的,这就是'砺进',即在磨砺中走向前进,所以,你成绩的进退属于正常现象,只要认真对待,重视即可,不必为此焦虑。"王挥闵同学很快释怀,高考成功考入北京大学。

教室左右的墙面,我让学生书写了两幅书法作品:"与有肝胆人共事,从无字句处读书。""书山有路勤为径,学海无涯苦作舟。"并配了一些艺术作品。值得一提的是,前一幅作品的内容与2023年天津市高考作文材料不谋而合，彰显出我们对语料选择的重视程度与质量水准。

书架上的书分类摆放整齐，书本摆放追求艺术，并贴上书籍标签彰显规范管理，使其更加有序化。我还在书架上摆放了一粒从新疆松林里捡回来的松子。松子的摆放，彰显出艺术的细节，能让学生体会阅读之外书本艺术摆放与添加松子的细节之美，目的是让细节蕴含教育，让学生在享受阅读的快乐的同时，感悟书本摆放之空间艺术与松子自然巧妙的螺纹美及所释放的自然的气息，让教育感化心灵。

学生的桌签是我班独有的一种班级文化现象。每两周更换一次，标示学生的座位号及姓名，这样可以让每一位进班上课的教师在授课的同时不用专门走回讲台桌边去查看点名薄，无论站在教室的哪个位置，都能顺口叫出学生的姓名，也便于考勤管理。

教师桌用桌布铺设，干净整齐，方便晚修下班的老师工作。

从考虑学生身心健康的实际角度出发，在教室物理环境的布置上，还可以增设"小格制"——既漂亮又美观的统一集中管理的手机临时储物柜。我还设立了一个小食品袋，里面放有小零食，同学、家长平时也可以自愿添设，方便因特殊情况来不及用餐的同学及时补充能量，同时又养成"按需索取，文明进食"的习惯。这一条有家长曾一度反对，认为教室不是用餐之地，更担心会滋生许多管理难题。我说，教室是不是用餐的地方，这个目前没有定论，只要我们不选择味浓且进食时会发出响声的食品就好。至于管理难度，我想，如果仅从方便管理的角度看，自然是不设，甚至班级什么事都不做最方便，多一事不如少一事。但"管理"是为了方便，而"教育"应该指向"服务"，"服务"是人性化的，是不嫌麻烦的，是指向学生身心需要与身心健康的。我相信，如果添置了食品袋，加上教育引导到位，学生至少可以学会按需所取，形成理性消费的意识。

班级环境建设，可以投入多一点的人力资源，细化管理。我班的班干部体制管理打破传统做法：全班所有同学都是班干部，每一位同学都要确定具体的能为他人服务的一个项目，比如，我带的2015届高三学生中，杨壁菲同学只负责课务提醒，即她每天早上到班级后便把当日课表竖排写在最靠右的黑板边沿。杨壁菲同学从高二到高三两年内没有落下一天。她的用心、细致、执着，一样体现在她的学习上。后来她考入清华大学。某年冬天的一个早晨，我习惯性早到教室，陪着早入教室的孩子一起静静学习。其中一个学生刚一进教室，就感觉教室的空气特别沉闷，于是向我反映这一情况。我与同学商定后，马上增设一名班干部，在征得那位提意见的同学同意后，让他担任班级的"空气清新委员"，专门负责监督、调节班级教室里的空气情况，由他决定何时开窗对流换气，何时关窗保暖。

在对班级环境建设时，我还精选了两个大小适中的非常具有中国传统文化特色的茶叶盒，把平时散落在讲台桌的粉笔头集中放入盒里，上面分别贴上"白色粉笔""彩色粉笔"的小签条，目的是避免再出现讲台桌粉笔头满桌乱放的情况，也可防止粉笔受潮，导致授课教师无法板写。

厦外每年9月新生入学后，都要举行班级环境建设评比。在这样的环境理念建设下，我带领的首届"钱学森班"高一时获得了全校唯一的特等奖。升入高二时，虽然打乱了班级，但大部分学生还是原来的学生。高二班级环境建设评比前，我跟班干部说，在学校检查前，只要做好班级基本的环境建设即可，真正的环境建设，可以待学校评比完之后再着手建设。班干部不理解，问我为什么要这样安排，他们说想拿名次。我说一个人或一个班级的生存，并非靠名次来维系，班级环境建设也并非要做给别人看，而是要我们自己舒适，并生发出教育的意义来。如果我们每一次都拿学校的特等奖，也会没有朋友的。我这样解释后，学生才释怀。但即便这样，高二高三班级环境建设评比，我们还是拿了学校的一等奖。

优秀，已然成了一种习惯。

这也说明，我们对环境的要求，已达到较高水准。

其实，一个班级的环境建设如果仅停留在物理环境的建设，算不上优秀，更不可能连续获奖，必须上升到独特的班级文化环境建设上，否则格局过低，上不了台面。

2. 文化建设，"气氛"之教

《教育的情调》中说："认识气氛这一现象的意义在教育学上非常有益。父母和老师都应懂得气氛对人类、对孩子的健康成长所起的作用。敏感的老师知道怎样创造一种适合学习和生活的气氛。"这种气氛，这种教学的情调，就是班级里比物理环境更为重要的文化环境。它需要教育者有意识、艺术化地创设。

英国学者卢卡斯提出了"在环境中或通过环境的教育"，重点强调的是教与学的过程与方式、方法，要求教师必须利用周围的环境对幼儿进行教育。在我看来，班级文化环境的建设，关键在于一种良性氛围的营造与创设。江光荣老师在《中小学班级环境：结构与测量》一文中对班级文化环境作了这样的表述："是一种心理氛围，是由班级成员即学生、教师共同感知的一种心理氛围。班级环境是学生和教师对课堂的共同知觉与感受，班级环境是一种社会心理环境，存在于师生群体中，这一群体包含了班主任、学科老师和全体学生。"江光荣老师还认为，班级是一个社会心理系统，这个系统由一些基本要素构成，包括师生关系、同学关系、秩序和纪律、竞争以及学习负担五个维度，班级中的学生会对这些要素形成各自的知觉，进而对他们的环境适应和心理发展产生影响。

我对班级文化环境内涵的理解是：班级文化环境是指一个学习场域中同学与同学、同学与老师、师生与场域所表现出来的学习交往与精神交往行为关系的总和，既是一种个体行为的散点表现，亦是一种集体行为指向，最终以一种氛围的形式作用于学生的学习与师生的精神成长。

班级文化环境首先表现为班级的整体目标，即班级培养目标。南京师范大学班华教授在谈班主任的核心能力时说："要形成适宜的班级教育目标的能力。"按照中共中央、国务院印发的《中国教育现代化2035》，教育的目标是"培养德智体美劳全面发展的社会主义建设者和接班人"，但日常的班级管理、文化建设，还需要结合班级具体情况将此宏大的目标具象化。正如韩国凤在《创造良好班级环境的策略》中所讲："班级的整体目标，就是班级的'精、气、神'，是让学生共同奋斗的凝聚力，也是促进班级发展的原动力，更是引领班级成长的精神力量。"

我曾在发表于《福建教育》上的一篇文章《长期性班训与阶段性班训》中强调了班级培养目标的重要性。事实上，班级培养目标作为班级文化建设的一个重要方面，对学生还具有行为方式上的导引功能、目标方向上的激励功能与眼前是非的制约功能。像家风，这些功能一旦达成就好比一个引力场，将产生巨大的凝聚力，从而促成班级建设健康稳定发展。好的班级培养目标如和煦的春风拂去学子思想的阴霾，如酷暑中的一泓清泉滋润学生饥渴的心田。一个班级不可没有班级培养目标。

班级培养目标的建设需要基于本班生情。例如，我按照生情，将所带的2015届高三班的班级培养目标设定为"做自己的状元"，以帮助学生每一天都有一点进步；把2021届"钱学森班"的班级培养目标设定为"培植善念，根植理性，文明砺进"，都是基于以上思想。

后来我辞去行政工作，自愿回到班主任工作岗后，对班级培养目标的制定，更注重结合具体班情，更倾向温和坚定。我在接手2024级高一班主任岗时，第一时间接触学生，便感觉到好几位学生可能存在心理问题。于是，我一直在想，什么样的班级培养目标才能"稳住"这些学生呢？后来，经过与同学们反复讨论，我们确定了"不为难、不作践，逐光而行"的班级培养目标。"不为难，不作践"分别从道家与儒家思想出发，从传统文化与心理学的角度启示同学们不冒进、不急躁，更不懈怠、不荒废，以确保学生形成正确的价值观与学习观，引领学生理性求学，健康成长。"逐"表明求学之主动，而"光"既是善，是美，是自由，更是进取，是自律，是文明。整句话从哲学的角度启迪生命，抚慰心灵，追求卓越。

既然班级文化环境能发挥育人的重要作用，那么，班级文化环境建设的主要原则是什么呢？

如前所述，班级文化环境是一种氛围，是一种知觉与感受。那么，学生会喜欢在一个什么样的班级里学习、生活？或者说，学生想把班级建设成什么样的呢？反向思考或换位思考是很有必要的。此时，班主任不妨结合自己中学求学的真实经历思考，如在班级里感知到有哪些和谐的因素，有哪些不和谐的因素，这样就可以倒推去想：建设一个好的班级文化环境需要遵循哪些原则。

我想，可能要考虑的关键词有仁爱、关怀、积极、勤奋、包容、乐学、静、竞、正义、感恩、不使坏、悦读、运动……这些对于班级文化环境建设毫无疑问都是至关重要的，但仅此就够了吗？

我们可以往深层次去想：如果这些元素都具备了，但一些科任教师尤其是班主任过于严肃、过于较真，学生会不会感觉不舒适、不自在呢？所以，一个好的班级文化环境，除了要有上进拼搏的精神风貌，还要让生活在其中的成员舒适、自在。就像《白鹿原》中白嘉轩对黑娃可谓好之又好，十分照顾。黑娃也知道这一点，但最终还是选择与鹿家兄弟做同桌。白家兄弟就像日常中很多对学生严而有爱的老师，十分负责又有爱，可是因为过于严肃，很少有学生愿意走近他。为什么？人是好玩的动物，天生不喜欢与严肃为伍，喜欢宽松的环境。正经严肃，则庄、敬、惧；亲切幽默，则谐、亲、近。因此，一个好的班级文化环境，除了要满足上述关键词，还应该有和谐、积极、舒服、奔向一个统一的健康主题。

好的班级文化具有深、广、厚、大的引领力，它时刻滋养着每一个学生，促进他们精神健康成长。换一种说法，好的班级文化就是高扬人类一些好的精神品质。好的班级文化环境建设，就是发展学生的精神向度，使其精神茁壮成长，阳光健康。所以，我平时带班，重在引导学生的精神努力迈向道义、尊严、感恩、善爱、仁慈、健康。

　　如果从班级文化这个话题延伸，审视一个孩子的教育历程，从高年级学生在校的表现来反视义务教育，大抵每一个"有问题"的孩子或成绩不好或下滑的学生，均能对应相应的不健全的精神品质。郑也夫教授在《阅读生物学札记》中说："道德规范是铭记在幼婴的开放性行为程序内。在幼年期奠定的基础在正常的情况下可以维持一生。"故此，要引领学生走向成长，就必须了解、知晓这个学生品质建设的成败。爱利克·埃里克森在《洞见与责任》中说："美德是人类力量的品质。"美德是一种力，如果学生在美德上有缺失，后续其"力"便不足，那么，到了高年级后学生成绩下滑，或遭遇困境也只是时间早晚罢了。学业之前，品质先行。早期教育，不应以刷题、做大量的重复性练习为主，而应致力于学生美德与品质建设。这些美德，杨眉称之为"美德德目"。她在《健康人格心理学——有效促进心理健康的14种模型》一书中提到应关注个人人格——美德德目，如公正、诚实、仁慈、勇敢、慷慨、忠诚、尊敬、无邪、慈善、友爱、正义、友善、节制、共情、关怀等具体的品格，不仅使抽象的道德具体化，而且让人们认识到"个体善"对"社会善"的意义，以及"社会善"反过来对每一个个体的意义。她结合塞里格曼与性格优势美德发展学说，在《与未来中国的形象大使探讨生活》中进一步总结出核心人格特质：教养、诚信、德行、自信、责任、上进、共情、感恩、自律等。

　　从这个角度说，班级文化环境建设，其实就是孩子的品质建设，是一种良好的融洽关系建设。品质教育，需要从小、从家庭抓起，需要从班级文化抓起。我们从高年级学生的违纪表现回望品质教育，就会发现，学生高年级中的一些不良表现，往往对应着一些关键品质的缺失。这就是基础教育的重要性与残酷性。所以，小学阶段的德育工作，是否可以围绕学生关键品质的形成来设置活动，而不再仅仅是按照每个节日来被动设置学生活动呢？学生活动，必须联结学生的品质形成，联结学生的精神成长，即应把握教育节奏，建设以"品质培育"为主线的学校或家庭德育路径。

3. "钱班"精神，六个"特别"

我在 2018 年接任首届"钱学森班"班主任岗位后，第一时间便着手班级培养目标的制定。经过长达两个月的构想，并在开学稳定班级后的一周内，与同学们反复研讨，最后我们把班级培养目标定为"培植善念、根植理性、文明砺进"。

确定好班级培养目标后，我专门利用第二次主题班会向全班同学详细讲解了班级培养目标的育人意蕴，以达成全班同学的共识，为三年育人奠定文化基础，也是本届第一次为新高一、新同学系统性铺设精神底子。高中起始年级的管理，要大气，要有高远的格局，切不可只重视学生的文化成绩，一定要设法为学生的精神成长奠基。忽略了这一点，就容易忽略学生精神与品质上的盲点，到高二高三时，班级问题就会不断显现，最后很可能是一地鸡毛。

这一次，我便借班级培养目标的育人意蕴来为学生的精神成长铺路。班级培养目标中有三个关键词。

关键词一：培植善念。

对于"培植善念"，我引申出了"仁生善、善生爱、爱生万物"的内涵，倡导学生要"互助友爱""会让才是赢家，礼让方为智者""让不是一种屈服，而是一种风度""恶语伤人何止六月寒，毁人前程又自毁前程""敢于吃亏、舍得吃苦"等，尤其强调了"敢于吃亏，舍得吃苦"方有大境界、大格局的道理。为了让学生更容易理解，我讲述了新东方创始人俞敏洪在北大读书时自愿为室友打开水、做值日，后来新东方发展时他同宿舍室友从国外回来热情相助的故事，借机告诉学生，一个人有时需要可贵的钝感力，不需要太伶牙俐齿。就像乔布斯在斯坦福大学演讲时曾说的："Stay foolish and stay hungry（保持愚笨和保持饥饿）。"这也是一种钝感力，一种大智慧。这启发学生：你只管去热爱、去坚持，对于很多事情，要敢于吃亏，舍得吃苦，有时无法也没有那么多的精力与心情去计较。2024年6月，著名指挥家郑小瑛在第十届女科学家论坛大会上就"女性领导力"这一话题发言时强调了"热爱、坚持、忽略"三个关键词。"忽略"，看似钝感，有时反而是一种力量，一种境界，一种人生智慧。

关键词二：根植理性。

对于"根植理性"，我引申出了"理生静，静生力，力制万物"等内涵。为帮助学生培植理性，我引用了两句名言：一是《道德经》中的"寒胜热，静胜躁，清静为天下正"，二是诸葛亮《诫子书》中的"学须静也，才须学也"。同时告诉学生："理，是一种克制。"我与学生相约不碰"三把刀"：早恋、打架、离家出走。中学阶段，只要这三方面不出问题，学生一般就不会出大问题。我还告诉学生，学好喜欢的学科，是一种本能，但如果学好厌恶的学科，就是一种本事，从"本能"到"本事"，一字之差，却需要理性。

关键词三：文明砺进。

对于"文明砺进"，我引申出了"文明其精神，砥砺其品格"的内涵。我引用了"植根于内心的修养，无需提醒的自觉，以约束为前提的自由，为别人着想的善良"四句，并告诉学生"理，是一种砺进"，引导学生要学会规划、克难、进取，即成绩的获取不是一帆风顺的，是在不断磨砺中螺旋式上升的。

那次主题班会，旨在让学生形成共识，铺设学生成长的精神底子，从而帮助学生养成不计较的品质，形成利于学习与成长的心理因素。

后来，我觉得"培植善念，根植理性，文明砺进"的班级培养目标还可以进一步细化，于是，我引导学生思考：我们的班级文化最突出的特点是什么？进而引导他们换个思路思考：我们班同学身上共同具有的特征是什么？然后让学生不断去总结。之后我继续引导学生思考：我们班的同学与兄弟班的同学在学习与生活上有什么特别的地方？可不可以用几个"特别"来概括班里同学身上的特点，比如"特别能吃苦"？慢慢地，在同学们的梳理下，大家形成了共识，初步用七个"特别"来概括班里同学身上的特点：特别勤奋、特别自律、特别会拼（作战）、特别安静、特别能忍（理性）、特别懂礼（善念）、特别会玩。但讨论仍未终止。

后来，学校有一天请来了中国人民解放军航天员大队第一任大队长申运行给年级同学作关于航空航天知识的报告。没想到，申大队长在讲座中提到了中国航天英雄的四个"特别"——特别能吃苦、特别能战斗、特别能攻关、特别能奉献。场内听众席上我班同学所在的区域突然爆发出热烈的掌声。兄弟班的同学都不清楚什么原因。其实是因为我班的同学觉得申大队长提到的四个"特别"与我们当时正在提炼的七个"特别"非常相似，大家感到无比自豪，自发爆发出了热烈的掌声。

后来，我们不断凝练，慢慢形成了六个"特别"的"钱班"精神：特别明礼、特别有爱、特别自律、特别勤拼、特别能静、特别会玩。

其中，"特别明礼"中的"礼"还与"理"谐音，"特别会玩"中的"玩"实际上是特别会生活、特别能创新之意。如果理科班的学生没有"特别能静"的能力，今后如何从事科研工作？所以我们还特别强调"安静是一种力"的思想，因此又加上了"特别能静"，要求学生"动如脱兔，静如处子"。

家长们觉得特别好，帮我们把这六个"钱班"精神（"钱班"文化）喷绘出来，贴在了教室墙壁上最显著的地方，成了全班同学的一盏引路明灯，熠熠生光。

我们用了近一年的时间初步凝练出"钱班"精神。这种影响是十分深远的，它会反过来作用在每一位学生身上，引领他们前行。多数学生在2021年高考后，依然保持学习状态。比如，2021年8月，班上特别喜欢医学的周沫同学的家长感觉自家孩子不一样：很多学生高考结束后就放纵了，但周沫同学在高考后只是稍微放松了一下，在收到复旦大学的录取通知书后，依然每天理性地按计划学习与生活。周沫同学的家长在 2021 年 8 月 8 日发了一条朋友圈，晒出周沫同学当日的学习与生活安排（见下图）。

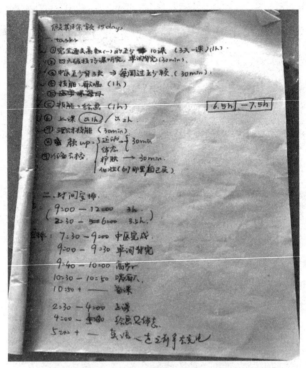

周沫同学 8 月 8 日的学习与生活安排

从周沫同学当天的计划可以看出"钱班"精神六大特点中的"特别明礼""特别自律""特别勤拼""特别能静""特别会玩"。

周沫同学的事例表明，一个人在形成了某种精神品质后，便可以脱离监管，无需管控，这就是内驱力使然。也正如爱因斯坦所言，教育就是当一个人忘记了在学校所学的一切之后还留下来的东西。

这里我想特别说一下"特别会玩"。"特别会玩"是指特别会生活、特别能创新。"特别会玩"这一班级精神虽然是我带 2021 届"钱学森班"时才凝练出来的，但事实上，我在之前的很多届学生中都已提倡了这一精神。我在带每一届学生时，都引导他们要特别会玩，特别会生活，特别能创新。比如，2015届的学生陈锴杰与赖文昕便让我记忆犹新。高二时，其他同学都在刷题，他俩却在走廊上往楼下扔纸飞机。有热心的老师善意提醒我："你班上的学生太幼稚了，高二了还在乱扔纸飞机。"我笑着表示感谢，但心想：这可不能急着贴标签。我开始观察他俩。果然，他俩已提前学习了大学物理，在一起研究空气动力学原理，测量各个角度扔出的纸飞机的飞行轨迹与受力情况。后来，他们用全英文撰写了空气动力学原理方面的研究报告，还获得了丘成桐中学科学奖（物理学）一等奖，奖金15万元。

"钱班"精神还与中国航天精神高度契合，成为"钱学森班"学生的一盏精神明灯，彰显出了启智润心的教育家精神内涵。

一天晚修，"钱学森班"的一位学生跟我说感觉有些累。后经谈话，我发现这不只是他一个人的感受，全班同学都有相同的感受。那天晚修，我临时增开了一次主题班会——带学生到操场草坪上数星星。学生仰躺在操场上，听我轻声讲述嫦娥奔月、吴刚伐桂等故事，打开了想象的翅膀，让思维翱翔于天际。一些同学数着、数着，彻底放松了身心，就入了梦乡，"放松"的目的已然达成。一位学生还梦语："想坐卫星看星星。"没想到，卫星真的"来"了。

在学校的精心组织与钱学森儿子钱永刚教授的直接推介下，"钱学森班"的部分学生到达西昌国家卫星发射基地，手抚卫星，零距离听科学家讲述关于燃料、蓝天、卫星的真实故事。

后来，孩子们又走入上海交大，走进钱学森图书馆，感受"中国火箭之父"钱学森的航天精神。在这样的精神感召下，一些学生高考后填报了相关专业：一位考入清华电子信息专业、一位考入清华航空与动力学专业、一位考入清华核工程专业、一位考入北航航空航天专业、一位考入国防科大海洋技术军事指挥专业，他们都实现了科技报国的"星辰大海"。他们从《论语》、神话、数星星的具体活动中筑梦，一步步走向了自己的航天梦、国防梦、强国梦、中国梦！

这就是六个"特别"的"钱班"精神所形成的学生素养，做到了环境与文化育人、环境与文化立人。

4. 宿舍文化，"习"出美好

丰子恺在《寄宿舍生活的回忆》中说："寄宿舍生活给我的印象，犹如把数百只小猴子关闭在大笼子中，而使之一齐饮食，一齐起卧。"这是丰子恺先生对自己早年在浙江省立第一师范学校求学时寄宿生活的回忆，其直接感受是"只觉得可悲与可怕"。之所以会如此，可能是那时的宿舍仅是一个多人杂居又条件简陋的物理空间，文化影响相对较少。

社会发展至今天，寄宿生活不再仅是"一齐饮食，一齐起卧"的低层次管理，早已上升到宿舍文化与文明建设的高度。宿舍文化作为学校文化的重要组成部分，是学校文化的重要延伸与拓展。杨四耕老师说，文化在本质上是一种价值观，学校文化的核心精神体现在学校的教育哲学里，学校文化虽然可以通过学校的建筑与仪式、环境与布局表现出来，但真正催人奋进、真实感人的文化力量，还是要通过日常教育教学，通过大家鲜明的个性来呈示。学校有无自身文化，关键不是看大楼，而是要看人，看学校生活是否充满了对人的细节关怀。宿舍文化，并非仅是提供食宿或举办几次活动，而是体现在学校对寄宿生的人文细节关怀、对学生个性与共性的尊重，以及学生在宿舍内所形成的人与人之间的关系上。这一点考验的恰恰是班主任的引领能力与艺术，以及学校的育人情怀与办学品位。

越是条件艰苦的学校，越不能放弃宿舍文化建设。林语堂先生对西南联大有一个经典评论："联大师生物质上不得了，精神上了不得。"西南联大条件极其艰苦：宿舍是土坯加茅草，一个屋里要住40人，上下铺，用被单把四人床位一围，就算一个宿舍。然而，李政道、杨振宁、邓稼先等人就是在这样的宿舍文化中起航，飞向世界各地！宿舍的关键不在于建筑的华丽，而在于整洁、和谐，并由此所涵养出的清洁与奋进的精神。良性的宿舍文化可以激发团结合作的交流、积极进取的精神与强大的责任意识，使之身在陋室而心怀天下。相反，糟糕的宿舍氛围会让人不思进取，玩物丧志，甚至可能成为低级趣味的集散地，催生恶性事件。

考量学校的育人文化，名校或是相对成功的办学集体无不重视宿舍文化建设。我校高中部实行全寄宿制，其文明平等、和谐友爱、高雅健康的宿舍文化已成为厦外优质办学的坚实保证。

我是个被同事笑称为"不愿做校长，愿做班主任"的"怪人"。因为常做班主任，我与学校宿舍文化有亲密接触，有切实感受。作为班主任，即学校宿舍文化建设的参与者和观察者，我特别关注宿舍文化建设在育人方面的一些特质。

首先，物理条件上，早在十余年前，厦外就为学生提供了优质的宿舍环境，每间宿舍一开始仅住6人，后来随着走读学生的增加，一个宿舍往往只住2~3人。宿舍配备了学习桌、衣橱、盘架、阳台、独立卫生间、空调、固定电话机等，物质保障上的高标准为学生宿舍高雅行为奠定了基础。其次，着力于宿舍文化建设。厦外宿舍文化建设采用"管理"与"教育"双线并行的模式：内务清洁、就寝纪律等宿舍常规"管理"由物业承包，学生行为"教育"与文化建设由教师承担。当然，两者并未截然分开，管理中富有教育，教育中亦有管理。夏昆在《两个很奇怪的教育词汇》中表示，管理与真正的教育是两个不同的概念，区别甚至巨大：管理的核心是秩序，教育的核心是发展；管理以约束为手段，教育以促进为手段；管理的结果大多是整齐划一，教育的结果大多是自由发展。两方兼顾，厦外宿舍文化建设正是找准了管理与教育间的平衡点，宿舍文化才得以和谐发展。

只举办几个"点"的学生活动并非就是文化，文化应细化到生活中的每一个细节。柳袁照在《校园是学生浸润其中的课程》中说："学校的境界，是在校园的日常生活中所呈现出来的状态，而不是在一些特殊的重大活动中所产生的那种影响。让师生过一种健康的、朴实的、日常的校园生活，这是一所好学校的基本品质。"厦外宿舍文化建设正是基于师生日常行为的细化与健康化。

厦外宿舍文化，至少有三点值得借鉴。

一是全民建设性，把文化做实。

学校文化建设如果能让每一个师生都能切身感受到"与我有关，深受其益"，事情就会发展得顺利。正如张文质老师所言："无论学校做什么样的文化，或什么样的课题，都要落实到每一个学生身上，落实到具体的情境中和对待具体学生的方式上。学校文化最重要的影响力，是一种生命性的影响力。这种文化产生于每一个人，包括学生、教师、校长、校工。"正是基于此，厦外宿舍文化建设提高到了与教师文化、课程文化同等重要的高度，作为整个学校文化生态圈中的重要一环，在"全员德育，全面育人"的德育体系下，由德育处出台了《全员育人宿舍导师制》文件，实行全员参与宿舍文化建设的工作思路。

"全员育人宿舍导师制"就是在保持现行班级管理模式的前提下，以宿舍为基本单位，每个宿舍的学生都有一名科任教师担任导师，全面负责该宿舍学生的学习、生活、心理、品德和人生规划等方面的指导，随时对学生进行全面而个性化的引导。

"班级导师组"是以班主任为组长，全体科任教师都参与的宿舍文化建构小组。全体科任教师都是导师，每一位导师都配有责任宿舍，每个学生都有责任导师。导师在认真做好学科教学的同时，还要依照细则，对责任宿舍内的学生进行思想引导、心理疏导、生活指导和学习辅导等。

以宿舍管理与服务为突破口，教师常到宿舍，以多种方式与学生交流，参与活动，了解其喜怒哀乐，为学生分担烦恼和忧愁，从而加强了宿舍文化建设的针对性与德育工作的实效性。如学校对宿舍导师的工作要求具体细化为：

（1）每一周与责任宿舍的学生深入交谈至少一人次。

（2）每两周到责任宿舍指导学习、生活至少一次。

（3）每一月"班级导师组"进行交流、研讨一次。

（4）每半学期（通常在期中、期末前后）与责任宿舍的学生座谈一次。

（5）每一学期与责任宿舍的各位学生家长沟通一次（三间以上责任宿舍的导师，累计沟通两间以上）。

如此细化求实，从总体上为学生养成安静、从容、舒缓、积极的宿舍文化定力提供了保证。学校的四大功能区分别承担着不同的育人文化：教室与图书馆要追求"思"，培养博学与思考力；运动场要偏向"动"，让学生拥有强健体魄；宿舍偏向"静"，培养静心有趣的生活能力，为教室学习与操场运动赋能。好的文化与好的学生必须是"动—静—思"三位一体的融合。

"全员育人宿舍导师制"的最大优点在于，学生可以选择自己喜欢的老师作为导师，加强了师生的互动性，确保了思想工作的有效开展。有一届男生630宿舍的四名学生与我关系融洽，曾经有一个阶段他们因班主任管理过严而与其发生了冲突。我作为他们的宿舍导师，在第一时间与这四位学生充分对话，既弥补了管理的缺位，又择机消除了他们与班主任之间的误会。所以，实行"导师制"，一些对班主任暂时有误解的学生可以通过导师调节心理，有效回避了师生冲突，弥补了班级管理的不足。

二是传承稳定性，把文化做深。

每所学校都会开展一些宿舍活动，区别就在于活动的深浅度，在于是否自成体系、是否营造出一种文化氛围。比如，单次的宿舍"制联猜谜"活动仅仅是一次独立活动，是只着眼于当下，不具前瞻性的教育个体活动。但如果把它与宿舍整体文化活动有机融合，或坚持每年定时举办，在传承中丰富、细化、创新，并关联学生素养的提升与学生融洽关系的建立，保持一种持续性，既活跃、充实与丰富了当下学生的思想，又让毕业后的校友充满回忆，就上升到了一种宿舍文化。现在，厦外众多宿舍活动已上升为文化，届届相传。比如，班主任与学校德育处一起打造的"星级宿舍"评比、"我的地盘我做主"宿舍文化创意设计评比等活动就已深入学生内心，广受好评。

"星级宿舍"评比，以月为单位评选，由物业负责每日宿舍卫生、内务整理、就寝纪律等的管理。量化考核评出的"星级宿舍"，除了授予"星级宿舍"的荣誉牌匾，还可以享受下一个月每晚就寝晚熄灯半小时的福利。

"我的地盘我做主"宿舍文化创意设计评比包括室内装饰设计、室名与室铭设计、宿舍文化牌设计等活动,各活动均细化了具体要求。比如室内装饰设计要求:应具有校园文化、学生文化特点,美观、大方、简洁、温馨、舒适,与学校环境协调。各宿舍可自由确定其内容,体现积极、健康的精神风格(可张贴字画,但不可张贴明星海报),特色鲜明、一目了然。倡导自制,不提倡购买贵重装饰物品或墙壁贴画。

室名与室铭设计要求:各室名与室铭语言力求精简,也可用学校开设过课程的英、法、日、德、西班牙等相关外文。内容必须积极向上,健康活泼,能体现宿舍成员的共同理想与追求。如学生拟制的"夜雨轩""共搏斋"等一个个鲜活的室名与一篇篇短小励志的铭文带给他们恒久的文化养料,伴随着学生共同成长。对于一些取得不够雅致的室名,则要求重新命名。

宿舍文化牌设计要求:根据自身特长和喜好设计格言、书法、舍员精彩语录等,内容包括全家福(学生自拍宿舍成员合影照)、基本信息(学校统一设计发放的标有班级、学生姓名、生管老师姓名及电话、班主任姓名、宿舍导师姓名的底板纸)、留言栏(由学校统一设计,方便学生与生管老师、班主任、宿舍导师及同学之间信息传递)等。

……

这些活动均评选出"十佳宿舍""最佳设计奖""最具创意奖""班级优秀组织奖"等。一些具有前瞻性、预见性、创造性且指向学生思维品质、行为品质、道德情怀的活动被延续,作为传统文化项目被保留,甚至成为宿舍文化的标识。相反,一些不够合理的活动则不断得到改善或直接淘汰。渐渐地,宿舍文化越积越厚,并以其强大的熏陶力影响着后续莘莘学子。

学生在接到活动项目(如宿舍文化牌设计)时,首先要求所有舍员团结一致,共同制订活动方案,细化舍员分工。在此基础上,他们需要激发思维、反复论证、采集信息、采购物品、动手制作、充分协调等。在活动过程中,大家相互听取并交换意见,充分尊重舍员构想,在求同存异中达成一致,平等参与、文明交流、和谐共处成了一项基本要求。每位舍员有着不同的审美观,宿舍中个人物品的摆放、集体装饰品的选择与布设,每一处都蕴含着审美情趣的融合与素雅修为能力的提升，真可谓"小细节，大智慧"。宿舍成员在讨论中激发思维，贡献智慧，分享成功的喜悦，在这一过程中，活动的结果被淡化，相互尊重、彼此认同、求同存异、心灵接纳等人性温暖的一些因子深入人心，同甘苦、共患难的生命体验深化了相互间的友情，迎难而上、共渡难关的上进思想逐步形成。也正是这样，学校强调每一位学生至少要有完整一年的集体寄宿生活，这对于培养学生集体生活的能力及素养，都是很好的训练机会。

三是丰富多样性，把文化做广。

活动的丰富多样只有在传承中稳固，在稳固中发展，力量才能倍增。但活动仅是一个方面，除此之外，厦外宿舍文化建设充分利用自身生源多样性的优势，实行多元文化兼容并包，注重良好氛围的营造与良性影响的拓宽。除常规学生外，厦外还有台湾学生、新疆学生，外国交流学生等，这些不同民族、不同肤色的学生都生活在宿舍里。学校利用各种节日很好地组织学生进行宿舍文化交流，相互取长补短。比如每年"古尔邦节"前后，新疆学生就会全新布置教室与宿舍，迎接新疆的盛大节日，充分体现民族文化特色。此时，学校组织学生分批次参观新疆学生的宿舍，通过活动了解新疆维吾尔族传统节日古尔邦节、肉孜节等习俗，从而在了解并尊重民族传统文化的前提下尊重本校新疆学生的日常行为习惯，消除因不同习俗而产生的误解。2005年，我在担任新疆班语文老师及宿舍导师期间，还组织大家广泛讨论不同民族的文化礼俗，后来上升为一门研究性学习课程，以宿舍为小组单位，分别研究整理出了维吾尔族、回族、土家族、哈萨克族等民族文化礼俗，并装订成册，以供全班及全校学生学习。在增进学生相互了解，促进民族文化融合方面，宿舍文化在悄然影响并改良着同学们的品性，为后期的实地交流提供依据。

北京师范大学心理学院许燕教授说："好的宿舍文化会让学生学会一种社会规则，学会宽容与助人，学会从小事中做起。"宿舍的特殊性让它在育人功能上具有不可替代的作用。它既要让学生完全放开身心，以期释放压力，又要充分尊重、共同约束，这正是培养人、提高人的所在。宿舍作为学生的"第二个家",身兼学习与生活的双重功能,这就注定宿舍拥有开放喧闹与宁静温馨的双重性质,需要动静分明,也就注定了宿舍管理及宿舍文化建设的难度。

宿舍作为特殊的文化依托单元,在学生人格培养方面地位显重。我所带班级中,一些学生的负面情绪甚至是家庭问题都会在宿舍中表现出来,并最终成为转化学生思想的切入口。学生的同情心、感恩心、责任意识、担当意识、团队精神、公共情怀、平等与自由意识等未来更为需要的人性品质都可以通过宿舍文化进行培养。

"平等文明"的意识利于学生身心健康与健全人格的形成,"和谐友爱"的意识利于学生集体观念与团结协作精神的培养,"高雅健康"的意识利于学生审美情趣与素雅修为的提升。班主任做宿舍管理时,就是要善于从这三个方面激发学生,让学生积极去参与学校宿舍文化的建设。

宿舍文化作为前瞻性教育的一个重要方面,是一种意识、一种能力、一种品质。有了"前瞻教育",教育才能真正面向未来。和谐的宿舍文化可以帮助学生实现自我教育、自我管理、自我服务的教育目的,结合当下展望未来、思考未来、成就未来的"前瞻教育"理念,从而培养学生认识自我、着眼未来的能力——体验力、反思力、规划力。如果学生对宿舍的感受能力、适应能力与调节能力等体验力上升,那么学生在其他领域也能更快、更好地调适好心态,成为自己的真正主人。

宿舍文化管理与班级文化管理,作为教育的重要两翼,在学生身心健康发展方面起着重要的积极作用。但无论哪一种文化建设,班主任始终要与学生站在一起。

第五讲

会话引领：
言启智慧，语润心灵

1. 平常谈心，平等对话

会话引领，指一个优秀的德育工作者通过自己的言语实践迅速化解学生或班级危机，安抚、调适学生，惩戒应惩，奖励应奖，提升学生个人素养、班级凝聚力与向心力的一种特殊的言语沟通能力。

有太多的家长和老师向我诉苦，说现在的孩子不太听话。若是日常聊天，我可能听听也就过去了。但他们会很正式地给我发微信，或直接找我诉苦，说面对孩子不听话的困惑。每当我听到这样的问询，都会先祝贺当事人，跟当事人说这是好事，但十之八九，当事人不清楚为什么会是好事。

"孩子不听家长或老师的话"，这是德育最低效的开始，因为孩子从你这里得不到价值。说得重一点，他私下已经觉得你在教育方面无用了，你说的言语对他已不再产生效力了。

为什么会无用呢？

苏霍姆林斯基在《我怎样研究和教育学习最差的学生》一文中阐述了一条非常重要的代际交往原理："家庭智力生活的局限性和惊人的贫乏性，是儿童智力落后的原因之一，我调查过几个不幸的儿童，他们的母亲在跟孩子的交往中，所使用的语言里总共只有200、300个词汇。……家庭情感生活的贫乏总是跟智力生活的局限交织在一起的。"也就是说，一个孩子的智力发展与其从小受父母的言语刺激相关。从另一个角度讲，如果一个孩子每天从父母或老师那儿接受的信息只在这200~300个词汇之间重复循环，那么，时间一长，父母或老师一开口说话，孩子就知道下一句是什么。孩子听了 10 遍可能还会坚持听，听 30 遍时可能也在坚持听，毕竟你是长辈、是家长或老师，但如果你一直只有这些信息，当说第 50 遍时，孩子虽然还是听着，但他内心已经厌倦甚至反感了，只是忍着而已；当说第 100 遍时，孩子可能就明显地表示不耐烦甚至是抵抗了。如果还是唯听是从，这个孩子很可能就被毁掉了。所以我说这很可能是好事，它表明孩子至少在思考，并且极有可能在认知上已经超越了家长或老师。

家长或老师自认为是绝对权威，却不知，孩子早已识破了你教育的贫瘠，内心开始了各种抵触。有一天，当我跟学生讲解《庄子》中的"井蛙不可以语于海者，拘于虚也；夏虫不可以语于冰者，笃于时也；曲士不可以语于道者，束于教也"时，一个学生举手说，我爸妈就是这样的"井蛙"。

家长习惯了从小对孩子的绝对领导权与话语霸权，对孩子已然长大成人的事实缺乏足够认知，甚至不习惯自己的绝对权威受到影响，所以还是习惯于孩子服从，习惯于发号施令，习惯于孩子"听话"，而不是平等地交流。但对于孩子的教育，简单地告诉与要求，乃至命令，都是没有多大作用的，因为你无法无视孩子日益丰富的思想。好的教育，必须平视孩子，既不能俯视，亦不能仰视，需要艺术化的会话与沟通，需要平等对话。对话才是交流，才是引导，才是教育。长者施压与命令均不是教育，它可能只是单方面的私欲，甚至是偏见，是压制，是强权。至于怒吼与喊叫，那已接近语言暴力，属于"暴力沟通"。

那么，如何与学生平等地交流沟通呢？平常谈心，平等对话。

师生谈心是一种较常见、较直接、较经济、较迅速、较具亲和力的沟通方式。了解学生情绪波动以防患于未然，要谈心；调节学生的爱恨情愁，要谈心；鼓励先进鞭策后进，要谈心。与学生谈心是教师的一项基本功，除了需要热情，更需要专业智慧，其目的在于化解学生心结，使学生的精神向善成长，让学生茫然而来，释然而去。当然，家长与孩子间亦然。

一般性的找学生谈心应把握"三阶段，六定位"。

（1）准备阶段：在谈心活动前，教师应充分了解学生的大致类别、性格爱好、学习状态、家庭环境、交友情况、主体事件（因何而起的谈心事件）等。类别不同，内在逻辑及谈心的重心也就有别。比如，优等生往往具有自得心理，故应找出其实实在在的缺陷，明确其新的目标。待进生往往具有自卑心理，故应挖掘其闪光点，用小目标激励；中等生往往具有自乏心理，故应重塑其形象，力扬其优势；早恋生往往具有自怯心理，故应树立其大气与大志的心态；违纪生往往具有自弃心理，故应激励其做一个敢做敢当、有过就改的人；单亲家庭的孩子往往具有自闭心理，故应多给予关爱，设法让其多与其他学生交流，多参与班级活动；家境优越的孩子往往具有自大心理，故应暗示其低调做人，引导其注重内在修养；班干部往往具有自豪心理，故应要求其树立服务意识及平民心态等。

（2）谈心阶段：作为核心阶段，应理顺五个主次关系，把握好谈心的六个定位。

一是方式定位：倾听为主，引导为辅。谈心时要用真诚与信任的目光，注视对方，用专注地倾听代替一味地灌输。这样，在倾听中观察、捕捉后续引导的有利动情点，会得到意想不到的收获。

二是地位定位：平等为主，说教为辅。这一点很好理解。平等交流才能实现心与心的交换，才能将谈话引向深入，把内心深处的话语交给对方。

三是基调定位：褒扬为主，抑制为辅。有原则、真诚的褒扬会给学生带来好心情，从而提升学习的兴趣与效率，何乐而不为？

四是时机定位：谈心需要艺术，谈心的时机以谈话对象的具体情况及环境为主。从教师视角来看，谈心分为主动找学生谈心与被动谈心两种。主动找学生谈心是在分析某学生的发展出现问题需要纠正时的主动出击。投入教育，它需要一个恰当的谈心时间。毛姆在《月亮和六便士》中说："如果想从感情上说动一个人，在午饭以前是很少会成功的。"由此可见，谈话时间需要精心考虑。被动谈心是指在教师没有任何思想准备的情况下，学生由于某种特殊情况来找教师主动寻求某种心理咨询。我们强调谈心要尽可能作好时间与环境上的准备，但学生主动来找的这种"突发型"的被动谈心时间紧迫，不容准备，必须第一时间接待。要知道，学生来询的时间其实已经经过了学生本体的反复考虑。一般而言,学生来的时间就是最佳时机,万不可因手头事多或自己感到无准备而另定时间,否则就会错失最佳谈心时机。

五是环境定位:环境的选择是特别应该关注的。我们知道,同样的话在不同的环境中,听者接受的程度是不一样的。常规下,办公室等公开场合不太适宜深度交谈;太大的室内空间往往也不利于双方拉近距离,这样,双方的心无法"置换",谈心的效果就大打折扣。教师要慎重考虑谈心的环境与氛围,室内空间大小要适宜,地点可以是草坪,可以是公园,也可以是校园咖啡屋或小办公室,等等。

六是策略定位:典型例子启悟加哲理语录提醒为主,空泛宽聊为辅。谈心的一大忌讳便是泛泛而谈,无法触及心灵。最好有经典事例或自己所带学生的亲身实例,这样会更具情境、更具亲和力。谈心即将终了时,最好能给出一两句让学生瞬间记住并牢记于心的话,或总结性的,或激励性的,或哲理性的。厦外的马辉老师每次在与数学考试偶尔考不好的学生谈心后,在起立送别学生的那一刻,总会拍拍学生肩膀,然后大气地送给学生一句话:"送你八个字,考试的境界就是'潮起潮落,潇潇洒洒'。"或者说:"数学就是不怕考,考不怕,怕不考。"马老师和学生谈心行将结束时赠送的语句能使学生瞬间走出思想的泥淖,从而振奋起来。他的鼓励话语温暖了一届又一届学子的心,每一届考取清华北大的学生寒假返校给学弟学妹们解疑答难时总会引用马辉老师谈心的经典语录。我也常常学习马老师,在与学生谈话时,留给学生许多类似的语录,如"相信勤奋的力量""醉心悦读,方能致远""不玩是为了更好地玩""做会飞的蝴蝶""冬泳集训贵在夏天""难题不慌,易题不狂",等等。

(3)跟踪阶段:这一阶段很容易被忽略。谈心属于心灵建构或心理重塑工程,一般不会一蹴而就,心理反复是学生必然的特点。成熟的心理老师或班主任会建立谈心档案,定期回访。尽管用时不多,但因为有了心灵关怀,效果往往会倍增。

谈话容易走两个极端,要么三言两语甚至不耐烦地打发学生,要么细碎闲聊、不着边际、漫无目的,结果什么都没有解决,缺乏指向性与针对性。

我对谈话类学生思想工作的反思是，谈话必须关联思想工作的简洁性、艺术性。谈话结束时，最好要有一两句精短凝练、颇富哲理的陌生化话语让学生瞬间记住，冲击心灵，甚至永生难忘，最终化为学生前行的精神动力，从而走向精神愉悦，实现有价值的精神成长。这种方法适用于对全班同学作专题教育后的集中小结，也适合于学生个体谈话。

2. 说其未听，发其深省

2015年4月21—22日，我刚处理完"跬步教育"中的学生小木，没想到，第二天，一名优秀学生小经（化名）的问题又来了。

2015年4月23日下午1:49，小经妈妈给我发来一条微信："欧阳老师，您好，小经心情不好，下午让我给他请假一下。打扰您了，实在不好意思。"

我想，心情不好就要请假吗？这个一定要了解一下。家长告诉我，小经想参加清华大学的自主招生，报名申请表上有一个社会实践表，需要到学校德育处盖一个公章，家长便在小经下午上学前说让他下午去学校德育处顺便盖一个公章，结果小经觉得这事很难办，怪家长给自己出难题，就与家长闹脾气。家长脾气也硬，两个人就吵起来。结果，小经一气之下就不来学校了。

我说这个事简单呀，德育处的公章比较好盖，随时来都可以的。我劝小经妈妈尽量不要与孩子起冲突，小经妈妈更生气了，直接回我说："不能和他硬来吗？秋后算账？我真是火大。"显然，小经妈妈已被孩子气得不行。我说当然可以，但要注意时机。然后我让小经妈妈先冷静一下，晚自习小经来学校时我与他沟通。

厦外晚上7点上自习，小经走读，就住在学校边上，结果到晚上7:17，他还没有到班级。我便给他妈妈发了一条问询的微信。小经妈妈回复："刚才在与小经爸爸通电话，正想跟您汇报，小经说晚上还是先不去学校了。"我说："这个有点任性了。"小经妈妈说："是啊，我也是束手无策了，发愁。"

事情我基本清楚了，"认为去盖章麻烦"是小时候未能培养起良好的劳动素养的负面表现。怕劳动，没有劳动力的学生往往怕麻烦。我让小经妈妈不要再刺激小经，待他返校后由我来做工作。

第二天，即4月24日一早，我习惯性地一早就到教室陪着早到的学生自习了。我事先把小经桌上昨天晚上发的一份语文综合练习试卷收回到办公室，等小经到达教室座位时，我轻轻走过去，小声说："你昨晚没有来学校，恰好昨晚发了一份语文综合练习试卷，你跟我上楼取一下吧。"小经便这样没有任何心理防备地跟着我上楼取试卷了。跟老师拿材料这样的小事几乎天天都在发生，太正常不过，而实际上，我是巧妙地把小经同学从群体中抽离，维护其颜面，单独做其思想工作。

在小经跟着我从三楼的教室出来上四楼的这个过程中，我给自己一个要求，必须在五分钟内高效地完成这个任务，要求是思想工作必须做到位，不可敷衍，必须有效地帮助他化解心理问题。结果没想到，做完其思想工作后，中午小经回到家后，气色就像变了一个人似的。下午1:47，小经一离开家去学校，家长就发来了感谢信息：

老师您实在是太牛了！孩子中午回来的时候一脸的阳光，一扫之前的疲惫表情，高高兴兴、精神抖擞地和我说话。我实在是太高兴了！但是怕影响您午休，所以忍到现在才跟您说。实在是太感谢您了！！！

这是家长中午看到孩子回家后的精神面貌有感而发的。说实话，家长在其中用了一个"忍"字，让我很意外，并且连用了五个感叹号，可见家长的心情有多开心，而之前的困惑又有多大。实际上，我跟小经的谈话时间不足三分钟！

后来，我把这个案例拿出来在几个培训场合与老师们交流，问他们能否在半小时内安抚好这个学生，做好他的思想工作。老师们讨论后一致的回答是：无法完成。

想想，确实难。我们要是跟他说："你怎么能跟你妈妈吵架呢？你妈妈是生你养你的人，你应该尊重孝敬妈妈呀。"孩子会听吗？这样的道德说教有用吗？没用，因为这种话，孩子肯定听了无数遍了。他心里会说，我自己的妈妈我难道不懂吗？要你来说教吗？我就是跟她亲近我才这样的呀。我们要是跟孩子说："你怎么这么不珍惜时间呢，离高考就一个多月了，高考对你多重要呀，高考几乎决定你的一生呀。"这种话孩子会听吗？不会听，因为"高考重要"的话，他也已经听了无数遍了。家长说，朋友说，老师说。孩子会说，我自己的高考，我自己不知道吗？我是一个要冲清华的人了，我不知道高考对我很重要吗？我就是太重视了才心累，才有压力呀。

这样的聊天，只会把"天"聊死。

如何聊，才有效果呢？说其未听，发其深省。也就是说，我们与学生的谈话，不能是学生所听的第 N+1 次的重复语，要跳出他的日常言语系统，要超越他常常能听到的那 200~300 个词汇，要用极富思想的陌生化语言启悟并点醒他。

我当时要求自己必须在五分钟内解决这件事，一是因为我已经在教室陪着早到的同学自习一段时间了，我一般是办公室里最早到的老师，估计再过五分钟，办公室就会有其他老师陆续到达，而有外人在时，与学生的谈话效果会受到影响；二是学生马上要上英语早读课，除非天大的事，否则不可以停了学生的正课来聊天。所以，留给我与之对话的时间只有五分钟。

我把小经带到四楼我办公桌边时，就把那份语文试卷拿给了他，并借机说："这次的作文材料与以往都不同，第一次选用了两句诗作为材料。你看能用一两句话简要地告诉我这两句诗说的是什么意思吗？"他接过试卷翻到了最后的作文题目。

四、写作（60分）

23.阅读下面的材料，根据要求写作。

　　　　风可以吹走 / 一张 / 无助的纸片 / 却吹不走 / 一只 / 会飞的蝴蝶

读了以上小诗，你有怎样的感想？请结合自己的体会，写一篇文章。要求：自选角度，明确文体，自拟标题，不要套作，不得抄袭，不少于800字。

他看后说："虽然'无助的纸片'与'会飞的蝴蝶'质量都很轻，但他们同样受到相同的外力'风'的吹扰。因为'无助的纸片'没有自己的生命，所以它会被风吹得到处乱飘；'会飞的蝴蝶'虽然也很轻，但因为它有自己的生命，所以它不会被风左右而被吹得到处乱飘。"

我当然知道小经能准确说出来，毕竟他的能力在那摆着，我问他正是要"请君入瓮"。这时候时间过去还不到40秒。他说完后，我故意低着头不说话，停留了十来秒。他开始感觉有一点不对。然后我抬起头，温和而坚定地问他："那你呢？你觉得你是一张'无助的纸片'，还是一只'会飞的蝴蝶'？"

他突然省悟过来，原来我不是叫他来拿试卷的，而是直奔他昨天没来上学的事。这时候，小经很快低下了头，很抱歉地说："对不起，'骚哥'，我错了。"我说："小经呀小经，你作为班上的优秀生，居然因为母亲要让你顺便到德育处盖一个公章这样的一阵'轻风'，就把你吹得一个下午没来上课，还一个晚上也没来上自习，你不是'无助的纸片'是什么？"这时候，时间过去还不到两分半钟。

我突然想起小时候母亲批评我时常说的一句话："好鼓不要重锤。"作为好学生，轻轻一点，他就清楚地认识到自己的错误，并已为此道了歉，就不必再深究细缠。于是，我拿起笔，写了一张字条给他："做会飞的蝴蝶！"然后潇洒并饱含深情地说："送你一句话，'做会飞的蝴蝶'，老师希望你做一只'会飞的蝴蝶'，而不是'无助的纸片'。"说完，拍拍他的肩膀，说："回去吧，好好努力，下次可不敢再这样了。"

小经高高兴兴地说了一句"谢谢'骚哥'"后，便拿着试卷飞也似的下楼了。

这时候，时间过去还不到三分半钟。

我既没有说要尊重妈妈，也没有说要冲刺高考，可是却收到了他妈妈中午见到孩子时所描述的那样"一脸的阳光，一扫之前的疲惫表情，高高兴兴、精神抖擞"的效果，这与三好真史《教师的语言力》中说的不谋而合："学生在与这样的教师交流后，通常会变得干劲十足，连目光都显得炯炯有神。"只是遗憾，三好真史《教师的语言力》中也只是阐述了这一现象，并没有给出相关的理论及具体案例，但对这种行为结果的概括，却是一个真理。

"做会飞的蝴蝶！"像这样简洁而指向学生精神成长的温暖语句，我写过很多，当时是有些随意的，但随意里又带着精心。后来很多学生也向我索要过一些语句，零星的，散落的，都过去了，多年以后，才意识到，这些话语，当年也像一股引力，紧紧地把学生聚拢。

3. 随心所语，点亮心灯

谈话必须关联学生的思想工作，简洁而艺术。这样的谈话看似没有准备，实则是主题式或专题式的谈话。仅 2021 届，有记录的类似谈话就比较多。其实更多的并没有被记录下来。写给学生的每一句话，都有一个真实的情景和一段真实的故事。

"相信勤奋的力量"

2021 届的学生高一入学后不久，大约是在国庆节放假后返校，我通过观察，觉得作为"钱学森班"的学生，他们努力的程度还是不够。一次班会课，我跟他们主谈"勤奋"这一话题。谈话时间不长，离开教室时，我拿起粉笔给他们留下了一行字："相信勤奋的力量！"

我以为说说也就过去了，没想到，高考后，他们用中国地图做全班同学高校录取的"蹭饭图"，竟把我三年前写的这句"相信勤奋的力量"的字体抠了出来，并拉大放长，作为全班高考后"蹭饭图"最显眼的底色。

"安静，是一种能力"

2018 年 11 月 11 日（周日），学生从家返校。我去班级，高一新生的他们，可能因为刚从家里返校，与同学离别两天后重见的各种新鲜，还是像初中生一样叽叽喳喳地吵个不停。这种现象相当普遍。我此前做年级组长时曾观察到，很多班主任会用力敲着讲台桌，大声喊叫："别吵了，别吵了！"声音似与学生比高下，但收效甚微。

那天我进班后，看着闹哄哄的教室，什么也没有说，只是静静地站在前门。当学生不断地注意到我并开始声音沉静下来的时候，我才慢慢地走上讲台。我没有批评他们，而是拿起粉笔在黑板上写下了一行字："安静，是一种能力！"

然后走巡了一圈教室，便悄然离开，去参加全校的班主任大会。待我会后回到教室，全班依然鸦雀无声。

静气，既是一种素养，又是一种文化。优秀的学生动静分明，动如脱兔，静如处子。培养学生的静气，是一份责任，更是一种艺术。

"醉心阅读，方能致远"

学生周日返校晚自习的第一节课，是固定的阅读课，学生须静心阅读。很多学生急功近利，或偷偷，或明目张胆地写各科作业，尤其是在高一，阅读习惯还没有养成的时候。有一次周末返校，我进教室后看见大多数学生没有阅读，而是在赶作业。这时如果我叫大家收起来，强行阅读，往往是等我一离开（每周周日第一节同时也是班主任会议的时间），学生又去写作业。为什么学生会这样？因为是强行规定，对学生没有思想的触动，"教育力"难以发生。

这时，我并没有让学生强行收起各科作业，而是在教室里绕走一圈后，回到讲台上，拿起粉笔在黑板上写下一行字："醉心悦读，方能致远。"

写后便悄然离开教室。待我开完班主任会议后，静静地顺路从后门进入教室，发现同学们都在安静地阅读，没有一个同学在写作业。看来写在黑板上的那句话发生了"教育力"，所谓无言之教也。

那天，是 2018 年 12 月 23 日，周日晚。

"不玩是为了更好地玩"

2018 年 12 月的最后一天上完课，便是三天的元旦假期。我希望学生能通过假期放松身心，但又担心他们连基本的作业也完不成，于是，在最后一节课上完，学生离开学校之前，我召开了一个简短的班会，强调了一些安全事项，略说了假期应合理分配好时间的问题后，拿起粉笔在黑板上写下2019年元旦寄语："不玩是为了更好地玩。"

然后说："回家吧，同学们，元旦快乐，新年快乐！"

我把黑板上写的话拍了下来，一并发在班级家长微信群，告诉家长我跟孩子们说了这一句话，也希望家长能合理安排好三天的放假时间，同时请他们悄悄观察一下这个假期孩子有无变化，以检测学生进入高中后学习的积极程度有无变化。结果，多位家长感觉孩子明显比以前更用功地学习了。他们把孩子假期认真学习的背影悄悄拍了照，连同我写的那句话，一同发到朋友圈，说："老师说得真好。看见孩子静心学习的背影，心中有无限的感动。"

我主张，要学，就要认认真真地学；要玩，就要痛痛快快地玩。其实这里所说的"玩"，是指生活，强调学生会玩，就是强调学生要学会生活。同时，"玩"也指创新。这为后来我们班级文化中六个"特别"中的"特别会玩"作了铺垫。

说到元旦放假，这里宕开一笔。细心的老师也许会发现，每逢放假，我都会留在学校陪学生直至上完最后一节课，再把学生留下来，开一个简短的班会，强调一下卫生、安全与纪律，达成共识后再让学生离开。这样可起到收心提醒的作用。但我发现，一些班主任在这样的假期会尽力把课调到上午第一二节，上完后就离开了学校。一两次是可以理解的，但如果经常这样，学生摸清规律后，后面的课多数学生便会心不在焉，卫生工作也难落实，更谈不上放假前的思想共识了。久而久之，学生的心就会涣散。所以，学生几天的假期生活，班主任恰当的引导至关重要。良好的班风，正是靠着一次又一次这样的细节所构成的规范，慢慢形成的。从这个意义上说，好的班风学风不是靠行政命令"压"出来的，而是靠班主任一天天"带"出来的，以自身行为一天天"熏"出来的。

这是元旦放假的事，而春节的假期，时间更长。春节，我又是如何激励学生的呢？

"学霸之语"

春节，我当然希望学生能充分体验乡土中国的年味文化，但同时须引导学生做到学习与生活两不误。2019年春节放假前，我依然陪着学生上完最后一节课，之后召开全班常规的节前安全会。会上，我强调了春节既要过好年，体味中国传统年文化，同时，作为高中生也应合理规划好时间，理性安排好假期生活。最后，我给他们写了一句2019年新春寄语："所谓学霸，就是在别人都学不下去的时候，你依然能学。"

"冬泳集训，贵在夏天"

2019年的春节，我回到湖南永州老家。

春节期间，在市公安局当特警的堂弟，几乎在每一天最冷的寒冬凌晨，都要与冬泳的同伴横渡潇湘河。当时我还与堂弟探讨冬泳这件事的学问。回到学校后的第一次班会，我定的主题便是"日常准备的重要性"。结束时我在黑板上写下这么一行字："冬泳集训，贵在夏天！"

我说，日常准备，贵在平时。如果我们在寒冷刺骨的冬天突然跳进冰冷的河水里冬泳，那很可能会出人命，所以冬泳集训一定不是到了冬天才开始，一定是在夏天就着手训练，这样从夏天到秋天，再到冬天，每一天都在适应着水温的变化，才不至于出问题。

没想到，在那个学期期中考试小结表彰的黑板报专刊上，负责出刊的同学直接把那期专刊的主题定为"冬泳集训，贵在夏天"。

"高度自律，自带阳光"

自律品质可谓决定学生学习质量的一个关键因素，而家长普遍不会主动培养。对学生自律能力的培养，我一般是分四步走：第一步，作专题发言，形成共识："你有多自律，就有多自由。"重在提出"自律"这一话题，并让学生树立自律意识，思考自律与自由的辩证关系，学会理性，逐步走向自律。这一步更多强调学生应在无须监管的情况下，自主、高质量地完成学业。

第二步，引导学生"高度自律，自带阳光"。这一步强调不是一般的自律，而是在第一步的基础上，能自主制定发展目标，作好生涯规划，并有计划、坚定地向目标前进。

第三步，提出要"近乎苛刻的自律"。

第四步，把自律融入班级文化建设之中，使之形成"特别自律"的班级文化，从而做到以文化人。

2019年1月6日，我作完"自律"的专题发言后，在黑板上写下一行字："高度自律，自带阳光。"

"勿躁，做有内涵的君子"

其实，大多数高一男生不太自律，相对容易躁动。这是由于小学阶段没有意识去训练学生动静分明的能力。"问题学生"的"问题"常常表现在需要动的时候动不起来，需要静的时候又静不下来。优秀学生则能动静分明。针对这一点，我作了专题动员，教会学生要开始学会安静，要懂得享受学习时，也必然会时常面对孤独，孤独是人走向成功的必经阶段，引导学生做一个稳重的君子。

2019年3月28日，我在专题发言后写下一句话："勿躁，做有内涵的君子。"

"相见不如怀念"

如果问我，高中生最难管理的是什么问题？我会毫不犹豫地说，"早恋"。我几乎每带一届学生，在高一第一次或第二次主题班会上都会强调不碰"三把刀"：早恋、打架、离家出走。我说，只要我们学会理性，不碰这"三把刀"，高中生活就不会出大乱子。这三件事中，我主抓的一件事便是早恋。

原因很简单，打架虽然严重，有时甚至致命，但毕竟是"点性"事件，总体是可控的。离家出走也一样，属于小概率的"点性"事件。而早恋并非"点性"事件，是持续性的"线性"事件。一个学生，如果陷入早恋，一天除了睡着，几乎可能时时在惦记对方，时时需要管理。古诗中有"直教人生死相许"，学生如果连生死都不顾，还顾得了学习吗？

早恋属于情感之事，不可强迫，无法用行政命令或校纪班规来限制，但情感是可以引导的。我们不能限制学生，但可以把学生的情感引向积极与高雅。

早恋不太好管理，但可以引导情感的发展方向。早恋属于复杂事件，本身难于判定。其复杂性还在于，高中生之间相互产生感情，本身属于正常现象，甚至非常纯洁。但这又并非爱情，而是早恋，很大概率是会严重影响学习的。尤其是有些孩子会过于开放，公然在公开场合做出各种亲密的动作，与学生的身份格格不入。所以我对于高中生情感的引导方式是：不压制，但作引导，而且是艺术化地引导。可以关注心仪的同学，但要区分：好感不等于爱情，不要把尚未成熟的情感轻率地定义为狭义的爱情，更不能轻率地表白，要像酒一样，年份越长，才越醇香。

有一次我谈到这个话题后，在黑板上写下一行字："相见不如怀念。"

这句话是为了暗示学生，没有必要像别的孩子那样想着约会，要沉淀感情。谈这个话题的那天是 2019 年 5 月 2 日。很有意思的是，后来有一个学生把时间改成了"5.20"。

同年的 6 月 11 日，我在同样为早恋的专题教育发言后，引用了傅惟慈先生的一句话，并写在黑板上："克制情感是人的一种尊严。"

学生一旦沉湎早恋便很难拉回，所以贵在预防。而预防最好的方法就是情感调节。教师们千万不可只看到早恋起步阶段学生也可能会迸发出短暂的学习热情而异想天开不作引导，它往往很快会带来消极作用。

学生情感，教师是可以作积极正向引导的。

"难题不慌，易题不狂"

我作专题教育后随手写下的语录有很多，比如在临近高考，学生难免有一些焦虑，我及时作了专题教育，然后写下了"不是所有的时光都值得珍惜，为理想而奋斗的时光，我们称之为'芳华'"的激励语，也写下了"为梦而战"的激励语；在看到不文明行为我会及时作有关"素养"专题的教育，之后我说，"我也不知道什么才是真正的素养，我所理解的'素养'很朴素"，然后在黑板上写下"素养就是不为难人"……

我至今还记得我给2021届的学生写下的最后一条集体语录。那是2021年6月7日高考当天的早上，我在同学们进考场前，先在班上播放了电影《叶问》中叶问对打金山找的一段三分钟视频，要求同学们静静观察叶问在面临突如其来的袭击时的那一份安静，学会静观，并告诉他们"静能生力"的道理。视频播放结束后，教室一片安静。随后我写下一行字："难题不慌，易题不狂。"

然后说："觉得题易时要'得之坦然'，不可狂躁。要知道，别人也会写对。如果写不出答案，也千万不要觉得只有你写不出来，因为别人未必也能写出来，所以要'失之淡然'。但这不是说我们就可以懈怠，可以随便丢分。每一分都必须力争，这叫'争之必然'，但又不能死嗑。一道题写不出来时，不可太长时间恋战。答题的最高境界是'顺其自然'。"

于是，我又在旁边写下四个短句："得之坦然，失之淡然，争之必然，顺其自然。"

之后，学生整装待发，我把他们一个个送进考场。三个小时后，他们平静、从容地回到教室，一切自然而然。

这些语录，很多都指向学生的精神成长。不仅在当下，而且在后来的很长时间都对学生的心灵成长起着作用。比如，考上复旦大学并担任大学班干部的小帅（化名）同学，在大学某次期中考试前给我打来电话，说："'骚哥'，我们高考进考场前你给我们写的'难题不慌，易题不狂'和旁边那四个什么'然'的，我觉得特别好，特别能安抚我们的心。我现在担任班上的班干部，我也想借它来为我们班同学鼓劲、加油，你能再把那四个'然'的内容发给我吗？"小帅在电话中还说："'骚哥'，你什么时候回湖南老家？我一定要跟你去你老家玩。"我"哈哈"大笑，说："好呀好呀，我带你去游子厚先生的'永州八景'。"

这些话语的一个共同特点是，看似随意，其实是用相对陌生化的语言效果与学生的心灵相融，达到启智润心的效果。所以不是孩子不听我们的话了，而是我们在用早已陈旧的认知与高高在上的长者姿态或所谓权威来应对新时代的年轻人，这样的德育必将走向低效。要与他们形成有效的沟通，必须有艺术化的平等对话方式。

4. 巧借阅读，"教育纠正"

2023年元旦前后，厦门市因疫情处于网课阶段。2022年最后一天与2023年第一天，我教的高三年级学生放假两天，网课暂停。

2023年元旦当天，我所执教的高三（1）班的学生微信群，班主任陈宇诗老师在上午11:02向全班同学发出一条元旦新年祝福语。

同学们：新年快乐。2023年对大家而言是具有里程碑意义的一年，成年、高考、身份的转变……期待今年年底的再回首，你们的2023年皆能得偿所愿。"犯其至难而图其至远"，从2023年的第一天开始努力。

我很快注意到这条信息，本想立马回复一条祝福信息，但一看，因班主任写的是"同学们"，就暂时没有跟复，想看看同学们的反应。

谁知，群里一片沉默。

年级安排语文老师次日（1月2日）在线上做学考专题复习，我担心学生元旦假期习惯性起不来，便想在群里特别提醒学生第二天要及时起床上课。此时已是1月1日下午5:40，距离班主任陈老师向同学们发出的"新年祝福语"已过去六个多小时，群里仍没有一位同学回复。

老师给学生发新年祝福，这并非一般的事务通知，却集体沉默。我觉得，这不太正常。如果这事不介入，将来学生在信息素养、人际关系等方面可能就会出现问题。再者，我们教出如此"冷漠"的学生，连基本信息判断与人情往来都不知道，成绩再好，又有何用！

　　班主任作为一个长者，本可以不发出这样的新年祝福语，也没有谁要求班主任一定得发，但是班主任发了。不仅发了，还非常用心地遣词造句——一位政治老师引用苏轼《思治论》中的"犯其至难而图其至远"来呼应当时的环境，并勉励学生，这里面饱含着班主任对学生的爱。这种爱是指向全班所有学生的，这种长者特别付出的、超出了其本职工作以外的劳动与爱，作为学生，是应该要捕捉到的，并应予以回应。但没有一位同学回复。这至少说明学生习惯性接受，认为什么都理所当然。我认为，这样的教育方式是有问题的。可是这样的情况又十分普遍，我作为年级负责人，应该参与管理，但又不能太明显，这就需要艺术化处理。

　　为了引导学生要及时回复别人对我们的特殊关怀，我在发提醒学生及时起床上课的通知之前，下午5:42，特意先发了一条回应班主任早上的祝福信息。

　　陈老师、章段，各位老师、同学们：元旦快乐、新年快乐！

　　依然没有同学回复。群里一片寂静。

　　在发完上述这条信息后，我于下午6:23发了次日（1月2日）早上要上课的提示信息。

各位同学：

　　元旦快乐，新年好！

　　一元复始，万象更新。这"新"，新在新的启程。在休息了两天之后，按年级与学校安排，明天是我们语文学考网上辅导时间。我们的计划是：明天早上8:00—9:10集中辅导，后面自主复习学考内容。8:00准时早读，常规背测，然后是上课。期间要交代这次学考的一些重要事项。当然，如果有特殊情况的同学无法参加网上辅导，也没关系，我们交代的学考重要事项会发在群里。新年新征程，诚如（1）班班主任陈老师所引苏轼《思治论》中

"犯其至难而图其至远"的名句一样,在新年的起点即作好迎战准备,向最难之处攻坚,才能追求最远大的目标。

明天,早上 8:00,奋勇者,网上见。

聪明的同学,或者说,信息素养好的同学,一看信息,就应该知道,这明显不是一个简单的上课提醒,明显是老师用一种书信体的方式在新年这个特别的日子里对同学们新年新气象的祝福,这是老师的特别用心。如果老师不用心,何必写这么长的内容呢?只需一句"明天早上 8:00 上课,请准时上线"足矣,甚至,老师完全可以一句话都不写,因为年级已经统一发过了通知。

为什么学生对于老师或家长或别人的爱表现得如此冷漠、麻木?这可能是因为他们早已习惯了别人对他们的付出,尤其是习惯了家长的付出。对于这种现象,有老师在意,却没有老师管教,或者心理也会觉得不妥,但谁也不施加教育。

记得早些年有一次周末返校,我从家里坐公交车到学校上班。到一站时,一位送女儿上学的母亲和女儿同时上了公交车。公交车上恰好只余下一个位置,但母女俩一上车后,大约是读高二的女儿一屁股就坐下去。我看见,母亲把脸扭到一边去了,明显不高兴,可是,并没有说什么。

每一个老师或家长都会遇见这样的情况,当面不说教,私下又吐槽孩子品质如何恶劣,这种现象,《论语》中称之为"暴虐"。子曰:"不教而杀谓之虐;不戒视成谓之暴。"我们没有教会学生知恩感恩,也没有有意识地去提升他们的信息素养,但我们又责怪他们的一些不良的行为表现,这就是《论语》所言的"暴虐"。

晚上备课时,我开始思考要如何处理这件事。高三(1)班这样,我带教的另一个班级高三(3)班,甚至全年级的学生,情况应该也一样,加之网课是两个班同时上,我决定并班处理。

1 月 2 日早上,我提前 20 分钟,像主播一样把所有上课的准备工作都做好,只等同学们 8:00 上线听课。这时,距离陈老师发出的新年祝福语已过去 20 个小时了，还是没有一人回复。距离我以书信的方式发出的新年祝福也已过去 13 个小时，也无一人回复。

这种情况不可能是学生都没有看到信息，因为网课期间，学生几乎时时在关注班群信息，这也是特殊时间学校的特殊要求。

将心比心，我此时上课毫无心情。但作为老师，我必须理性，不能任由性子胡来，这是教师的基本素养与职业道德。

我强压心中的不悦，提前调适心情。7:55，屏幕里响起我精选的悦耳音乐《传奇》，以回应并愉悦提前上线的同学。8:00，音乐暂停，屏幕里准时响起我激情的男中音："同学们好。在新年的钟声里，我们再一次于空中相逢。此时，同学们正分布于厦门的各个地方，我在海沧校区的鼓浪屿之滨为大家献上新年的祝福：2023 年，相对于同学们而言，是一个将要载入史册的年份。因为这一年，你们将迎来 18 岁成人礼，将成为《中华人民共和国宪法》约束的正式公民，你们将更应懂得责任、感恩。这一年，也将是同学们大显身手的一年，你们将迎来人生中最重要的一次大考。在此，'骚哥'祝福大家，祝福大家高考顺利，前程似锦。"

我接着说："当然，我们高中的这最后一个学期，同学们的学习压力可能更大，可能更没有时间阅读。但阅读之于高考，甚至之于人生，却无比重要，所以我们还是不能放松阅读，只是我们阅读的方式可以更多样化。比如，这个学期，我们的语文课堂也将开辟一个新的读书专栏，这个专栏的名称就叫'骚哥为你读书'，简称'骚哥读书'专栏。今天我们推出第一期。这期精选了马克斯·范梅南和李树英撰写的《教育的情调》中的一个片段，下面'骚哥'为你读书。"

然后，我分享了屏幕，并为学生们朗读了下面的内容。

本（一个小学生名字）对昆虫有非常大的兴趣，作为一个 5 岁的孩子，他已经知道得相当多了。他和父亲经常去小河边或森林里收集昆虫，然后通过显微镜观察它们。本的父亲是一位科学家。不久，本的朋友们都知道了他懂得很多科学知识。"如果你想要了解昆虫，那么去问本吧。"

克里斯也对昆虫感兴趣，他是本的好朋友。但是有时克里斯会对本的行为感到失望。几天前他们在后院里发现了一只毛毛虫，本走上去一脚踩死了它。昨天下午克里斯和本在外面玩儿，他们看到了一只大蜘蛛，懒洋洋的，一动不动。本飞奔进屋，拿来一瓶胶水，把胶水滴到可怜的蜘蛛身上。然后他又把胶水滴到一只甲虫和一些蚂蚁身上。那天夜里，克里斯梦见蜘蛛和甲虫向他求救，还有许许多多垂死的蚂蚁。

很明显，本和克里斯是以不同的方式去"认识"昆虫的。值得注意的是，从教育学的角度看，这些不同的方式在很小的时候就已得到强化。对本来说，蜘蛛、甲虫、毛毛虫、蚂蚁只是些被收集或分类的生物。……他知道一只蜘蛛身上有多少条腿，甲虫的身体由什么构成，毛毛虫是如何化茧成蝶的，蚂蚁的身形与强壮程度有什么关系。对本来说，世界尽是些客观事实；然而，对克里斯来说，小生物的世界却充满了神秘的现象。他们的区别就是，本正在忘却孩童时期天性中的一些东西：提问的能力，以及对自然界的敬畏和尊重。

读完后，我问学生："你们更喜欢本，还是更喜欢克里斯呢？"学生透过屏幕，纷纷说更喜欢克里斯。我问为什么，他们说感觉本虽然掌握了很多知识，但缺乏最基本的人情味。到这里，我所要的阅读味出来了。

然后，我温和而坚定的语言突然转向，追问他们："那你们呢？你们觉得自己有人情味吗？"透过屏幕，我感觉到一片静默。

这时，我把昨天班级群里班主任和我对同学们的热情问候的截图投影出来。我说："昨天是元旦，是新年的第一天，班主任上午热情洋溢地向大家祝福新年，可是，到现在过去20多个小时了，没有一个人回复。'骚哥'用了特别的书信体格式向大家祝福新年，可是，到现在过去13个小时了，也没有一个人回复。为什么对于我们的老师、长者的祝福，大家会毫无知觉？这些老师现在还在教你们，你们都是这样的表现，离开学校后就更不敢想象会成为怎样冷漠的一个人。"

我继续说："你们是担心自己回复了，有同学会笑你们吗？千万不要以为你对老师的回应是在巴结或讨好老师，不是的，是老师主动关心你、问候你。如果你连最起码的生命感发力都失去了，还有真实的自己吗？你在乎别人的评价，若是正常的礼节回复都会被认为是巴结、讨好，这样的朋友不交又何妨？对现任老师的亲切问候都无动于衷，对父母的爱心毫无感发，还能指望你们像克里斯那样，对身边的花鸟虫鱼有感恩之心吗？这样的你难道不正是本吗？"

隔着屏幕，我感觉到两个班的同学出奇的静。我知道，我的话应该是触动了他们的心灵，或者说点醒了他们习以为常的已然有些麻木了的神经。我知道，此刻，"教育力"在发生，虽然用时很短。

雅斯贝尔斯在《什么是教育》中说："创建学校的目的，是将历史上人类的精神内涵转化为当下生机勃勃的精神。"我想，与学生的对话，只有触动他们的心灵，激活他们的精神，才会有效。

过了一小会儿，我接着说："大家之所以有顾虑，是因为我们的内心对真善美的东西还不够坚定，这正是你们需要大量阅读并接受教育的原因。周国平说，人类精神的三种形式都在阅读与教育中融汇：阅读哲学和科学方面的书，可以提升我们'理性的思考'这种精神能力，它对应的精神形式是'真'；阅读宗教和道德方面的书，可以提升我们'意志的自律'这种精神能力，它对应的精神形式是'善'；阅读诗歌和艺术方面的书，可以提升我们'情感的体验'这种精神能力，它对应的精神形式是'美'。"

作为一次教育类的专题阅读推送，我一并推介了周国平《在人与永恒之间，教育何为？》中的一段话：

教育的目标正是要使理性、情感、意志这三种精神能力得到良好的生长，培养人性意义上优秀的人。好的教育培养出来的人，拥有自由的头脑，丰富的心灵，善良、高贵的灵魂，这样的人就会成为肩负着人类使命的践行者，在他们身上，我们看到了人类朝向真善美行进的努力和希望。

最后我总结道："希望通过今天第一期的阅读推荐，能让同学们走出

'我担心别人会说我什么'的泥潭。读书的目的之一是教会我们学会分析，教会我们形成独立健全的人格，实现精神成长，朝真善美的方向努力行进。"

这是 2023 年 1 月 2 日上午 8:00 上课发生的事。没想到，次日晚 7:55，高三（3）班班主任杜紧贤老师给我发来一条微信："欧阳老师，您施了什么魔法？我感觉我们班的孩子变得更有礼貌，更懂回应了。"

我没有正面回复杜老师，只回了三个掩口而笑的图标。然后杜老师回复我："是吧，我的直觉应该还可以，我觉得肯定是您下功夫了。有您在真好。"

如果这件事大家都不介入，事实上很多老师可能习以为常，便都不说了，或者不好说就干脆不说了。甚至有很多学校，老师见学生在抽烟或谈恋爱，干脆另择一条路回避，这是常有之事。但这样下去，学生的精神是停滞状态，并没有得到成长，即学生并没有得到教育，更谈不上教养。李政涛先生在《教育与永恒》中说："教育必须对'生命'承担责任，必须为这个生命走向美好的人生做些什么，必须对美好的人生有所作为。"我想，介入并艺术化地去化解，就是李政涛先生所说的"有所作为"。

经由阅读，化解教育难题，遇见美好人生，是一条重要的教育之路。越难化解的教育难题，恰恰越需要借助阅读，而且有时还不能操之过急，甚至要"放长线钓大鱼"。

现在有人喜欢在网上随意"闹事"，就学校某一件他们认为是"事"的事，如带手机、流浪猫、调休等，肆意在网上放大，这样很容易使学校陷入舆论漩涡的被动局面。对于这样的事，如何从根本上解决？我想深层次的解决办法就是通过深度阅读，丰富学生的头脑。比如，我曾经教的一个班有学生就某个小事在网上发表了一些不适的言论，而且在网上掀起了一些"风浪"。如果直接告诉他不能这样，是没有用的；用行政手段命令，他更会反抗。英国思想家亨利·皮查姆说："不含教育的纠正是平庸的虐政。"于是，我决定从长计议，从思想上对学生加以改变。

我向全班同学抛出一个话题：知识分子的特质是什么？并要求学生围绕此话题展开阅读，至少读完一本有关知识分子方面的书，并自行查找、阅读完与话题有关的三篇论文，交流时要能列出阅读书目及文章目录。这样，在后来的交流会上，学生就会知晓知识分子的责任与担当、知识分子的理性追求与逻辑思辨力。然后，又匿名抛出一些学生在网上发布的不当言论。这时，学生都会摇头，感叹那些不当言论的思维之肤浅。最后再私下与在网上随意发布不当言论的学生谈话。其实，此时已不需要我再细谈了，因为经过阅读讨论会，他们已经认识到自己的问题。

通过具体活动与阅读加持来提升学生的精神成长，避免空洞说教，是深度化解学生疑难杂症的有效之策。作为教育者，要善于运用深度阅读与"活动引领"提升工作的实效性与艺术性。

第六讲 活动引领：品质培养，全面发展

1. 大型活动，培根铸魂

学生活动的价值追求旨在学生综合素养的提升与精神成长。

2018年，在连续五年承担高三教学任务后，我从高三下到高一成为首届"钱学森班"的班主任。三年后，"钱学森班"取得丰硕的育人成果。

回首那三年的带班生活，"钱学森班"开班初期确定的教育思路是正确的——高一高二把班级发展的重心放在基础建设上，致力于引导学生通过积极参与学校大型学生活动，培养他们全面发展的素养与能力。

学校大型学生活动中的"大"，表现在活动受众的多样性、参与人数的广泛性、参与时间的持续性、组织方式的灵活性、教育主题的丰富性、育人价值的多维性等。不少人对学校大型学生活动的认知存在误区，以为大型活动就得大竞争、大期待、大动作、大收获、大影响、大效果。然并非如此。大型活动之"大"，应大在常抓不懈，大在持之以恒，大在统筹安排。所以，班主任面对学校大型学生活动，要有高远的教育情怀与教育目的，敢于"应为"，更敢于"不为"。

首先是班主任面对学校大型学生活动的"应为"。班级活动要指向学生的综合素养与精神成长。接手"钱学森班"后，我首先考虑的是学生精神向度的生长。一个班级引领者，眼界不能只着眼于成绩，尤其是在基础年级，要重视学生的品质教育。我对所有大型活动的考量，出发点必为引导学生向着道义、尊严、感恩、善爱、仁慈、健康等人性素养的方向发展，如果这些都做不到，至少也要引导学生不作恶。如此，立德树人、培根铸魂的育人根本才能筑牢。带班期间，我坚定不移地培育学生的综合素养，丝毫不减少学生参与学校大型学生活动的时间，且在高三依然坚守开设舞蹈课的厦外传统，让学生在大型活动中砥砺品格、磨炼意志、协调关系、涵育精神。回望那三年，作为班主任，我做到了以下三个"应为"。

"应为"一：细心分析，精准定位。学校大型学生活动的组织开展往往以班级学生活动的面貌出现。每个班都有自身特殊性，班主任不可简单复制学校大型学生活动的文案，全盘照搬、被动接受，任由学生被动或完全凭其喜好参与。对此，我通常会细心做好两个"分析"的基础性工作。

一是全面系统地分析全班学生的能力素养，列出每一名学生的优缺点，尤其重视其能力与素养中有待提升的方面，如有的学生能动不能静，如果不能抓住机会培养改变，其科研能力就会受限；有的学生能静不能动，长此以往，身体素质可能堪忧；有的学生能静能动，却不懂人际关系的处理与协调，如果不调整，终将影响其综合发展。

二是全面系统地分析各项大型活动的本然属性，列出其价值清单，比如我将开学式活动的价值重点定位于"自我唤醒、理性规划"等学习品质的促成；将军训的价值重点定位于"吃苦精神、团结协作"等学习品质的促成；将大课间操的价值重点定位于日常身体锻炼的"坚持精神"的培养，只要抓实大课间操，每名学生运动的基本要求就可达成；将读书节的价值重点定位于"阅读素养与文化情怀"的培养。

做好这两项分析后，就能有针对性地为每一名学生提供科学且理性的建议或参考。学生便可根据建议，结合实际，在科技节、外语节、国际交换、义买义卖等活动中作出理性选择，不至于因盲目选择而浪费时间或影响心情，破坏学习心境。

"应为"二：统筹安排，总体规划。校级活动之外，学生能力训练与素养提升一定程度上依托于班主任举行的切合本班学生实情的班级活动，我称之为"班级个性化活动"。三年中，我开展过的班级个性化活动有团建活动、班级培养目标制定、班级文化建设、学生能力专项训练、感恩母亲节、《红楼梦》《乡土中国》等作品研读会、生日会、"看照片，猜同学"、夜空数星星、海边散步游园、放松迷你小游戏等。从活动的指向性看，班级个性化活动可分为两类：一是指向学生的活动，如前面提到的活动；二是指向家长的活动，如家长参与学生18岁成人礼的文化活动设计等。从活动的发出者看，班级个性化活动可分为三类：一是纯由班主任发出并组织的活动；二是由学校发出并指向班级的活动；三是学生自发组织的活动。高中三年，由学校统筹的"钱学森班"较大型的外出学习考察活动有三次：高一时赴西昌卫星发射中心研学和赴厦门市海沧气象台参观；高二时赴上海交大钱学森图书馆和上海科技馆考察。

　　班级个性化活动是一个班级区别于别的班级的文化代码，是班文化拓展力和学生素养提升的文化符号。学校层面的大型学生活动因其几乎每年均会出现的重复性而往往稍显单调，但它作为学校育人活动的重要组成及学生综合素养培养的必需，又具有不可替代性。学校大型学生活动也分为两类：一是学生全员参与型活动；二是学生自选参与型活动。前者是学生必须无条件全员参与的大型活动，如开学式活动、军训、大课间操、运动会、中高考倒计时100天宣誓、成人仪式、毕业典礼等。班主任要借助这些活动重点培养学生的团队合作精神、奋斗精神、自律意识等，一定程度上落实国家教育目标。后者主要由学生主体根据喜好与时间安排选择在不同时段参与的活动，如读书节、科技节、外语节、国际交换、义买义卖、社区关爱行动等。班主任要借助这部分活动重点培育学生的文化素养和道德情怀。

　　由此看来，班级个性化活动与学校大型学生活动相辅相成，相互促进。班级个性化活动为学校大型学生活动提供基础和练习，而学校大型学生活动则是学生相关能力、素养和意识培养情况的检验和进一步应用。二者相互影响，共同促进学生成长。班主任需要对学校大型学生活动进行针对性分析，与班级个性化活动一起统筹安排，总体规划。

　　统筹安排与总体规划分两步进行。宏观上，假期时，我会先根据自己对教育的理解与下学期具体的月份及时令特征，根据学生阶段性品质发展的重要性，提前制定本班学生下学期拟开展的活动主题，并按照心理预期先行

"备课"。开学后，学校德育处往往会下发学期德育工作计划，公布本学期学校拟开展的大型学生活动主题。我找到相同的主题，即为学校大型学生活动和班级个性化活动"二合一"的必选项，重点"备课"，在学校方案的基础上进一步细化、深化、优化。而其他则列为班级个性化活动主题。微观上，我将已列好的拟开展的学生活动，结合班级情况再进行适度增删。定稿后，我会再根据学生的性格、能力素养、发展方向等统筹安排，总体规划，保证每一名学生都能积极参与定量的大型活动。

"应为"三：精心布局，落实评估。精心布局，落实评估，是保证前两个环节落地的有效策略。学校大型学生活动具有共性，不太可能会针对某一个班级组织太多特殊的大型活动。区别就在于班主任能否将活动的工作做细、做透。有的班主任被动地让学生参与活动，活动结束后没有任何跟进措施，连最起码的活动小结与表彰环节都没有。如此，学生活动的质量就难以保证。而有经验的班主任，会以积极的心态应对看似重复的活动。例如，带班期间，对于大课间操，我一直都跟得很紧，几乎没有学生旷缺。如此，实际上就确保了每一位学生最基本的运动量，高考时果然没有学生因身体原因而出现遗憾的现象。考试的顺利得益于日常教育的"千锤百炼"。

同样的一个活动，教师介入与不介入区别是很大的。以学校运动会为例。有的班主任放任学生参加运动会，缺乏配套的教育和引导措施，收效有限，甚至会出现怨情。此时，班主任的精心布局至关重要。我的常规做法是，先和学生讲清楚"运动会的本质在于全民运动与全勤参与，每一位同学都应借助学校运动会制订自己个性化的运动计划，挑战自己的运动速度与高度，并磨砺品格"的道理，再引导学生一起制定《迎战运动会班级全员运动计划》，比如小陈（化名）同学，此前一次性只能跑完300米，后来我引导她借助《迎战运动会班级全员运动计划》，自主制定运动会的目标：一次性成功跑完800米。至于小陈同学最终是否参加800米比赛、是否得奖，都是次要的。这就意味着，运动会前一个月，我要促进班级全员积极运动并提升他们的运动能力。运动会上，参与比赛的学生毕竟有限，但班主任还是要激发学生全员参与、齐心战斗的团队协作精神。

运动会开幕前，很多学生的运动计划已经实现。运动会期间，则重点培养团队精神。我一般会围绕运动会成立各种小组，如运动员组、通讯报道宣传组、啦啦队组、后勤服务组、环卫组、摄影组、奖品组、道德风尚监察组、安全防患排查组、成绩汇报表彰组等，把全班学生纳入其中，让每一名学生都成为活动的主人，做到提前筹划。事后，我会及时召开专题总结会，肯定与表彰积极付出的学生，并连播事先剪辑好的各种积极参赛与服务的照片。如此，我不仅借运动会增强了全班学生的体质，而且提升了学生规划人生与有计划做事的能力、与他人建立良好关系的能力、合作的能力、控制与解决冲突的能力等。这正是运动的魅力。

总之，学生能否在学校大型活动中提升素养，班主任的号召力、规划力、组织力、总结力至关重要。

其次是班主任对于学校大型学生活动的"不为"。学生对学校的文化记忆、能力素养，不局限于课堂传授，活动中的交往、欢乐、辛酸，甚至失败，均是学生学习生涯的重要组成部分，都有营养，都是将来满满回忆的精神食粮。班主任要高度重视学生活动尤其是学校大型学生活动所蕴藏的无限育人宝藏，在"应为"的基础上，也要敢于"不为"。

"不为"一：不以轻慢、冷漠之心视之。新班主任往往很重视学生活动建设，但缺乏将学校大型学生活动转化为班级个性化活动的经验。年长的班主任则易因工作惯性或太看重学生文化成绩，而不把学校大型学生活动视为重要的教育行为。有的班主任甚至直言反对学生参与课外活动，这是不应该的。班主任应换位思考，以学生的立场来看待学生活动，以热爱之情感染学生。事实上，学生多参与活动除了可以培养学生的综合素养，还能为学生学习能力的持续提升提供养分。厦外便立足学生全面发展，扩大学生活动的参与面，不会压制式地让学生刷题，所以学生在迎战高考时常常表现出越战越勇的士气，从未出现高考一结束便撕书、撒书等行为。

毕业典礼是学校送给学生的最后一份珍贵礼物，也是学校面向全体学生开展教育的最佳时机，更是显示学校对学生真爱的最好时刻。很多教师以为毕业典礼没有什么意义，故不参加相关活动，这是错位的成人立场与视角。

再者，有的学校的毕业典礼要么是"学生代表发言—教师代表发言—领导发言—发放毕业证件"等冰冷惯例，要么是走向纯粹的学生狂欢、几乎无教师参与的毕业歌舞晚会。两种做法均是冷漠视之、未用心设计的结果。用心的学校则是将毕业典礼纳入课程管理计划，精心设计。我曾设计2008届厦外高三毕业典礼，将三年的高中时光点滴汇聚，串词中按不同主题、不同时段把班主任方阵、学科教师方阵、领导代表方阵、食堂宿舍保安代表方阵等依次请上主席台，并叫响他们在学生中的各种昵称。他们上台后按主题、以方阵的形式为即将离开学校的学子献上真诚的祝福——曾经朝夕相处的学校领导、教师、食堂宿舍保安叔叔阿姨都置换时空献祝福。记得那一天，全体高三学生感动得自发起立，长时间与台上教职工及领导互动，这是以学生视角的同频共振式的高质量对话与交流，是精神相依相通的生命交流，是学生离开母校前的永久记忆。

"不为"二：不攀比，不过分看重形式。开展活动是否要注重形式？这是一个辩证的问题，需一分为二地看。

其一，要重视形式。学校大型学生活动区别于日常学生活动的一个重要表征在于注重仪式感。仪式作为一种形式必须为内容服务，但形式本身也是重要方面。相同主题的活动用不同的形式组织，效果迥异。"买椟还珠"固然可笑，但从美学和商业角度看，却也证明了形式的重要性。仪式是德育活动得以顺利开展的一个载体，具有导向性、感染性和教育性。但任何事情可能都是一把双刃剑，如果操作不当，学校大型学生活动的开展则容易流于形式，反而起到负面作用。《论语》曰："质胜文则野，文胜质则史。"我们在组织学生参与学校大型学生活动时，要想办法做到"文质彬彬"。2021年，高考前两个月，在学生普遍厌倦大课间体育锻炼并纷纷逃避之时，在年级组长阙永华老师的努力下，我们创新了体育锻炼形式，与音乐、舞蹈跨学科融合，推出由高三舞蹈教师和各班优秀学生组成的"优秀生领舞方阵"，一起欢跳《无价之姐》，传递学习好更要运动好的正向价值理念。那段时间，学生和教师均迷上了这支舞，微信、抖音等反复展播厦外高三学生课间舞蹈的热烈场景，学生再也不逃避大课间的体育锻炼。那两个月，高三大课间体育锻炼成了学校一道迷人的风景，也吸引了多家媒体前来跟踪报道。

高三成人礼是学校引领学生走向心智成熟、责任担当的一个重要活动。作为班主任，学生参与全校高三成人礼大会时，我考虑得更多的是活动"形与质"的融合。成人仪式，不一定非得着古装，向父母行跪拜礼，给父母洗脚等。学校统一布置的成人门及会场特殊的喜庆祝福的环境实际上就是一种形式，这种形式已足以触动学生心灵。我的考虑是，成人礼的一个重要内容便是提醒学生已是一个合法的拥有选举权和被选举权的公民，它意味着法律、道义、责任等的肩负，也意味着代际交流将更倾向于理性。所以，我们融入了"赠送《宪法》""朗诵《宪法》""互赠一封信""对视献花拥抱"等环节。

其二，不过于看重形式，亦不攀比。有的班主任对学校大型学生活动的认知陷入了另一个极端，即太追求形式而淡化内容、太重结果而不重过程、太重外围评价而不重培养实质。

过于看重形式和攀比，会让人尴尬。如18岁成人礼着古装会引起学生的一些不适，也因古装穿着之复杂，会极大地浪费高三学生的学习时间，而在节日里要求孩子为父母洗脚，如非出于孩子真心，可能效果适得其反。

过于看重形式和攀比，会大大分散活动参与者的注意力，甚至会改变事件的性质。学生参与学校大型学生活动的本质是提升自我能力与素养，培养团队协作能力，强化集体精神。活动的重心应是在活动前、活动中及活动后均能促进学生的能力与素养提升。如前所述，一次性只能跑300米的小陈同学，能借助学校运动会提升到一次性顺畅跑完800米，这就是成长。如果我当时过于看重形式与攀比，强调必须获奖，那么小陈同学很可能因畏惧而不敢参与训练，最终她仍然只能跑完300米，这样的运动会，没有促进学生的发展，价值与意义就不大。而且，如果太重结果，敢于参加运动会的就只有本身体能较好的固定的几位同学，实质又变成了竞技性体育赛事。

过于看重形式和攀比，会变美为丑，窄化多维育人价值。热衷仪式与反感仪式都是极端行为。维特根斯坦说："必须严格避免任何仪式性的东西，因为它们很快就会腐烂。当然，接吻也是一种仪式，而且它是不会腐烂的。

仪式只有像真诚的接吻时才是许可的。"对于学校大型学生活动，班主任要不过分看重形式，不博取广告效应，不讲求轰动效果、表演效果与外部评价等，要注重实际受众参与的广度及多元价值的呈现。

　　学校大型学生活动仪式重在塑造学生的心灵，提升综合素养，使精神走向成长。真诚，是学校德育仪式的生命；细致，是学校德育仪式的必由之路。班主任应通过对活动过程的细化来达成活动内容的具体化，从而形成活动情感的真诚化，以此达成教育目的，而非只重形式、重攀比。

2. 与生同乐，乐满赛场

  2019年，升入高二的首届"钱学森班"与年级其他班级一样，由于高考选科分班的原因，全年级均以新班级的班制进入开学初9月末的学校田径运动会。当时我们是高二（12）班。

  新班级，新磨合。运动会时间是周四、周五。周三晚上我在班里陪学生自习。我问负责入场式节目排练的文体委员沈婧然同学准备得如何了。她跟我说，等第一节晚修下课后想利用空档时间叫全班同学到会操表演的展示区站一下位。我表示赞同。

  站位很简单，即把不同组合的大致区位试站一下即可，然后准备全过程无道具地试走一遍。学生用我的手机再加一个小的扩音器播放音乐，全班就又唱又跳地走了一遍。

  走台结束后，学生回教室自习。沈婧然同学突然拉住我说："'骚哥'，我们需要你一起上台表演，前天我跟您说过了。我刚把舞蹈的音乐发您QQ了。节目时长学校规定不超过一分半钟，您回去认真听一下。您从第37秒的那个节奏开始上场，到1分3秒时的那个节奏下场。快下场前要捅破小艾同学手中的那个大大的气球，中间这段时间的舞蹈要如何跳，气球要如何刺破，完全由您自由发挥，可以吗？"

  我没有任何舞蹈基础，他们利用课余排练的时间也非常少，所以我只看过几次，知道一个大概。虽然之前文体委员邀请了我要一起表演，可我从来没有学过这个舞蹈，副班长叶照同学说要教我，可是学生上课，根本挤不出时间。但我没有任何迟疑，心中只有一个想法——我必须支持她和全班同学的工作，所以斩钉截铁地说："没问题！"

回到家我赶紧下载音乐，结果发现，我完全无法去构想如何来跳这支舞。我反复回想他们的动作，后悔没有录一个完整的视频，否则就可以偷偷学习了，到时舞一段惊艳全场。但现在要向他们学，肯定也来不及了。后悔也没有用，毕竟学校鼓励班主任与学生一起表演，他们一"怂恿"，我居然没有假装矜持，就一口答应了。

枯坐到半夜，终于听明白了我上下场的那两个音乐节点，第一个问题解决了。但第二个问题——我如何跳——始终解决不了。我一直想着要如何才能跟上他们的节奏，模仿他们的动作，可是我没有他们的舞蹈视频，而且他们也不完全是舞蹈，他们展示的，其实是一个大的人类生态演变的情景剧表演，只是中间插入了这个舞蹈。

后来我突然一想，为什么我要跟他们一样呢？我不是独特的吗？文体委员不是说我可以自己决定吗？动作不必一致，只要踩准节拍，不就可以了吗？于是我决定不想动作了，第二天上去随机跟着节拍舞动即可，关键是要大胆地假装自己会跳、能跳，动作不生硬，跳出精气神。一个字：乐！与学生同乐不就对了吗？于是，我把这场表演看作与学生同乐，不再管名次。

当我们班以昂扬的姿态站在学校统一指定的入场式候场位置时，我们激动万分又全神贯注。学生用两片大大的绿色"树叶"把我"藏"在了队伍中间。一阵入场的口号声伴着运动员进行曲，我班的队伍行进到了核心表演区。

运动员进行曲停，我班表演的曲子响起。队伍得令后"唰"地有序散开。此时，我还是被后排两个同学手持象征原始生态林的"大树叶"掩藏着。

到第37秒的那个节奏响起时，我闪电般扭动着身姿，从两片"大树叶"后"蹿"至舞蹈队伍的最前面，评委与观众的热情瞬间被点燃。同学们默契配合，闪电般地让出了C位给我。我尽情舞动，这时左右两边的两个"恐龙人"一起向我靠拢、舞蹈,一位手持气球的同学来引逗我,后排同学分别演绎着人类文明进程变化的各种象征物语,气球被我刺破象征着宇宙大爆炸。在我下场的一刹那,全班同学的队伍瞬间又置换出了地球在大爆炸后的原始态式。我瞬间离场。绕了一圈回到观众席时,年级老师都过来拍我、笑我、赞我、打趣我,热情欢笑。他们纷纷说真好,真好!

后来我看同事发出来的视频才知道,我们表演时,同年级班主任在一旁狂呼,他们纷纷大声说:"啊,那个是欧阳,是'骚哥'呀!""哈,是真的耶!""'骚哥'也是拼了。""啊?欧阳会跳舞?练过耶!"……有班主任真来追问我:"有没有事先排练过?"我笑得说不出话。大笑过后,我连连摆手,说根本没有,完全是被学生拉着临时风光了一把。

全校班级入场式表演完毕后,学校宣布了入场式表演评选结果。我班获得全校唯一的特等奖。全班同学的热情被点燃,团队精神爆棚,爱班情绪高涨。我是真心佩服这些孩子,居然在一分半钟内演绎了人类文明发展史。

开幕式过后,是紧张的各类竞技比赛。而在我和我班学生的心里,全员式的运动已经达成,于我班学生而言,接下来是锻炼式与竞技性活动的融合。

运动会 4×100 米接力赛无疑是最凝聚人心、最吸引眼球、最能调动学生班集体荣誉感的一个比赛项目。这届运动会,也是我从教 20 余年来,唯一看得热泪盈眶的一次,那是高二年级文科班男子 4×100 米接力赛。

运动会比赛时,文科班男子 4×100 米接力赛往往是最尴尬的,因为班级男生少,人数不够,或难以选出有实力的男生参赛而弃权的班级不少。

当高二文科班男子 4×100 米的各班选手站在自己的接棒区时,学校为充分调动班级学生的集体荣誉感,广播也响了起来,说"最激动人心的接力赛马上就要开始了"。同学们瞬间挤满 400 米跑道,目光都聚焦到赛道上。

"砰"的一声枪响,全场沸腾了,但老师和同学们很快意识到,除了冲在最前面吸引大家眼球的学生,让人惊奇与呐喊的是,赛道上有一棒竟然出现了一名女生接力!在学生的助威声中,我才知道,原来这个班总共只有三个男生,凑不出四个男生,但他们表现出强大的班集体荣誉感,与学校商洽后，班级女生主动请缨，要补足缺位的那一棒，于是学校特批同意，才有了眼前这感人的一幕。

那位女生像一道闪电，像一句铿锵的呐喊，像一种坚强的信念，义无反顾地冲向终点。

全场爆发出经久的、热烈的掌声与助威声，都希望有女生接力的那个班级胜出。无疑，他们，已经赢得了全校师生的尊重。这个班的班主任，也一定是伟大的。

比赛结束了，但它依然像一个威力无比的电波，吸引着师生热议并回味那个精彩的镜头；它也像一杆秤，让学生称出了自己对班级的热爱程度；它更像是一本启示录，提醒我们作为班级引路人，对班级活动的管控要体现出艺术性。

3. "圆满"开会,达人利己

组织并召开家长会,也是班主任工作的重要一环。也许由于这项工作的普遍性,其在具体实施过程中往往会流于形式,以致一些家长抱怨家长会徒有形式,毫无意义。原因之一在于,班主任对工作追求的境界不高。这类班主任往往只停留在"完成学校布置的任务"层面,带有应付性,很少会反思自己处理班级事务的主动性、科学性、严谨性、专业性与艺术性,对所做的事缺乏前瞻性与后续性。

事实上,"完成任务"与"做得圆满"是两个截然不同的层面与境界。下面仅以家长会前后的组织方式、方法为例,借用衡量围棋水平高低的"段位"指数来阐述"完成任务"与"做得圆满"两个层次、两种境界的专业差别,以期达到提升班主任工作实效的目的,在以"爱"育人的基础上,实现"专业"育人。

事件描述:

学校、年级要求班主任在期中考试后召开一次家长会,交代所有学生通知家长在学校指定的时间来校参加会议,把孩子的考试成绩及在校表现反馈给家长,并协调好班级事务。

作为班主任,组织好家长会是一个硬性任务。很多班主任只是被动地做了，但谈不上艺术性完成。班主任首先应考虑的问题是：这件事的任务是什么？怎样做才能把事情"做得圆满"？

对于"召开家长会"这件事，我想借助围棋的"段位"理论，用九种不同的做法和效率来分析实际操作的艺术化程度。

初段做法："发通知"——在班上及家长群通知何时召开家长会，要求学生通知家长，然后打印出成绩并排名。班主任按时参加家长会，在家长会上说明班级近况，通报班级学生成绩，或干脆把成绩粘贴出来，让家长自行查找、抄写。

这种做法简单粗暴，师德师风存在问题，但当下，一些学校依然存在此类现象，公然违反国家严禁学校公布学生成绩排名的规定，无视学生隐私，工作态度与工作方法都存在问题。教育隐患也随时存在。

二段做法："重检查"——要求学生通知家长后，再逐个落实确认，确保每一位家长都被及时通知到，以便家长提前安排出会议时间。有条件的学校，还会制作较为精美的纸质通知函，尤其是带有重要意义的成人礼等。会前一天再统计确认到班家长人数，确认有无变动，做到知悉与会人员，有目的地准备内容。无法到会的，逐个落实。然后准备学生成绩单，家长会时分发学生成绩条，说明班级近况，安排家长讨论时间并回答提问。会后再与无法参加会议的家长通报会议内容。

这种做法属于典型的完成学校任务，没有明显违规，也没有创新举措，但工作相比初段，更仔细。但更好的做法与更高的要求是，应有更多的细节美，并指向学生的精神成长和家长教育力的生长。

三段做法："勤准备"——做完二段相应的工作后，如果不在教室召开会议，就提前在学校功能教室预约平台预约好会议室，并在门或重要设备上贴上小条"此室某月某日几点到几点已安排会议"，以便一些不按规定出牌的人员先行占用会议室，最后陷入临时换地点的尴尬被动局面，并且给家长留下学校管理不力的认知。提前测试可能用到的电脑、投影，甚至包括热水器等设备，看是否能正常工作。这些其实可以分工给学生，用以培养学生的服务意识，但要指导到位。准备详细的成绩分析表，并列出每一位学生成绩的得失情况。提前30分钟到达会议室，再次检查设备，按座位先行发放好学生成绩条等相关材料，让先行到会的家长有事可做。然后，等候家长会的召开。

这种做法处事主动，考虑到相关细节，家长也会因此感受到学校的用心，但依然没有实际性的创新内容，未能指向学生的精神成长和家长教育力的生长。

四段做法："巧安排"——在三段的基础上，提前设计调查表，把召开家长会的目的、主要问题、共同探讨的核心问题等提前提供给家长。针对整个班级的发展方向与动态、家长对班级管理的期待等问题设计调查表。如果是分时间段、分批次召开家长会，则设计好相应批次参加家长会的家长名单及具体时间、地点安排表，确保家长人手一份。安排班干部做礼仪人员，从进入校园到引入会议室。安排好具体接待人员、茶水服务人员等相关工作。

这种做法考虑"分时间段、分批次"召开家长会，因材施教的意识体现得较好，学生的个性发展能得到更多关照。同时，家长参与班级与学校管理的权利也得到尊重，但依然未能指向学生的精神成长和家长教育力的生长。

五段做法："细考虑"——在四段的基础上，会前分析学生（尤其是待进生）可能会产生的"家长会综合征"，作好疏导工作。考虑家长可能会问及的情况，提前对所有学生的表现作出统计，并熟悉学校各处室政策及相关的教育法律法规，做到对答如流，规范操作。

这种做法更多考虑了与家长的对话，以及知道要事先熟悉教育法律法规及学校政策，体现了依法办学的理念，但依然未能指向学生的精神成长和家长教育力的生长。

六段做法："尊隐私"——在五段的基础上，提前将学生成绩、近期思想表现及后期家长应着力配合教育的方面等内容写成"温馨提示"（并非告状），并附上自己的联系方式，按学生家长，分别做成独立的小纸条（可打印），在会前接待家长时亲手交给相应家长，确保学生成绩条只单线交给家长。这样既保证了学生的隐私权，又保证了家长对子女学业成绩的知情权，更保证了双边合作管理的基础，节约了会议时间。

这是比较细心的做法,有高效的管理理念,同时因材施教,既充分尊重了家长的知情权,保证了与每一位家长的独立交流时间,又节约了会议时间。但仍然还没有达到优秀班主任应到达的育人境界。优秀的班主任管理,一定不是仅做成家长会,而是将多项教育融入这个主体的活动中,指向学生的精神成长与家长教育力的生长。后面七至九段的做法,境界有所提升,开始接近这一思想。

七段做法:"知感恩"——在六段的基础上,会前动员所有同学用自己的零花钱为家长买一瓶矿泉水或别的饮料。如果父母都来参加家长会,则买两瓶,置于自己的座位上。然后再用一张小纸条,写上一句对家长来参加家长会、关心自己学习表示感恩的亲情语,或是最想跟家长说但平时碍于面子始终没能说出口的话,反压在矿泉水瓶下。家长会时,家长找到自己孩子的座位就座。在家长会开始前,班主任要特别告知家长,桌上的水是孩子为感谢家长支持教育及回报家长平时的养育之恩特意为家长们购买的,并告知反压在矿泉水瓶下的纸条的用意。会议期间做好会议记录,会后整理出家长意见,将要点反馈给学校,把相关信息报知缺席家长,并作好缺席家长相应孩子的思想工作。根据实际情况写成备忘录,调整自己初期的班级管理计划与思路。

这种做法表现出许多创新点,已在主动建构学生的精神成长,境界远超只被动完成学校任务的班主任。它很好地发挥了班主任的"桥梁"作用,把家长善意的意见反馈给学校,又把要点与缺席的家长沟通,全面且细致。该做法中,让学生参与到家长会接待工作,培养了孩子文明礼仪素养,尤其是借家长会融入"知恩感恩""调适代际关系"等品质教育。有意设计的"买矿泉水""写亲情语"等细节,能让许多家长感动,并且可以很好地协调学生与父母的代际关系。这一步,对学生进行了感恩教育,化感恩专题式教育于常规活动之中,做到润物细无声。同时,家长亦会反思自己教育过程中的行为方式,真正促成学生的精神成长和家长教育力的生长。

这也是我经常使用的一种家长会方式。我几乎在每一次家长会开始时都会说这样几句话:"各位家长好,感谢您亲临学校参与孩子的教育管理,我们的家长会马上就要开始了。您现在就座的这张椅子,可能并不合您的身,远没有您在家或单位用椅那样高端舒适。但我相信，这应该成为您感觉最亲切的一把椅子，因为您的孩子每天就是坐着这张椅子学习并成长的。您面前的这瓶矿泉水，是孩子们为了感谢您今天莅临学校及平时的养育之恩而用零花钱给您特别准备的。矿泉水瓶的下面反压着的这张字条，是孩子最想跟您说的一句话。可能我们的孩子平时不善表达，有的可能是没有机会表达，但他们今天都用这种方式向您表达了。现在请大家拿起这张字条，给大家两分钟时间读一读，听一听孩子们的真实心声。"

我观察发现，每当我说到这里的时候，有很多家长的眼泪就出来了。我相信，这两分钟，看似平静的海面，内里其实是家长情感波澜的起伏；我相信，这个过程，已很好地消融了代际间的不和谐，化冲突为玉帛，更进一步协调了代际关系。这样，就促成了学生的精神成长与家长教育力的生长。

八段做法："造氛围"——在七段的基础上，提前根据学生入学以来所表现出的集中问题与学生品质缺陷，作理论研究，查找相关资料，做成家校共育的小册子，提前放置在对应家长的座位上，人手一份。会后让家长带回去学习，以期改良家长教育认知，共同帮助孩子成长。同时，关注全班同学家长会后的共同话题，注意后续心理教育。把家长会上达成的共识告知学生，在班会课上将家长会对教育的极大热情等良好信息作好反馈。要求全班同学以此为契机，在赢得家长更多理解与关爱的同时，将营造优雅班级环境和良好学习氛围的浪潮推向更高层次。

这种做法明显在有意识地建构学生的精神成长和促进家长教育力的生长，并且能就学生焦点问题作集中的家校共育。家校共育小册子，其实已上升到"家长学校"的高度。

我在2018年担任班主任时，结合"钱学森班"学生进校后的表现，发现他们基础性的问题主要表现在两个方面：一是阅读的缺失，二是劳动的缺失。这表明学生的阅读与劳动习惯或劳动素养几乎没有得到培养，而这两个问题又直接影响到学生后期的智育与美育成长。我重读了苏霍姆林斯基的《给教师的一百条建议》，把书中有关"阅读"与"劳动"素养的重要阐述一条条摘录出来，并查找其他相关资料，最后排版印刷，做成一本专题式的班级家长会家长共读材料，同时将其命名为《起航》。在 2018 年 11 月 23 日的家长会上，学生家长都拿到了这本册子。令人惊奇的是，2019 年全国高考语文作文命题的话题便是"劳动"。这说明，我们在一线认真做教育所发现的问题，与国家的教育方向具有一致性。在 2019 年 11 月 15 日的家长会上，家长们又拿到了我结合高二学生日常表现与心理发展特点编辑的另一本家长会共读学习材料——《悦行》。

九段做法："重推广"——在八段的基础上，及时查找资料，结合理论，把上述情况升格为心得式小结或论文，甚至把它做成具有可操作性、可视化的思维流程，让新教师从中吸取经验，以惠及新教师、家长与学生，最终随着论文的发表形成更权威的德育研讨，使更多的异地教师、家长与学生获益，也实现自身的教育成长，有利于教育资源共享。

这种做法是一种超越。如果说七段和八段做法的一个共性是都指向了学生与家长的成长，那么九段做法就是教师意识到在帮助学生与家长成长的同时，还需要自身成长。自己不能仅做一支蜡烛，燃烧自己照亮别人，结果只是悲壮地牺牲，没有实现自我成长。好的教育，应该是"达人而利己"的双边活动，教育者与受教育者合作共赢，双向成长。

这种做法的意义，更在于班主任能充分体会到"达人"后的"利己"，即专业成长所带来的职业幸福感。教师与学生、家长共同成长能给教师带来成长的快乐，这种成长，能帮助班主任更好地去寻找工作的积极性与艺术性。这样的教师不容易出现职业倦怠，对工作的艺术追求会促使他永葆工作热情。这样的教师，不容易躺平。

热情、主动、艺术、享受、成人达己，这既是工作方法，更是工作态度与工作境界。教师对学生心灵的塑造并不只是简单地停留在对学生严肃的说教上。

大德无边，大爱无言，班主任的管理艺术应更多地体现在日常教育行为与方式上。也许正是这样普通的家长会，组织不好，就会使你在不知不觉中伤害到家长或学生，所以工作的科学性与艺术性、前瞻性与后续性的有无，往往反映出班主任专业水平的高低，亦是衡量班主任工作是否主动，是否应付了事的重要砝码。

4. 家访之旅，爱之轨迹

家访，作为家校共育、家校融通的一种重要方式，是一种专业化的教育实践活动。作为同样面对主体为家长的活动，家长会与家访的区别是，家长会是"点性"活动，除非个别做得特别好的学校，把家长会做成家长成长学校，上升为不只一次（一个点）的"线性"活动；家访，则是教师按需的持续性活动，我将其定义为"线性"活动。

于家长而言，教师家访是"点性"活动，班主任或科任教师一般到具体的某一个学生家里只是一次，即一个点，除非是需要持续跟踪家访的特殊学生。于教师尤其是班主任而言，家访是"线性"活动，需要到一个个学生家，排列家访。教师家访根据需要可能覆盖教学全过程及学生全员。

做2015届学生班主任的时候，我几乎遍访了班里所有厦门籍的学生家庭。就我个人家访的反思而言，之前可能更多的是出于热情，但后来思考更多的则是专业。

家访作为师生交往、家校沟通的重要渠道，是学校德育的重要课程。在信息沟通便捷的网络时代，家访早已超越了简单的信息沟通层面，家访的当面观察、体认、沟通、实证、共情的真实性与情感交流的互动性及亲和力等不仅不应弱化，反而更需加强。正因此，当下教育部门往往通过行政干预的方式要求学校进行全员家访。但如果干预过度，学校在执行过程中就会表现出迷茫，甚至操之过急，常常出现让所有教师和家长都集中于某地的"集体家访"的行为，硬生生把本应按需家访的"线性"活动变成了一次性批量完成的"点性"活动。或者即便不是批量集中家访，也是快速入户，匆匆拍照话别，致使社会对家访出现一些负面的声音，甚至有的家长直接表示不接受家访。

事实上，家访是一件很复杂、很严肃、很个性化、很专业化，甚至需要法律化的事，即家访是一个专业化问题，不应是简单的一拍了之、一蹴而就的统一性行政行为，它首先必须是教育行为。

家访作为一种理性行为，应是教师施教、学生受教过程中自然按需发生，而不应是行政过度干预后的被动跟风，不应是学术问题行政化后演变成的各校各班间家访率的机械攀比，也不应是因师者个体热情过高的遍访。行政之后，情怀之外，更需要专业护航。

家访的专业性常表现为"四选一研"，即学生的选择、时机与时间的选择、随访人员的选择、地点的选择，以及后续跟进的科学研究。

"学生的选择"是指受访学生的确定。除突发事件必然第一时间家访外，一般家访应有一个过程，不会在短短几天内全员覆盖，除非行政干预。家访的过程性决定了家访学生的选择性。班主任需根据学生的近期表现，慎重选择家访对象及理性安排家访的先后顺序。一般而言，问题严重的学生、近期情绪波动较大的学生、家庭变故较大的学生、生病入院的学生、关联生命安全的学生等，都是家访对象的首选。此外，有一类隐性的家访对象容易被忽略，班主任在学情研究的成绩排名中如果发现有学生的成绩一次次上升，或一次次下降，或者浮动过于明显的学生，应及时安排家访。

"时机与时间的选择"是指对受访学生教育转化或教育促进的教育契机与具体时间的把握。受访学生确定后，成熟理性的教师并非马上实施家访，而是根据学生的实情与家境等待家访的最佳时机。如上面所说，成绩持续上升或下降的隐性类学生，一般在持续三次的时候要进行家访，重点在学习持续进步或退步原因的探寻，及时给予鼓励、劝慰或指导。学生有明显持续性的表现，也需要被老师"看见"。一个孩子持续几次成绩显著上升，然后成绩又直线下掉，这时班主任如果还不及时家访，可能工作就相对滞后了。家访，要注意把握最佳家访期。当时机成熟后，具体家访时间是上午、下午还是晚上，是平时还是周末，都必须讲究，必须尊重学生实情与家庭实际。

"随访人员的选择"是指随同班主任家访的校级领导、科任教师或家委代表人选的确定。如果重在劝说，则应选择学生平时较亲近的老师；如果重在提升学科成绩，恰恰需要学生薄弱学科的老师参与；如果带有看望或关心家庭等因素，就必须有学校领导及家委会代表。一般情况下，家访不需要大部队的老师参与。

"地点的选择"是指家访具体地点的确认。家访原则上应到学生家里，这样可以通过观察家庭实情确立后续教育的措施，如可以通过观察家庭实物推知家庭经济情况，决定是否提供经济援助；可以通过观察家庭卫生情况与家人着装、言语风格等推知家庭教育素养；可以通过观察家庭成员相互间的行为推知家庭的和谐关系等。但有一些特殊学生和家长，由于某些特殊原因不愿意老师到达家里，这时就需要尊重家长，协调一个地点让家长参与，如茶楼或咖啡厅等，原则是要选择一个能让学生和家长都愿意说话、说真话的适恰环境，同时不给学生和家长带来消费困难。

"后续跟进的科学研究"是指家访后对受访学生的持续跟踪研究。一般而言，家访难以一蹴而就，需要持续跟进。每一次家访都有家访的要旨，家访后需要针对这一要旨观察学生的行为变化，以分析家访的效果，以便及时调整教育措施。

在"学生的选择"上，我会优先考虑自己愿意老师家访的学生。在第三讲对学生基本信息收集的表格中，我专门设置了"是否愿意教师家访"一栏，其中填"愿意"的，我会优先考虑；填"不愿意"的，我会根据需要，妥善处理。有一些教师认为家访的学生一定是"问题学生"，成绩好或表现好的学生就不需要家访了，这种理解相对狭隘，是一个教育误区。事实上，全班同学，只要有需要，都应家访。以我孩子为例，他特别羡慕班里有老师去家访过的同学。当我知道孩子这一心理后，曾多次暗示甚至直接邀请老师来家访，可是他的老师说，你家孩子很自觉，不用家访。所以我们从小学到高中，一直没有盼来家访的老师。这虽是老师对他的信任，但也给他留下了遗憾。

家访有不同的类型，类型不同，性质与具体做法亦不同，所表现出的专业要求也就有所区别。

根据生源，家访大致可分为新生家访、外地生家访及常规生家访三类。新生家访是相对较单纯的一种，对象可以全员家访，也可以透过细查档案确定特殊的家访对象。主要目的在于传递学校教育理念，敦促学生提早进入预习阶段，尤其是倡导提前做好"多阅读"与"重书写"的基础工作，交代入学事项等，故时间宜选择在录取通知书下发之后开学之前，最晚也应于开学前一周进行。外地生家访较为特殊，因为外地学生分布面广，教师难以到达每一位学生的家里，所以可以考虑选择一个相对较为集中的地方进行区域性集体家访。这种家访更多的是介绍学校近期的政策及学生近期学习的普遍情况，交代学生后续学习需要家长配合的注意事项，多为笼统、整体性介绍，便于家长及时了解学校政策与教学情况，所以随访人员除科任教师外，必须配备年级组长、教务主任甚至校级领导。新生家访、外地生家访具有一些特殊性，表现出阶段性或"点性"特征。而常规生家访则是在日常教育与教学中触及在学校不好处理的问题，或需要特殊鼓励时进行家校融通教育的一种教育实践。

家访的专业性很容易被教师忽略。当下家访"任务性"较为严重，如为完成上级或学校要求而硬性家访，说一些无关痛痒的话，拍照完便草草了事。其实，"了解家境"是家访的第一要义。家访最重要的元素是"家"，即通过"访"的方式了解"家境""家人""家事""家情"等情况。比如，可以通过观察家庭装修、家庭卫生、家庭常住人员、家人穿戴、家人言行等推知学生受教育的日常环境，了解学生性格形成的原因以找到相应的教育对策。凡是电话就能交代清楚的事，一般不会成为家访的原因，至少不会成为主要原因。我家访时必看的一个项目是受访学生的独立房间，透过对其房间书籍、张贴物、乐器等的查看，可以推知平时在学校难以获得的信息，必要时甚至可以提供教育援助。此外，鼓励学习、精神引领、共情共鸣等目的在学校亦可达成，但家访有着加固的作用，而且显得更为亲切。

家访的专业性还表现在一些必须遵守的禁忌上,即家访需要遵循一些必要原则。

第一,家访要力避高密度强制性批量群访。高密度强制性批量群访往往是受制于任务而为,或教师自发集中在一个很小的时间单位,大面积、单方面群访。所谓"单方面",是指未提前充分调查、科学研究家访的时机与时间,家长被动配合。"高密度"不科学,是因为不可能在一个很小的单位时间内有批量的学生同时出现问题或同时需要鼓励而需要群体家访。苏霍姆林斯基的《给教师的一百条建议》没有一条针对家访,更别提大部队批量家访,这在一定程度上说明家访并不是每一位学生或教师的必需。当然,这也不能成为教师不用家访的理据,因为苏霍姆林斯基已将家访上升至家长学校的高度。家访应具有纯粹性,纯粹为学生的精神成长与学校教育发展需要而访。它不是行为攀比,更不应成为学校招生的隐性广告——做给别人看。家访是好事,也是教育的必需品,应该源于学生的学与教师的教的实际诉求,而不应是随时都可以大部队高密度批量介入的事。

第二,能在学校解决的事,不留给家访。一些老师家访解决的事完全可以在学校解决,这样的家访在一定程度上是教育行为的单边挪移,恰恰体现了教育专业的缺失。能单边解决的,不牵扯到多边,即教师和相关学生可以协商解决的,就不必再牵扯到家长、其他老师与学校领导。一定程度上,工作的简洁性就是工作的有序性与艺术性。

第三,能在工作日解决的,不留到工作之外。教育是一种规范行为,除特殊情况外,一般应在工作时间内解决家访问题,尽量少安排在节假日。任何人都需要休闲,也需要自由,无限侵犯自己或家长的休闲时光,本身就是对工作的一种不尊重。我不认同经常在节假日抛弃家人家访或加班的做法,或者家访到很晚。首先,这样的家访会打乱师生家长的生活节奏,无限延长教师的工作时间,破坏家人团聚的和谐生活。这其实也是对家庭幸福生活的一种侵扰。没有教师生活的从容与优雅,教师天天带着压力与负面情绪上班,哪来工作的有序与诗意,哪来学生学习的幸福与高贵。其次,家访过晚,教师的人身安全会存在隐患。比如,台湾地区不提倡家访的一个重要原因，就是家访人员的安全难以保障。

第四，不进行异性家长单独家访。家访需要提前备课，其中包括受访对象在受访时的参与人员的确定。一般情况下，受访学生是主角，所以家访时学生最好在场。但是，有些需要学生回避的家访，就需注意，男教师家访时不要挑只有女家长在的时间，女教师家访时也不要挑只有男家长在的时间。由于一些家长长期在外工作，有时不可能做到性别对称，这时候，班主任家访就需要邀请科任教师一起参与，做到异性家访时至少有三位成人在场，以避免不必要的纷争。

第五，能不拍照尽量不拍，确系需要应在征得同意下拍照。很多教师出于教育实际而家访，双方的深入沟通也将有利于后续教育，但有时一拍照，好端端的家访就变了味，也让人尴尬。拍照有时确实具有纪念意义与实证价值，只要艺术化对待，双方都愿意接受，就是一件美好的事，既可以是对学生的一种激励，也可以是一种情感的交流与传递。但教师如果强行要求拍照，会让家长以为教师是带着任务而来，结果反而得不到家长的理解。主管部门要求的"有照为证"与家访实效冲突时，这最是考验教师智慧与教育勇气的时候。如果能两相调和，拍照也未尝不可。如果不能调和，就应尊重家长，尊重教育。一味屈从形式，没有坚守，就拉低了自身从教甚至是学校的办学品位。原厦大附中校长姚跃林在《安静做真实的教育》中说："学校教育要弱化其工具属性，重视价值引领和价值判断力的培养。"也正如《教育的细节》作者朱永通先生所言："做真实的教育，难；安静地做，更难。"我想，这种选择本身就体现了教师的价值判断力。教师缺乏价值判断力，培养的学生也难免"缺钙"。当然，家访是一件美好的事，如果家长主动邀请留影，只要两厢情愿，何乐而不为？

第六，不随意泄露家访之事是对学生隐私权和受教育权的尊重。我常常在微信朋友圈看到好多老师晒各种家访照片，有时，这既是对自己工作的一种认可与鼓励，也是对同事工作的一种肯定与赞许。但不同的家庭有着不同的需求，如性格内向的孩子不愿意家访之事广为人知，家境困难的同学更不愿意自己的家境被曝光。这一点，也是一些贫困生不愿意大部队老师去家访的原因。

萨特在《词语》一书中说："我尽量远离世俗的权力：我既不在他之上，也不在他之下，我在别的地方。"家访并非单边活动，而是一种需要专业引领的理性教育实践。当我们判断形式大于内容之时，就应远离世俗权力，选择一个"别的地方"，安静地做教育，做最真实的教育。毕竟，教育主管部门的终端教育需求也是如此。毕竟，家访之旅，乃爱之轨迹。

附：

家访小记[1]

2013年12月28日。

周六，一样于早晨5点多醒来，大约是生物钟使然。于是，一个人轻轻穿一件外衣，匿在客厅读书。

突然想起那张试卷，又匆忙去做。

等到时间跳到7:40，试卷几近写完。于是，重回房间。怕惊醒了家人，不敢找要换的衣服，匆匆轻声披上昨日的风衣，带上门，按约定，一个人开车去集美杏林片区家访。走时还不忘带上一本《丰子恺漫画精品集》，以备迷路等待家长"救援"时翻翻。

海沧至集美，路正远。

其时，寒风正紧。

可是，我喜欢没有任何压力或无强制性的家访，不是那种学校分配式的。虽然没有任何人要求我必须家访，也不需要任何报酬。

从集美到杏林，还是迷路了，车子差点开到同安。

不知为何，进到孩子们家里，看见平时见不到的未着校服的他们，心里会有另一种特别的喜爱。家长都很热心，这样的热心是从骨子里渗透出来的。不是那种端茶送水的形式，我喜欢简单纯粹的交往方式。

---

[1] 此文为2013年12月28日当天我家访后的一篇班主任常规日记。

上午不到 8 点出发，直至下午 1 点，也只走了三家。进到集美张嘉诚同学家里时，嘉诚妈妈上班不在家，爸爸在家看电视。我委婉地问，是不是孩子平时回家写作业时，家长也一样在看电视？家长说孩子写作业自己无事，就开着电视。我谈了在孩子写作业期间最好不开电视的个人看法，然后走访了嘉诚的房间，看到他房间的一些装饰，以及一些器件，基本印证了我对嘉诚同学的教育印象。

随后到了洪婧雯同学家。婧雯外出补习去了，便与其爸爸及其任中学历史老师的妈妈聊了一些教育感受，向他们打听了婧雯补习的情况，知道了婧雯对保送的需求，并详细了解了她为保送所作的各种准备，也谈了我自己对保送的一些理解。离开婧雯同学家时，婧雯家长拔了一些自种的没有施药的青菜，硬要送我。如果不收，的确担心他们以为我嫌弃，就还是收下了。家访绝不可收礼，这是师德师风的一条红线，但理与情之间，在尊重法理的同时，也需保留人性中的温情。毕竟，太绝情就毫无人性了。

到达郑子馨同学家的时候，已接近 12 点，但没有办法，因为这是此前已约定好的。进家门后，从其父母的为人情况知道了子馨平时诚恳踏实性格形成的家庭原因。然后我们一起分析了子馨同学的学习特点，并交流了后期学习的意见。家访结束我执意要离开时，已近下午 1 点。其实已影响到了他们的生活，我深感惭愧。但他们不这样认为，反而觉得很开心。

"进了家门，感情总应是更进一步的。"这是我对家访一贯的朴素认知，也是我坚守的信仰。

5. 主题班会，塑造品质

运动会、家长会、家访，是每一位班主任或教师均需进行的活动，不在于个性，而在于态度的真诚与方法的创新。其中，运动会和家长会更多的是"点性"活动，而与家访同为"线性"活动的还有主题班会。

在多数班主任的认知系统里，主题班会只是被动传达年级或学校的事务要点。持这种观点的班主任，大概还没有树立起主动建构学生精神成长的理念。

主题班会是一门课，多个有价值的主题班会连接起来，就是指向学生精神成长的一门课程，这门课程重点指向班级凝聚力与学生的精神成长。主题班会旨在通过班会课解决班级方向性的重大问题，并凝聚人心，形成班级合力，所以主题班会必须关联学生的某种品质培养，必须指向学生的精神成长及班级凝聚力的形成，而非纯粹的学校事务通知。我认为，与学生品质形成无关的纯事务布置，均不应叫主题班会。

专题式、主题性、教育性是主题班会的显著特征。

主题班会的召开时间与家访一样，不可任意而为，需要选择。只有需要对全员或多数同学实施某方面主题教育时，才需要召开主题班会。比如，第四讲阐述班级文化时提到的对于"班级培养目标"的解释，因为它涉及治班总目标及学生精神底子的铺设与建构，所以我在开学第二周便专门召开主题班会，聚焦班级培养目标内涵，使全班同学迅速达成班级发展共识，铺设起始年级学生重要的精神底子，凝聚全班同学，形成班级管理合力。

对于主题班会，基础年级应指向学生重要的精神品质培养。比如可分别按年龄特征设计主题班会。5岁的孩子开始进入绘画和音乐敏感期，7岁达到顶峰，所以小学一二年级学生的主题班会，可多围绕这一特征设置一些以绘画、音乐为主题的班级活动；三四年级的孩子进入阅读的开发期，可以多举办阅读方面的班会活动；三到五年级的孩子理性思维开始发展，可设置一些自律能力训练方面的活动；四到六年级的孩子应训练主动性、意志力与责任心，还应多提升劳动素养与人际交往素养。

迟毓凯在《人生困惑20讲》中阐述了埃里克森有关孩子语言学习的观点，即孩子学外语最好在10岁之前努力。因为10岁之前是学习语言的关键期，错过了这一阶段再学就很难学得地道，所以小学四年级前要加大外语听说读写的能力训练。

对于孩子语言力的培养，蒙台梭利认为时间还要提前。《蒙台梭利儿童教育手册》中说："在6岁之前是儿童语言的敏感期，在这个年龄学习语言、书写，会让他们感到兴奋，而且他们会乐此不疲地做这样的事情。等到了八九岁时，他们就没有这样的热情，那个时候再开始书写训练，对孩子们来说就是任务了。"这就告诉我们，孩子发展的特征是不容错过的，一旦错过，可能就错失教育良机。

按照《蒙台梭利儿童教育手册》中的观点，儿童呈"阶段式"发展，过了0~6岁的幼儿期后，孩子就进入了6~12岁的儿童期，即进入了小学阶段。这一阶段是儿童心理相对平稳发展的时期。事实上，孩子的个性在这一阶段后已基本成熟，所以，小学阶段的教育相比其他阶段尤为重要。尤瓦尔·赫拉利在《人类简史》中说："大多数哺乳动物脱离子宫的时候，就像是已经上釉的陶器出了窑，如果还想再做什么调整，不是刮伤，就是碎裂。然而，人类脱离子宫的时候，却像是从炉里拿出了一团刚熔化的玻璃，可以旋转、拉长，可塑性高到令人叹为观止。"这种可以"旋转、拉长"的可塑性就是教育。准确地说，是幼儿园与小学阶段的教育。到了12~18岁的青春期，即初高中阶段，孩子的性格已走向成熟，想要作些改变，往往不是"刮伤"，就是"碎裂"，难度大多了。这也是我为何一直强调"学校德育工作应把握教育节奏，建设以'品质培育'为主线的德育路径"的原因。那种每年都只按照特殊节日来开展活动、一成不变的做法，没有考虑学生重要品质形成的有序化培养路径，可能过于简单，属于偷懒式管理，而不是出于对教育规律与学生身心发展规律的把握与尊重。

那么，学生到了初高中之后是否就不能再教育了呢？显然不是。这个阶段只是难度大了、效度低了，并非完全无效，所以初高中老师依然要有作为。比如，在非毕业班的年级，我经常引导学生阅读，也常请学校各年级有某方面特长的学生或家长来班里与我班学生交流。我邀请了低一个年级、对《红楼梦》有较深研究的朱宸旻同学及其父亲朱永通先生给我当时带的两个"钱学森班"的学生开设《红楼梦》专题讲座；邀请了同年级文科班的鲁宇晗同学与同学们交流古代官制的话题；举办了重在提升学生个人综合素养的"能力提升专项训练"等。

我开过的主题班会有很多，比如"高三新教室搬迁"主题班会。

高三新教室搬迁是一个"传统"的学生活动。说传统，是因为它像中国许多新房搬迁一样，寄寓团结、吉祥、希望、好运、喜庆、重新开始等众多文化意蕴。在这个时间节点，我总想借教室环境变化容易促进学生思想变化的教育契机做点什么，于是特别强调仪式感。我的做法是提前布置好新教室，做好卫生，书桌排列整齐，黑板上写满祝福语或主题词，桌上摆满家长统一为学生购买的各式小礼物，双门贴上对联。然后我带领学生从原班级教室列队出发，抵达新教室。随后，我还会发表一个主题演讲，旨在鼓励全班同学热情好学，挑战新的目标。如2021届学生在高二升高三搬迁新教室时我发表了《新环境、新起点、新征程》的主题演讲；2015届学生在高三搬迁新教室时，我发表了《像榕树一样扎根大地——"和贵楼"的学习启示》的主题演讲。

像榕树一样扎根大地
——"和贵楼"的学习启示

亲爱的同学们：

今天是一个大喜的日子，是我们高二同学晋升为准高三教室搬迁的大好日子。很多天以前我就在想，今天我要跟同学们说点什么。直到我上周六上午站在"世界之最"福建最高土楼——南靖和贵楼的门前时，才突然想到我今天的演讲内容。

和贵楼有"三奇"。虽然只有五层高，却荣膺土楼"世界之最"，这是第一奇。它告诉我们：虽然没有得天独厚的优越条件，却可以做到同类事物中的最好。

和贵楼始建于清雍正十年（1732年），据说当初选址时并未发现这是一块沼泽地。楼建到一层时，忽然整层楼像沉船一样，慢慢下沉到了烂泥地里。沼泽地地基软而不能建房，这是常识。可建楼的简姓族人并未放弃，他们想到了松木，因为松木于污泥中万年不朽。于是在下沉的沼泽地里打了100多立方米的松树排桩，利用泥与木的粘合及物与物间的张力夯实了地基，终于建起了这座五层高的方形土楼。结果证明，和贵楼不但没有下沉，而且几百年来固若金汤，风雨不动安如山。而就在这座楼的小天井里，还保留着一块用卵石铺盖的沼泽地，用木棍就可以插几米深，或者在上面踩踩脚，整片天井的卵石会涟漪般震动。

沼泽地基不能建房却终于建成，此为第二奇。它告诉我们：薄弱基础永远不是你受阻的借口，基础是关键，但并非不可改变，坚定的决心与适宜的方法可能更为重要。基础属于过去，要解决问题，必须立足当下与未来。

和贵楼的第三奇，是楼中的两口井，人称阴阳井。进入楼门的左右两边，各分布着一口大小、形状相同的水井，两井平行且相距仅18米。可是，左边阳井，清亮如镜，水质甜美，井中红鲤翩翩游动，活泼精灵，"倏尔远逝，往来翕忽，似与游者相乐"。而右边阴井却混浊发黄，污秽不堪，完全不能饮用。原因是两口井井壁材料的构造不同。沼泽地浅层是腐烂的沼泽水，深层却是可饮用的地下水。设计时都将两口井打到了地下水层。但是，出清水的阳井井壁是由水泥砌成，而出浊水的阴井井壁则是由小圆石堆砌而成。水泥砌成的井壁几无缝隙，而用小圆石砌成的井壁缝隙较大。地下可饮用水在通过浅层腐烂的沼泽地水层时，大量沼泽污水会渗入阴井，导致其浑浊有毒，而阳井却因井壁无缝没有渗入污水而可以饮用。它告诉我们：同样面对污浊，面对有害于己的环境，你能"过滤"，走向成功的机会就更大；

相反，你无法"过滤"，抵制不了诱惑，你自己有缝可钻，走向失败就成了必然。教育会受环境的影响，但"人是自我决定的动物"，这样的决定，可正可负，关键取决于自己。

那么，如何过滤以抵制诱惑呢？

我的想法很简单：从自然中来，到自然中去，像榕树一样扎根大地。

大家可以看一看我到各地走动时拍的榕树照片。像福建东山风动石景区中与景区出口的榕树、厦门南普陀内的榕树、漳州云水谣的榕树等，它们有的爬在岩石上，有的爬在绝壁的块状石头里，但最终，它们的根都深深地扎进了大地的怀抱里。

同学们，与这几棵榕树相比，我们似乎没有理由再抱怨自己条件艰苦。今天我们在距离2015年高考尚有355天的这个特殊的日子里，第一次进到了高三教室，进到了这个曾经走出一大批清华、北大、港大，甚至是出现了一批省状元的"家"里，又应该树立怎样的求学观呢？我不要求大家都达到这样的目标，但正如我们的班级培养目标"做自己的状元"一样，每一位同学都应思考"如何做最好的自己"。

我当然没有那么狭隘，非得要每一位同学都考上理想的大学。但我真诚地希望，每一位同学都可以做到无怨无悔。通过这355天，历练出一种良好的品质与做人的根本原则。

最后，和同学们分享几句我的内心话，作为新教室搬迁这个特殊的时间节点最想与大家说的话——

每个人都在努力地奋不顾身，不是只有你受尽委屈。

把早恋的嫩芽关在笼子里。

你要是连一部手机都战胜不了，那就恭喜你成为手机的奴隶。

做自己的状元！

又如"感恩母亲节"主题班会。

"感恩母亲节"以"感恩"为话题，是我做得较细致、较成功的一个主题班会活动。该活动以"融通父母，知恩感恩"为主题，旨在加深代际情谊，培养学生知恩、感恩之心。

做这个活动之前，我需要了解全班学生的家庭现状。通过信息收集，我发现我班不存在学生与母亲分离的情况，即便是一些单亲家庭，母子也是生活在一起的，于是我做了一期这个活动。

我事先并未告知学生，自己提前一周在家长群向各位母亲发出"为孩子献上祝福"的邀请，同时请每一位母亲为孩子做一页PPT，内容包括一张孩子的照片，一段母亲最想跟孩子说的心里话或祝福语。

我收到母亲们做的PPT后，按照学生的座位号连起来，就形成了主题班会课的课件内容。母亲节当天晚上，恰好是周日学生的返校时间。我以《诗经》中的"父兮生我，母兮鞠我。抚我畜我，长我育我"引入，请全班同学接受母亲的祝福。

当叫响每一个学生的姓名时，学生均自发起立，接受母亲的祝福，场面很是感人。当全班同学都接受完母亲的祝福后，我们反录了一段全班同学致母亲节日快乐的视频，再发到家长群里。很多母亲看后都感动得流下眼泪。然后爸爸们就"吃醋"了，纷纷在群里问："父亲节时可不可以再做一次？"

而我此前在母亲节时的常规做法比较简单，就是直接录制一段让学生集体祝福母亲节日快乐的小视频，但这次增加了"母亲祝福孩子，孩子接受祝福"的环节，大大加深了代际情感，所以迸发的力量是不一样的。

再如"高考舒压活动"主题班会。

这个主题班会我在几届学生中都做过，而2021届"钱学森班"进行得比较完整，我按照时间顺序，做成了一个系列，构建了自己的课程体系。

第一次是"看照片，猜同学"活动。在高三第一学期末第一轮复习行将结束，即将迎来高三第一次大型质检考试之前，考虑到学生自8月开始上课，相对比较长一段时间的压抑学习之后，肯定也积压了一定的思想包袱，于是，我计划做一期让学生放松欢笑的减压活动，不仅要做到时间短而效果明，而且要能加深学生间的互动，增进学生间的情感。我思来想去，决定做一期"看照片，猜同学"活动。于是，我先请家长各发一张孩子小时候的照片给我，要求选择看起来变化比较大的，有一定猜测难度的照片，并请家长高度保密。然后打乱位次，再准备一些奖励的糖果及其他小礼品。最后在学生写作业写得很累的时候切入。学生一开始还没有反应过来，或者还没有意识到活动的好玩。当我宣布第一个猜中有奖并随机调出第一位同学的照片时，看见从未见过的身边同学小时候的模样，同学们的热情瞬间被点燃了。从第二张照片起，全班同学参与的热情高涨。因为变化大，他们需要通过一些细节来分辨，所以刺激；因为对比强烈，也因为发现了身边同学不为人知的一面，所以兴奋。有的学生甚至把自己猜成了别的同学。短短10分钟内，同学们欢声笑语，呐喊声此起彼伏。他们期待着自己的照片出现，又想第一时间猜中别的同学的照片得到奖励，那种陶醉其中、忘我的情境，让我至今难忘。这10分钟，他们彻底地放松了自我。

第二次是"海边散步"活动。高考临近，在学校的支持下，我利用傍晚时间，邀请科任教师一起，带领学生走出校园，到美丽的鼓浪屿对岸的海边散步。走到海边栈道，家委会给孩子们准备了比萨晚餐。我们围在一起唱歌跳舞。同学们随意表演节目，其间他们说我高二运动会入场式的舞蹈跳得不错，于是让我教大家跳舞。我把自己悄悄从微信上学的舞步教给了物理老师兼年级组长阙永华老师。在和谐的旋律中，海涛和鸣，学生们的欢歌笑语早已驱走了高考前的紧张与不安，大海的深邃与广阔，以及鼓浪屿的微风，拂去了孩子们额上的焦虑。

第三次是我做了类似于前面在"班级文化建设"中所阐述的"夜空数星星"的活动。目的也是设法在一个时间段让学生"闲"下来，清空繁杂的内心，借助特定的自然环境与创设的心理环境，让学生静下心来。

第四次便是长达一个多月的大课间年级《无价之姐》减压舞蹈。这个活动不仅很好地为学生实现了减压，还成了一个"网红"节目。

第五次则与年级所有班级一样，进入全年级的高考减压训练体系，包括放纸飞机、跳兔子舞等。

主题班会是集体聚焦班级重大事件、关联学生精神品质的培养、立足于良好班风建设，既有点性的个体活动，又有课程性的线线活动。主题班会如一个有力的支点，优秀的班主任能借此支点撬起整体班风建设这一巨石，走向卓越。

无论是运动会、家长会、家访，还是主题班会，均以班主任为主。但运动会与主题班会还要充分发挥学生的力量，运用团体动力学原理把学生的热情与研究兴趣调动起来，让他们也积极参与或组织召开。

6. 以好促好，发掘潜能

主题班会需要大量的时间来作专题研究。班主任由于教学等繁忙事务，不可能每周都开主题班会。这时，为发挥主题班会的价值，调动学生热情，可以让学生召开主题班会。

我的常规做法是，班级同学人尽其才，每一位同学都必须找到自己服务这个班级的某个方面，可以自己发现，也可以与班主任沟通，所以人人都是主人，人人都是干部。我在有学习委员的传统班干部建制的基础上，还专门成立一个"班级文化委员会"。学习委员主要携手各科代表，做好日常学习作业的缴交与学科事务的相关工作，但班级文化委员主要负责班级文化活动的建设，负责激发全班同学的文化与科研兴趣，作微观的细致研究后，利用主题班会予以推广，以此吸引并迁移同学们的兴趣与爱好。

一个班级的班风，只要听这个班的孩子在校园或走出校园后经常谈论的话题，就能知道这个班级的班风建设。就像一所学校，只要跟保安或学校的专职司机乃至学校的清洁工人交谈一下，从他们的精气神就能知道这所学校的管理水准。一个班风不好的班级，学生开口定是乌烟瘴气的话题；一个班风良好的班级，学生无论走到哪里，所谈论的都是跟研究或学问相关的话题。班风当然会受到学校文化传统的影响，但更需要班主任苦心经营。好的班风，是需要班主任主动建设的。如担任2021届"钱学森班"班主任时，我让班级文化委员主持了"什么是语言"的深度对话。因此前已介绍了一些必读之书，那次主题班会，同学们思考的维度很深，会话的质量也很高。

值得一提的是，我带 2015 届学生时，高二第一学期，几位同学在我的提议下成立了"班级文化委员会"，开始建构兼容并包的班级文化，大胆创新。那时我们虽未提出"特别会玩"的"钱班"精神，但作为创新人才培养的路径与氛围营造，已逐步成型。

赖文昕、陈楷杰等班级文化委员先期投入到了对数学"斐波那契数列与黄金分割"的专题研究。待他们研究相对成熟之时，我便利用班会课时间，让他们向全班同学介绍斐波那契数列与黄金分割的内容，他们播放的《斐波那契数列与黄金分割》视频，通过日常生活中同学们常见的动植物，从美学的视角演绎了其中所包含的"斐波那契数列与黄金分割"的数列知识与数学之美。短短三分钟的视频演绎，给同学们带来了数学的形式美与理性的思考，以强大的艺术魅力吸引了全班同学。班会课一结束，就有好多同学申请加入他们的研究队伍。

我鼓励各学科代表与学科教师沟通，争取在班级文化委员会的带动下，以小组结合的方式，召开物理、化学、生物等多学科发展的文化研究。这样，无形中就发挥了"团体动力学"的作用。

"团体动力学"是美国心理学家库尔特·勒温提出的。他认为，个体的行为是个性特征和场（指环境的影响）相互作用的结果。简单说，就是在群体中，只要有他人在场，一个人的思想、行为就与其单独一个人时有所不同，会受到他人的影响。班主任工作可以很好地发挥"团体动力学"作用，引导班级学生发挥群体内部真善美的良性力量，产生正向的引导，发掘学生潜藏于内的能量，以好促好，以正向价值观引导身边人。这种"团体动力学"类似于当下的"学习共同体"，可以发挥良性引领作用。

学生组织的主题班会活动除了可以提升自身的文化素养，提纯思想，还可以深度化解不良情绪，从根本上解决教育上的一些疑难杂症。比如，曾有学生对学校所做的"头发管理"不满意，在网上发表了一些不适的言论，这些不适的言论掀起的"风浪"不仅带偏许多思想不成熟的学生，也让学校陷入舆论的旋涡。我借上课的机会向班里的同学抛出一个话题：知识分子的特质是什么？让学生通过阅读深度思考"知识分子的特质"，然后另择时间组织话题讨论活动。

我要求学生围绕此话题展开阅读，时间是一个月，每位同学至少要读完一本有关知识分子方面的书，或者读完一本能丰富头脑、武装思想的书，并在整本书阅读的基础上，要求学生自行查找、阅读与"知识分子"话题有关的相关论文，至少三篇。强调学生要自行查找，旨在提升学生阅读信息的广度，以及学生有针对性的阅读力。

为保证起码的阅读数量、质量，教师也可推荐一些具体的阅读参考书目或论文名，如书籍方面我推荐了伯特兰·罗素的《西方的智慧》、保罗·约翰逊的《知识分子》、朱利安·班达的《知识分子的背叛》、雷蒙·阿隆的《知识分子的鸦片》、胡果·巴尔的《德国知识分子批判》、威尔·杜兰特的《哲学的故事》、肖铁的《群众：现代中国知识分子的书写与想象》、爱德华·W·萨义德的《知识分子论》、弗兰克·富里迪的《知识分子都到哪里去了》、齐格蒙·鲍曼的《立法者与阐释者——论现代性、后现代性与知识分子》、马勇的《"新知识"背后：近代中国读书人》、周泽雄的《知识分子的笔墨事功》、周国平的《善良丰富高贵》等。论文方面推荐了陈华的《经世与责任——中国知识分子的文化品格》、张睿迪的《夹缝中的自我救赎——〈荒原狼〉中现代知识分子的精神矛盾》、聂炜和许明武的《近代知识分子对"现代性"在中国的追寻与构建——以赵元任迻译"西学"活动为考察路径》、付雅璇的《〈万尼亚舅舅〉中的外省问题与知识分子责任》、郑荣健的《在场的志业——浅谈文艺评论和知识分子的精神生活》、任艺的《红柯〈好人难做〉中知识分子的命运书写与精神探寻》、李金涛的《"以小见大"的中国知识分子"人文精神"图景——〈杨绛的人格与风格〉评述》、陈思和的《知识分子与 intellectual》等。后来我还增加了《广州大学学报（社会科学版）》2023 年第 5 期有关"数字时代的知识分子"的一组专题研讨论文：许纪霖的《新媒体的迭代更替与知识分子的边缘化》、王峰的《弥散：数字日常下的公共知识分子》及吴冠军和刘铭康的《从公共知识分子到"网红知识分子"》等。

此外，还要引导学生广泛学习传统文化，《论语》中孔子就"士"的精神内涵作了多次正面回答，可从中汲取营养，如"士不可以不弘毅，任重而道远""切切偲偲，怡怡如也，可谓士矣"等。"士"当然可以参与批评或批判的活动，但应带有公开、善意、建设等心态，而非只是恶意破坏。

在长达一个月的专题阅读中，我引导学生就"知识分子的特质"这一话题做了一些有针对性的读书笔记。我表示，我们虽然谈不上属于知识分子这一群体，但至少也应该是最接近知识分子的一群。阅读的过程及对知识分子的思考至少让学生明白了"爱智慧"的哲学本义，不要糊里糊涂地生活，甚至被别有用心之人利用。学生通过"知识分子的特质"的主题班会研讨，明白了知识分子的基本特质，如坚守真知、理性发声、实证精神、提出新见、经世致用、知行合一、守护意义、责任担当、理性追求、逻辑思辨、批判质疑、强烈的社会责任感和使命感等；知晓应学会独立思考，理性表达诉求，用自己的眼睛看，用自己的脑子思考，不做网络"无名的大多数"，更不应让自己被别人的思想裹挟而施加"多数人的暴力"。

交流之后，我匿名抛出一些学生在网络上发布的涉及学校对"头发管理"缺乏基本思考力与实证精神的言论，这时，他们都纷纷摇头，感叹那些言论的思维之肤浅以及行为之冲动、影响之恶劣。最后，我又私下与在网上随意发布不当言论，影响了学校的同学谈话。我至今还记得那个晚上，我悄悄把当时最让德育处干事头痛，人称"刺头"的李三（化名）同学叫到无人的办公室，出示德育处干事给我下载的同学们网络言论打印稿，划出李三发表的所有言论，然后不与之争辩，从学术的角度让其思考两个问题：

（1）自己发表的言论中有哪一句是具有理性思考的？
（2）所有发在网上的言论有哪一句是具有理性思考的？

李三同学很不好意思地摇头，说确实幼稚无知。我轻言细语地说："你知道吗，仅凭你现在看到的这些言论，就已构成了网络型寻衅滋事行为。但学校考虑到你们还是学生，应通过教育的方式让你们认识到错误。如果走出学校，成人之后还这样缺乏理性，就得承担相应的法律责任了。"李三同学表示，吃一堑长一智，以后一定要好好说话。我说："那就对了，至少说明你读过了《好好说话》这本书了。"我手指向桌上那些他们在网上发表不当言论的打印材料说:"赶紧把这些'证据'拿走吧,自己去处理掉。"

　　后面两年,学校反映,原本喜欢投诉的那个班级再也没有在网上随意发布不当言论的现象了。我并不是那几名学生的班主任,却巧妙地借阅读与话题讨论的班级活动成功化解了危机。

　　为什么学生前后会有如此大的变化?道理很简单,没有专题阅读之前的学生,脑袋空空,亦不具备思辨力,容易人云亦云。有了专题阅读之后,学生获取了相关知识,具备了独立思考与辩证思考的能力,思想上能超越琐碎,用全局意识思考问题,也懂得应具有实证精神,理性发声。所以,指向学生思想认知的事,不可只靠行政命令或权威强压,必须进行有教育性的引导。

　　班主任组织的主题班会和学生组织的主题班会活动,均可为学生的精神成长奠基。班主任组织的主题班会更多的应引领学生的思想价值,提升道德素养与规则意识等;而学生组织的主题班会活动,可以迁移同学们的兴趣,引领正向话题,有助于班级学生形成正能量,为学生的研究兴趣与文化情怀奠基。只有两者结合,才能更好地发挥主题班会在班级文化建设与学生精神成长等方面的积极意义。

第七讲

品行引领：
学会求知，学会做事

1. "美德德目",幸福源泉

重要品质的形成是成功的基础。相反,重要品质的缺失亦是失败之源。站在高中教育教学的高点,审视高中学生的学习成绩与思想表现,我发现,它们之间总存在某种对应关系:每一位成绩好的学生,一般都对应着某种良好的品质;相反,成绩不好或成绩连续下滑的同学,总存在某种或显或隐的品质缺憾。这是一个很有意思的发现。回视学生品质教育的成败,也可以得到很多启迪。

高年级成绩优异的学生,正面表现常常是按时作息,书写规范,喜欢运动与阅读,自律专注,能吃亏吃苦,热爱生活,不拘小节,大度宽容,劳动习惯好,时间观念强,礼貌而不计较,做事彻底不拖沓,不苛责身边人,不贪恋手机,无不良喜好,有个性而不伤人,充满精气神。而后进生,则常常具有相应的负面表现:价值观错乱,缺乏劳动习惯,书写混乱,缺乏自律与专注力,无感恩之心,无阅读习惯,无法按时完成指定任务,无运动习惯,无时间观念,无上进心,无速记与思考习惯,喜欢转移责任、苛责身边人,行为迟缓拖沓,有贪恋手机等不良喜好,精神状态不佳。这些看似几乎是性格方面的原因,实际上均深藏于儿童期的养育之中。有句话说:"怎样的家庭,教养出怎样的孩子。"按照蒙台梭利的观点,处于心理胚胎期0~3岁的儿童其实已经在无意识地吸收外界刺激,并能形成不同心理活动能力,只是不能言说而已;而处于心理敏感期3~6岁儿童,已进入个性形成期,表现出接触外部世界的强烈欲望、勇怀激情与生命活力。也就是说,孩子奠基性品质的培养离不开家庭。从这个意义上说，教育的不公平首先体现在家庭教育上。到 6 岁孩子入小学时，每个孩子的品质已是千差万别。

幼儿日常家庭教育与小学阶段教育的缺失，导致孩子精神品质与素养的缺失，进而导致孩子学习品质的缺失，最终导致孩子学习成绩的不理想。我一直在呼吁，小学的教育不能以应试刷题为主，这一关键时期的学生行为引导应以重要品质培育为主。

杨眉在《健康人格心理学——有效促进心理健康的 14 种模式》中将人生一些最重要的品质如公正、诚实、仁慈、勇敢、慷慨、忠诚、尊敬、无邪、慈善、正义、友善、节制、共情、关怀等称为"美德德目"，认为"美德德目"在此后的人生中是可以产生力量的元素，这些都是我们考虑孩子重要品质培养的重要因素，这种力量决定了孩子今后的人生发展。

以上学生人生重要品质与人格形成的研究更多是从学生个体出发的，但一个班级要运行通畅，让每一位老师都将课上得舒爽，班主任要在建班之初有意识地快速培养班级学生一些重要的群体习惯，为班级后期的教育教学奠基。

那么，快速形成良好班风，使班级文明有序，需要形成哪些良好的群体习惯呢？

一是班级整体环境卫生习惯。人是环境的产物，没有人愿意待在污浊的环境中。班主任在建班之初，就要带领学生作好班级整体物理环境建设。如幼儿园、小学的教室布置力求亲切温馨，初高中教室布置需大方、整洁、有文化味。尤其是教室卫生，必须做到干净、简洁、不杂乱，要培养起人人有责的意识。班主任要亲身示范，只要见到地板上有可拾捡的垃圾，就必须第一时间直接拾捡或打扫。在教师进教室授课之前一定做到黑板干干净净，讲台桌面简洁无杂，要让授课教师一看到如此干净的黑板就有板书的冲动。试想，教师走进教室，发现讲台桌杂乱无序，黑板未擦，学生吵吵闹闹，等这一切都处理好，几分钟过去了，教师授课的热情也可能瞬间降至冰点。长此以往，是不利于班级学生学习的。

二是课堂整体积极互动的习惯。班级上课，有的班级气氛自然活跃，有的班级则死气沉沉。有经验的班主任会第一时间进行调控，专门拿出两个课时，精心设计一些有思考力的问题，激发学生互动，形成互动氛围。这种氛围指向真实问题情境与问题解决，设计思考型的互动专题训练，让学生养成有疑就问、思考作答的交流习惯，而不是低级无脑的附和或起哄，也不是有疑不问、有话不答、瞻前顾后的不合作。引导学生正常交流，只有真情互动的班级教学才能确保教师授课的激情与才气，才能确保教师上课与学生听课的质量。班级课堂整体学习氛围需要班主任精心营造。互动好的班级，授课教师的热情被带动，会倾囊相授。良好班风一旦形成，获利的必然是班级学生。

三是学生整体温情的习惯。很多老师发现，一些学生过于功利，几乎没有人情味。比如，在校求学时，学生对老师各种麻烦，无论休息或工作时间，只要有需要，可以不分时间、地点与场合地来向老师寻求帮助；一旦离开学校，便音讯全无，甚至有一些提早离开学校的保送生，班级需要帮助时联系他，也是以各种理由拒绝回校。这与学生早期是否形成感恩意识等人格品质有关。在日常教学中，也常见学生的各种"冷漠"，或是无意识。比如，有老师在教学后由于某种原因把 U 盘、水壶、外衣、书包或教学资料等遗忘在教室，直到下次上课，才发现物品躺在班级里。如果班主任引导得好，凡出现这种情况，只要学生知道是哪位老师的物品，第一时间帮老师送至办公室相应的座位上，这样老师会被班级学生的人情味感动，久而久之，师生间的关系就会更和谐、融洽。班主任如果缺乏有效引导，学生就会觉得这样的行为是在巴结老师，从而使班级人际关系不纯，不利于班级文化建设。所以，我会有意识地从班团干部及科代表入手，培养一批这样的"热心肠"，让他们来带动班级学生整体的温情习惯。甚至是上课前全班学生一声洪亮的"老师好"，也是在传递一种班级温情，能瞬间消除授课教师的疲惫。我喜欢学生偶尔放一粒糖果或一些感恩类的小便条在教师的桌面，如"老师您辛苦了，节日快乐"等。小事不小，学生的人情味能瞬间让教师重拾职业幸福感。优秀的班主任要善于引导与建设这种和谐的师生关系。反之亦然，教师也应多关爱学生，时常夸奖、鼓励甚至偶尔有些小奖励等，都是一种爱意与温情的传递。一种美好关系的建设，会使师生关系更融洽。

学生的"美德德目"关联其精神品质建设，卓越的精神品质又可促成优良班风的建设。好的班主任就是好的关系建设者，善于引导学生建设好与环境、与同学、与老师、与家长的良好关系。

2. 读出力量，读出幸福

阅读是一种福。从生活质量提高的角度看，阅读是人生的一种福。

多数人都知道阅读的重要性，但于自己，于孩子，于学生，往往又因眼前利益而忽视了阅读习惯与阅读能力的培养，最终导致长远发展受限，所谓知易行难。

有些人的一生被刷题所误，可能有很高的学历，有很好的工作及待遇，但物质性过重，器性匠技有余，而体物察情、知恩感怀的同理心与文化味不够。不阅读的人，表面也有可能很光鲜，但实际上可能很不幸，甚至可怜，正如北大教授谢冕在《读书人是幸福人》一文中所谈到的："我常想，读书人是世间幸福人，因为他除了拥有现实的世界之外，还拥有另一个更为浩瀚，也更为丰富的世界。现实的世界是人人都有的，而后一个世界却为读书人所独有。由此我想，那些失去阅读机会或不能阅读的人是多么不幸，他们的丧失是不可补偿的。世间有诸多的不平等，如财富的不平等，权利的不平等，而阅读能力的有无却体现为精神的不平等。"

阅读关乎生命质量。教育说到底，其实是一种关系的改善，改善人与自然、人与人、人与社会的生命质量。林崇德教授在《21世纪学生发展核心素养研究》中说，阅读与教育的作用，都是使人"将来能更好地健康发展、幸福生活"。请注意这里的"将来"一词，它正体现了教育的属性——滞后性，并非立竿见影，不可操之过急，急功近利。这也从另一个角度体现了阅读的意义，阅读即自我教育，是心灵的引导与洗涤，超越简单刷题，能长久影响人，改变人。

阅读是一种力。无论是从生命力的角度，还是从提高成绩与工作艺术性等功利角度看，阅读都是一种力。

"一个人在中小学年代里读过哪些书，书籍在他的心灵里留下什么痕迹，——这一点决定着人的情感的培养，决定着年轻人对待同年龄的人、对待长者以及对待生活的态度……"苏霍姆林斯基在《课堂教学与课外阅读》中也强调了阅读的力量。

高中老师经常被家长问："为什么我的孩子在小学时成绩很好，初中也还可以，到高中后就不行了呢？"疑问的背后，似乎暗指高中老师没有教好！成绩下降的原因非常复杂，但归根结底，是因为孩子某方面的重要品质缺失。小学及初中属于义务教育，知识不会很难，学生稍微努力便可取得理想成绩。也往往因为这样，小学生与初中生容易形成一种"我只要冲一下学习就能上去"的错觉。但高中并非义务教育，目的直指高校人才选拔，学习难度明显提升，智力未得到开发的同学成绩势必受到影响，不是偶尔突击一下就能迎头赶上的事。

苏霍姆林斯基在《必须教会少年阅读》中给出了这种现象背后的生物学原理："为什么有些学生在童年时期聪明伶俐、理解力强、勤学好问，而到了少年时期，却变得智力下降，对知识的态度冷淡，头脑不灵活了呢？就是因为他们不会阅读！……在大脑两半球的皮层里，有一些区域是管阅读的，它们跟脑的一些最活跃、最富于创造性的部分是密切联系的。如果在管阅读的那些区域里有了死角，那么皮层的所有部分的解剖生理的发展就受到阻碍。还有一种危险：在大脑两半球皮层里发生的过程是一去不复返的。"这是错过阅读所带来的严重危害，它甚至是不可修复的。阅读是奠基性的、缓慢的教育，错过阅读期，很可能就错过了教育关键期。但家庭与学校的普遍做法是，孩子学习成绩越不好，越是把所有的时间都压在补习或刷题上，从而导致恶性循环。

一个孩子养成阅读习惯的最佳阶段，是小学二到三年级。四年级是一个过渡，如果这一年还没有培养起阅读的习惯，孩子精神世界荒芜，只有眼前枯燥的作业，很容易出现厌学情绪。对学校失去好感之后，迟钝、焦虑、抑郁等系列的精神问题就会出现。所以，小学二到四年级对阅读习惯的培养，关系到孩子终生的生命质量。父母与教师的阅读引导至关重要，但最重要的是父母对子女阅读的引导。这一阶段，绝不可以把时间只用在刷题上。

就我孩子而言，他虽然谈不上优秀，但他的求学过程是比较顺利的，没有出现所谓的叛逆期。这其中，可能跟他喜欢阅读有很大的关系。即便他心理出现一些不愉快，但阅读会慢慢消解他心中的不快。我们对孩子是放养式的，如果说有一些引导的话，一是阅读习惯的培养，二是手机的理性使用。他阅读的启蒙，主要就在小学二到三年级进行。那个阶段的每一个周末，我几乎都是陪他在厦门市图书馆的少儿馆里度过，一去就是一上午。回来时还要借上七八本书，下一周末就得还回去，同时又开启新一轮的借书还书流程。此外，家里可以什么都没有，但一定要有一个专属孩子的书柜，且家人要时常营造阅读的氛围。这样，一年半的时间里，他的阅读兴趣与阅读速度都提高了，后面的阅读就变成了一种习惯。后来在朱永通先生的推荐下，我们又读了一个个专题。我孩子在高考前，几乎读完了市面上能买得到的所有的薛忆沩与石黑一雄的书。他选择的是理科方向，高三时选择了保送考试。在报考学校的面试中，他与面试的老师聊薛忆沩等人的作品，聊得特别开心，最后以面试满分的成绩被录取，这是阅读给他积淀下的力量。

从高考写作的角度看，一旦阅读的效力发挥作用，别人就只能欣赏而不能模仿了。我孩子曾在高二上学期时主动找过我，说："爸爸，我觉得我的作文分数一直不高，你帮我辅导一下吧。"我说："你阅读了那么多的书，从阅读的吸收到写作的输出，需要有一个过程，但一旦你阅读素养开始发力，别人就只能欣赏你的作文了。那种没有阅读纯靠写作技能支撑的文章，是到不了最高层次的，而且很容易被模仿、超越。你不用特别指导，不要急躁。"果然，他的作文到高二下学期时开始被年级老师频频选出作为年级优秀作文，还在几个刊物上发表，达到了我所说的"不阅读的同学只能欣赏而难以超越"的高度。

一个不阅读的学生，潜力、眼界、高度，甚至幸福指数等可能都会受到限制，很难发展成真正优秀的人。

厦外建校 40 多年，高考省状元已达 11 人，远超一些百年老校，一定有其可贵之处。在此我想提一下 2014 年厦外高三清华大学"新百年领军计划"候选人和北京大学"中学校长实名制推荐"候选人面试的考核题及考核程序。对于候选人，除了看成绩，亦要看学生的综合素养，面试便是一种方式，因此清华、北大当时常常是通过面试来选拔。其中，我校 2014 年清华大学"新百年领军计划"候选人面试考核第一小组的考题是：经济发展的高低能代表文明程度的高低吗？第二小组的考题是：评判一个人的善恶是看效果还是看动机？我校 2014 年北京大学"中学校长实名制推荐"候选人面试考核第一小组的考题是：流动人口的发展是否利于社会的发展？第二小组的考题是：新闻价值与新闻道德哪一个更重要？

同样，美国耶鲁大学在考核招收我校当年高三某学生时，听说面试官从美国不远万里飞至厦门，电话该生并约至一个咖啡馆，点上一杯咖啡后，面试开始了。抛出的第一个面试题大致为：你认为厦门这座城市的定位是什么，并阐述你这样定位的理由？

显然，这些考题，只刷题而不阅读的学生不可能有深邃的思考。它需要学生持之以恒地阅读，需要长期阅读积淀的文化素养与思辨能力。此外，考核的形式是分小组围绕同一话题分别发言的集体研讨方式。但有一些学习成绩优异却心无他人的同学，一个人拿着话筒长久地发言，只想表现自己，丝毫不考虑小组其他同学的利益。这类学生不知道，在他们深情而长久地发言过程中，考核老师已经悄然给了一个低分。这类学生首先要学会做人，学会尊重同学，维护他人利益，懂得合作的重要性。这恰恰是学生核心素养的表现：真正的读书人，终极关怀不是知识，不是学术，不是方法，不是技巧，而是生命，是活生生的人。

阅读是一种力，它不仅能达成知识成长，更能实现精神成长。缺乏阅读会制约人们解决问题的能力。比如，当我们看到某个明星挥金如土的现象，知道这种风气影响不好，但又说不出缘由，如果我们读过周国平《人生哲思录》，就会很容易分辨获取财富与使用财富的辩证关系，容易看出问题的本质。毕竟周国平在《人生哲思录》中揭示了一条非常重要的经济学原理，即经济学家韦伯对资本主义讴歌财富新观念及资本主义精神特点的解释。

一方面把获取财富作为人生的重要成就予以鼓励，另一方面又要求节制物质享受的欲望。这里的关键是把财富的获取和使用加以分离了，获取不再是为了自己使用，在获取时要敬业，在使用时则要节制。……在财富的使用上，则继承了历史上宗教、哲学、在道德崇尚节俭的传统，不管多么富裕，奢侈和挥霍仍是可耻的。

这样的阅读既增加了知识，又增加了对消费文化的理解。

阅读重要，但阅读工作的推进却是艰难的。因为它属于重要却不紧急的事，所以常常被耽搁。我带的 2015 届学生赖文昕发现语文学科重要，但似乎不紧急，于是常常被一份份理科作业压得无法兼顾语文和阅读，导致语文作业常常被耽误。最后他"反其道行之"，每天先抽出 40 分钟学习语文或阅读，确保语文与阅读最基本的时间，做到理性学习，最后他考入北大。我常常引导学生，仅凭兴趣把自己喜欢的学科读好，这只是一种"本能"，但学习是一件理性的事，如果能克服人性的弱点，把自己不太喜欢的科目也读好，这就是"本事"。由"本能"到"本事"，这是人生的一大进步。这种教学思想，慢慢发展成我和首届"钱学森班"的孩子们提炼出来的"特别明礼"的班级文化，学生的为学境界得到提升。

如果从帮助学生提高成绩的角度看，影响最大且最直接的习惯是阅读与书写。苏霍姆林斯基有学习的"五把刀具"之说，即阅读、书写、观察、思考、表达。"阅读"与"书写"居于前两位。郑杰校长在厦门市海沧区第十届"教育阅读节"高峰论坛上说，最先应处理的事不是"重要又紧急"的事，恰恰应该是"重要却不紧急"的事。这一观点很有启发性。阅读与书写都"重要却不紧急"，所以容易被耽搁。很多"重要又紧急"的事，如频繁而紧急的检查，往往像一阵风，应付的成分多。但恰恰这种应付的事一多，生命就变成了一种应付。而只要坚持做"重要却不紧急"的事，且做到极致，别人就很难超越你了。

某僻远小县，一任局级领导要求从小学一年级开始主抓两件事：阅读与书写。坚持十余年后，这个县一中的高三开始有三位同学考入清华、北大，后几乎每年均有学生考入清华、北大。一个不到30万人口的小县城，创造了教育奇光，因教育而带动全县发展。起初，人们以为这个小县城的高考成绩来源于高考移民，于是有人举报此县教育局。可检查结果发现，考入清华、北大的学生属于本地学生，具备完整的学籍。有教育常识的人应该看出来了，这个县的教育工作者把"重要却不紧急"的事——阅读与书写——做到了极致，自我超越只是时间问题。

都知道是"重要却不紧急"的事，区别就在于你是否真有行动，在于是否坚持严抓共管，是否抓出特色、抓出效果来。好学校与差学校、好家庭与差家庭之间的区别就在于，好学校、好家庭能具体教会孩子如何阅读与书写，具体细微并卓有成效。

阅读工作难，家长不阅读，教师不阅读，却要学生阅读，这本身就是一个笑话。阅读，绝不仅仅是语文老师的事，阅读应是家长与全科教师共同推进的事业。现在的一个奇怪现象是：很多学生家里有各种"功能室"，却绝少有书房，甚至连独立的书柜都没有。孩子的阅读，是需要家长与教师共同引导、共同推进的。就家庭而言，首先，再困难，家长也应为孩子设立一个独立的"儿童书柜"，至少购置一百来本书。我甚至认为，小学德育部门及小学低年级班主任应共同管理，建立"儿童书柜落实制"，协助家长落实家庭儿童书柜设立之事，且要逐一落实。"儿童书柜"这个小小天地，很有可能成为孩子的精神高地，让孩子虽立于斗室，却能与世界顶级大师对话。为孩子搭设这样一个精神高地，是家长引领孩子走向阅读的首要之事。它不需要家长物质有多富有，文化有多高，每一个家长都应做到。

其次，家长在家中要引导孩子"动"中有"静"。除运动之外，家长有责任建设好家庭氛围。一个家庭，不能时时都处在"动"与"嘈"中。家长应在孩子小学二至四年级这一最适宜培养阅读习惯的特殊时间里，每天都有和孩子一起捧书阅读"静处"的一段美好时光。家长及低年段教师的责任就是把孩子引向阅读这条潜力发展与智慧幸福的康庄大道。

作为班主任，需要帮助学科代表与相应的学科教师协商，组建各学科的阅读书目。作为班主任，我在这方面作过一些尝试。比如前文所述有关"知识分子的特质"的专题阅读就很好地帮助兄弟班级成功地化解了学校的教育难题。再如，某年科普阅读周，我与副班长、后来去北大攻读物理的赖文昕同学等共同向全班同学推介了下列阅读书目。

哲学：《苏菲的世界》。

进阶内容：布莱恩·格林的作品——《宇宙的琴弦》（弦理论），盖莫夫的作品——《从一到无穷大——科学中的事实与臆测》《物理世界奇遇记》，史蒂芬·霍金的作品——《果壳中的宇宙》，刘慈欣的作品——《三体》《微纪元》，曹天元的作品——《上帝掷骰子吗？：量子物理史话》（量子论）。

果然，《微纪元》后来成为2018年全国高考语文试题的阅读材料。推动班级学生阅读，这是所有学科教师应共同完成的事业。学生阅读的根本在家长与教师是否起到了引导与推动的作用，尤其是在幼儿与低年级阶段。家长与教师要反躬自省，努力做一位有情趣、有思考的文化型家长与教师。

最后，有条件的家长或教师在建立阅读书目与引导阅读的基础上，还应注意"五常"，即常推荐、常范读、常同阅、常激励、常呵护。引导学生阅读的关键在合理规划，让位时间，时时激励，去功利化，并且在起初的引导阶段，教师要同步阅读，常推荐、常范读、常同阅、常激励、常呵护。孩子如果在小学低年级已培养起阅读的兴趣当然是好事，但多数家长不会引导，然而，高年级教师面对多数没有养成阅读习惯的同学，并非完全无计可施，更不可以放任不管。我此前经常在上课前会很隆重地向学生推荐一些书目，常常在推荐之后，挑一两个章节的选段给学生范读。此时我发现，所有学生的目光都是最亮的。而过不了多久，我就发现，学生的课桌上出现了我曾推介过的书。

所以，我始终相信推荐与引导的力量。

阅读，既关联备考，又关联师生的生命质量。阅读指向学生的综合素养，指向健康、快乐、有意义的生活方式，指向生命的美好。带动学生阅读，引导学生有一点生活味、人情味，是一个班主任或教育工作者的分内之责。阅读可以使人更健康、更幸福地生活。高质量的阅读在于阅读中心灵感悟的会心一笑，在于阅读中拍手击节的美好，在于因阅读而产生的思维激荡，在于突然偶得或新发现的喜悦与豁然开朗，甚至，在于阅读时不经意地抬头听见片片树叶凋落的声响，或是蝴蝶飞过眼前的声音。

阅读中无形的思维训练，自我分析、判断、选择的体验等，本身都是生命成长中必不可缺的养料。阅读，可以开阔视野，增长知识，还可以调节心性，怡情助兴。阅读，让学生脱离纯粹的工具理性，更多地靠近人文理性，这是持续学习的动力之源。

有阅读力的学生，发展的空间往往更大。

3. 写出自信，写出高分

与阅读习惯一样，难以养成也容易被忽略的，还有书写习惯。而良好的书写习惯则直接而持续地为学生各科成绩提分，并增强学生自信。当然，更主要的，是提升学生的个人素养。

下面这张作文卷，是厦门市2023届从某重点校阅卷网点流出的一篇真实作文。按高中60分的分值，你会给多少分？孩子写出这样的字，是不是家长及低年级教师监管的失责？

网上流出的作文卷

这是较极端的真实情况，更多的，是比这个好一些但一样胡乱书写的情况，分数一样是低分。中高考作文，首先出现的不是作文水平高低，而是书写水平高低的问题。我在 2008 年参加高考作文评卷时，有一篇作文，因书写不好，一评为 28 分，二评为 56 分。道理很简单，一评见书写不好，实在看不下去，给了低分；二评耐心细读了全文，发现内容很好，便给了高分。但高考评卷每天必须达到一定阅卷量，阅卷者不可能每一篇文章都能细看。这个事例后来被我写成了《高考评卷岂能草菅人命》一文，发表在 2009 年 3 月 5 日的《南方周末》上。从这里也能看出，书写是高考核心竞争力！

学生到高中如果还是胡乱的书写状态，若碰不到特别负责、耐心的老师，或学生自己肯下苦功，一般很难再扭转过来。如此明显的痛处，显然不是在高中形成的。家长与低年级教师如果未能在孩子幼年时第一时间将这种不良习惯扭转过来，这就相当于让孩子有了一个致命弱点，注定会败在将来的考场上。这就像希腊神话中阿喀琉斯的脚后跟未浸泡过圣水，最后被对手识破这一致命弱点，一箭致命。

某市 2018 年高三一模。一篇作文赋分 59 分，在网上流出并引发热议。一些老师认为书写漂亮，文采也好，写得有深度，有文化味，应给满分 60 分。热议的焦点是该不该给满分 60 分，后面比较一致的声音是应给 60 分。

那天我正好坐在朋友去古田会议遗址的车子后座上。我用类似高考阅卷现场的正常速度看过一遍作文后，很谨慎地给了 45 分。我意识到问题的严重性后，在网上很小心、很客气地回复了一句："我认为这篇文章最多给 45 分。"我没有说明理由，但心里想，不说离题，至少一看就是一篇非常明显严重偏题的作文，毕竟高考作文不是书写比赛。我认为，如果不是网上讨论而留一些情面，这篇作文，实评分数只能是 35 分。

没想到，我给出 45 分后，遭到网上一群老师的"围殴"，有的甚至上升到人身攻击。后来我看"围殴"的势头一浪高过一浪——对此我倒是还可以容忍，但网上多数老师认为应该给满分，感觉表面的争议背后，实则隐藏着高考作文改革当下较多语文老师也不了解作文教学的深重危机。于是我毅然连夜写了《批评不自由，则赞美无意义》一文进行回应，给出了我之所以评

45分的学理依据，公开发在全国一个语文微信交流平台上。我从标题到文章的最后一个字，予以偏题甚至离题的中肯分析。后面我说，如果不考虑公开的情面分，按学理实际只能给35分。没想到，大家看完我的详细分析后，几乎没有他议，被誉为"宏文"。后来据说该市高三语文教师为此专门召开了一次专题研讨会议，定论是偏题作文，赋分为35分。

　　为什么一篇作文赋分会相差这么大？除了这些年高考作文命题改革导致一些老师存在学术理解的差异，另一个重要的原因在于学生的书写。这种情况其实非常普遍，所以一些有识之士把提升学生素养定位在阅读与书写上。学校培优工作，做得好的，其实并不只是"高大上"的奥赛指导，那毕竟是少数人的事。一所学校学生素养的大面积提升，应着眼于全体学生，务实的学校会把奠基性的基础工作做到极致，尤其是一些"重要却不紧急"的事。阅读与书写，均为慢工，慢工出细活，但阅读与书写这种慢工一旦发力，别人就很难超越。若想急功近利地去赶超，拼命刷题，结果越急越落后。某重点中学近几年高考语文均分惊人，外人以为他们的培优工作一定做得很"高大上"，我通过朋友深入了解后，发现他们抓得最实的，恰恰是一般学校、一般老师不太重视的阅读与书写。

　　知易行难，就像阅读，我们都知道它重要，区别就在于如何持续性地落实。书写也很重要，要把书写带动起来，不是只跟学生说书写重要就完了。我在前面说"学生到高中如果还是胡乱的书写状态……一般很难再扭转过来"，这并不是说到高中后对学生不良的书写状态就可以不作为，区别就在于这里说的是"一般"。如果我们是一个足够优秀的家长或教师，就应该做到"不一般"。

　　作文，通过改变书写来拉升平均分，是一条非常便捷的有效路径，而且不需要学生课外多花时间。那么，如何做到"不一般"地训练学生的书写呢？

　　第一，让学生意识到书写的重要性，激发其内心需求的改变。只有学生内驱力形成了，变为学生的一种生命自觉，才会有效。这不是简单地告诉学生重要就可以了事的，要细致引导。

　　比如，我会先借助一些典型的考场作文书写照片，与我发表在《南方周末》上的文章,来强调书写在作文中的重要性,让学生在直观上产生"触目惊心"之感。然后,我会抽取此前训练学生时要求学生重写的前后对照的作文试卷(在同一天或前后仅隔一天写出来却判若两人的典型试卷的图片样卷),让学生清楚:一是书写意识重于书写水平;二是作文书写或试卷书写有别于书法书写,不要求有书法特质。试卷书写要求端正、清楚、易于辨认,这是考场书写的总体原则;书法则侧重个性、创新、专业与艺术。

不仅仅是语文,各学科的书写都会直接影响高考分数。例如,一份语文试卷,答案相同,如若书写差别很大,分数差值可能在1~20分,甚至更高。高考六个科目加起来因书写而被多扣的分数就可想而知了。

之后,我会抽取因书写不端正而被严重扣分的典型试卷现场展示。比如,下面这份现实版的试卷样例:

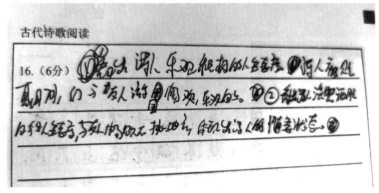

书写不端正的试卷

这份真实的古诗阅读考场答卷赋分为0分,后面花时间认真辨认,发现这位考生其实是答对了要点。如果还原成正常书写状态,完全可以得4~5分,但事实上却得了0分。高考阅卷是分题型进行的,每一道题都这样被多扣,结果不言而喻。

第二,让学生时刻树立"端正书写"的意识。其实多数学生并不是书写能力的问题,而是缺乏认真书写的意识。因为不重视,潦草也就成为惯性。

第三,明要求,即给出具体的实操性强的书写要求。这是最核心的教师专业化的体现。此所谓指导到位，给出具体标准，不能只简单笼统或含糊地说书写多重要。告诉学生，要让评卷老师一眼看上去有压倒式的书写优势，即使不一定能完全做到，也不要让老师因字体难以辨认而扣分。具体应做到如下几点。

（1）字体不可太大，亦不能太小，一般应占到一个格子的五分之四，不可写满整个格子。

（2）每一行的字体上下要在同一条线上，上下左右都不能出格子。同时字不可悬空于格子中央，应以格子底线为落点。

（3）上下左右的字，不松也不挤，不能相互碰着，笔画要清楚、完整，不能笔画不到位甚至乱折拐，或少笔画等。字体要清爽，笔锋要到位，这一点很重要。

（4）字的轮廓要正，不管是哪一种字体，都必须做到好辨认。

（5）不随便乱涂乱划，万一写错，不需要重笔涂改，只需轻轻划掉错字，紧随其后书写即可。写完后，一般不在上下两行的中间涂改或加行写字。

第四，加强实操与速度训练。明确了以上书写标准后，要在班里用正课时间让学生限时按所给要求重新书写，强调"能写好"的意识，强调速度的同步训练。当堂或课后收齐后，对照五条标准，看有哪里没有达到要求的，明确指出，退回后用正课时间让学生重新书写。每一次作文批改，我都会先改书写。只有书写过关了，我才开始改内容。

第五，真实情境训练。要让高三学生每天抽时间练字不太现实。一是很少有学生此时还能静心练字，二是也确实没有独立的时间，三是练字脱离了现实应试语境。高三后，我绝少让学生独立练习书写，而是融入每一个环节之中。比如，当测试默写题时，我都会强调：这是背诵、速度、书写的综合训练，在学生的实际书写中强调书写训练的日常化。如果各科老师均这样要求，学生的书写状态完全可以在短暂的一个半月内有所好转。此外，我还狠下心，要求每一位书写不好的学生都力求在一个半月内彻底改变自己的书写状态，做到清晰、工整、易于辨认、整体美观。

第六，扩大表彰与影响力。我一开始在自然书写状态下会先选出已无问题不需要特别关注书写的学生,重点关注需要跟进的学生的限时强化训练,发现改变大的就将其书写作业投影表彰,这样争取每一周或每两周表彰一批学生,逐步缩小需要关注书写的学生名单,直至最后清零。这样,全班同学的书写面貌就会很快得到改观。

书写属于重要却不紧急之事,它需要语文老师、班主任或家长长期助力,最好能在幼儿时即重视书写。书写影响人的一生。

4."劳"而有法,"动"即成长

这里所说的"劳动",指常规的劳动与运动,它可能并不直接作用于学生的学业成绩,但它将深刻影响,乃至决定学生的学习效率。从长期看,这是培养学生的精神品质与核心素养,是超越狭义学习层面的教育影响。

担任首届"钱学森班"班主任后,我发现学生的学习成绩无疑是年级最优秀的,演讲、舞台表演等才艺表现也极好,但劳动、卫生与体育运动方面相对落后,如学生始终处于被动状态,对于公共区域甚至是自己座位下的纸屑熟视无睹。平时的卫生值日工作也常常不合格。这样极易衍生出公德缺失与偏私等问题。

教育的一个常规是,光鲜家庭或所谓"好班",往往潜藏着这样的普遍危机:独善其子或学生,过于利己,重誉争锋,不沾劳动,享受特权,求全责备等。

问题的根源可能出在孩子小时候的家庭教育上。家长是孩子的第一任老师,孩子问题的改变也关乎家长。期中考试后的家长会上,我略谈学习成绩,提前从苏霍姆林斯基《给教师的一百条建议》一书中摘录出有关"阅读"和"劳动"素养培育方面的选段,编成一期家长阅读材料《起航》,想与家长和学生在思想上取得共识,从协同育人、家校融通方面进行劳动教育,培养学生的公德素养。

公德素养的培养,应从日常生活劳动开始。

我发现，一直到高二，学生对于卫生工作仍然存在问题，且积习难改。此外，我还发现一个怪象：女生宿舍卫生远不如男生宿舍做得好，主要表现在男生宿舍的卫生得分普遍比女生宿舍高，处分少；女生宿舍的纪律与卫生检查扣分严重。宿舍纪律被适当扣分，我可以理解，但经常严重被扣分，实则反映的是公德素养缺失的问题。宿舍毕竟是公共空间，身处其间的人必须遵守相关约定。

班里一个女生宿舍连续多周被扣分，我几次找这个宿舍的女生了解情况，她们很委屈地哭着说："'骚哥'，我们真的很认真了，做得很干净。"我问："那为什么宿舍检查扣分那么严重呢？"她们觉得是生管老师太严格了。

我心想，严格应该是一把尺子，一视同仁，为何只有这一间女生宿舍扣分多，理由显然不成立。可是学校有规定，男教师不能随意进入女生宿舍，我无法亲临检查。后来，在学生上课之时，我在生管老师的陪同下，进入这间女生宿舍。结果发现，洗漱台上物品杂乱，桌面零乱，地板上残渣与纸屑随处可见。尤其是桌面下或角落里需要弯腰打扫的地方，几乎都没有动过，累积的脏痕明显，说明已很久没有彻底清扫了。

我一一拍照后，召开女生专题会议，指出她们的问题所在。可是，经教育后的她们，宿舍卫生还是被严重扣分。我再次找机会在生管老师的陪同下，进入她们宿舍细查，结果发现，地板拖了，却一样脏痕明显；洗漱台整理了，却一样零乱无序；床铺整理了，却一样达不到要求。

认识与态度上改变了，问题依然严重，那只能是具体操作方法有问题，即技术与能力有所缺失。我想，这也许是这些孩子小时候基本没有参加过家庭劳动，缺乏把公共事情做好的能力。我也突然意识到，男生宿舍卫生状况普遍优于女生宿舍，是因为高一刚入校军训期间，我进入过男生宿舍，现场给男生们示范了宿舍各处的卫生整理方法。于是，我利用班会课时间，特别再次示范，同时引入教养专家蔡颖卿在《让信心在实作中奠基》一文中的教育观念："为孩子做示范时，应该用清楚的方法，展示美好与完整的结果。"具体落实"用心"与"用方法"引领孩子参与劳动过程应注意的四个准则：清楚温和的语言、具体的步骤、宽怀的接纳和取法其上的高标准。

我用清楚温和的语言与行为演示打扫宿舍的程序：拖地之前先检查拖把是否干净，结果女生明白了用脏拖把拖地无法使地面干净的道理。

我用高一新生入校时在男生宿舍现场演示如何劳动的图片，展示洗漱台的整理方法，引导全体学生思考"如何一次性把一件事做彻底"的问题。

1. 台面整理步骤：

第一步，分类——将沐浴液瓶统一抽离洗漱台，改放于沐浴间；

第二步，成线——把洗漱台桌面装牙膏牙刷的杯子摆成一条线；

第三步，成向——整理洗漱台杯子里牙膏牙刷的方向，使朝向一致，不要东倒西歪；

第四步，成序——处理杯子排放的顺序，按高矮从高到低摆放，不要参差不齐；

第五步，成色——处理杯子的颜色，使颜色相近的杯子相邻，以做到颜色不杂乱。

2. 脸帕与浴巾的晾晒：先按颜色将脸帕与浴巾进行分类，再将长短不一的脸帕与浴巾，通过叠加折叠的方法，使底线成一条直线，以达到上下均整齐的效果。

我还现场演示了如何用两张湿抹布擦拭教室黑板：将抹布逐次擦洗后再逐次折叠，使刚擦拭过的一面折至内部，再折出未擦拭的干净一面擦拭。这样反复使用，以期只利用两张湿抹布便可取得一次性擦洗好黑板的效果。同时演示了如何处理已用过的抹布：在水槽里将抹布反复清洗干净后，拿回教室，在指定的挂钩位置晾晒，并教会学生如何折晒。为何要做此演示？如果学生擦拭黑板后随手将抹布往讲台桌上一扔，便意味着扔掉了文明，扔掉了责任与担当，把困难与问题丢给了别人，长此以往，学生就会变成一个推诿、不踏实、不负责的学生，并且在学习中会不自觉地融入做事不彻底引发的作业与思考不彻底等不良习惯。

学生们一个个都伸长脖子，看得目瞪口呆，同时不断发出感叹。

我想，孩子们之所以不断地感叹，也许是因为他们看到了劳动后的美好与完整的结果，看到了劳动的具体方法与效果，把劳动最美的效果与劳动最光荣、最崇高的思想直接呈现了出来，也树立了正确的劳动观念。劳动是美好的，参与劳动的人虽累，却能获得美的享受。有的老师喜欢将劳动当作学生犯错的惩罚措施，实则是歪曲了劳动的本义。

从此之后，我班女生宿舍的卫生与男生宿舍一样，总可以获得高分，无需我再操心。如此，借助劳动，涵养学生的公德之心，使学生具备公德之力，自然也就长出丰硕之果——宿舍良好的公共文明。

经常参加劳动的学生会更懂得劳动成果的不易，更具同情心。同样，劳动也是一把尺子，可以测量出学生思考力的强度与事务处理的通透性：要把一件事做好，需要思考，需要寻找最适恰的方法；能把一件事做通透的学生，作业完成度往往会较高，而丢三落四、敷衍劳动的学生，如只简单用不干净的湿抹布胡乱地擦拭一下黑板，然后把抹布顺手往讲台上一扔了事的学生，作业完成度与为人处世大概率也不会太好。

运动与劳动一样，二者都蕴含着丰富的教育意义，都需从小培养，忽略任何一个方面，都会造成学生某方面品质的缺失，并最终反映在学习上，给学习带来负面影响。

其实，我们的很多习惯就像一粒种子，既要播种，更要及时。就像农忙双抢时节，如果错过了季节，哪怕只晚了一天，过了时节播种，其生长都会受到制约。劳动与运动也亦然。有的孩子不爱劳动与运动，是因为幼时没有人引导并教会他如何劳动与运动，在孩子应该及时接触劳动与运动的第一时间，家长或老师如果没有用适恰的方法指导或培养，久而久之，孩子不劳动或不运动就成为正常。等到负面影响显露后再强调劳动与运动的重要性，其实已错过了习惯养成的黄金期。即便再让他去劳动与运动，亦是被迫或应付，很难出于热爱。

事实上，高一语文教材必修上册第二单元如是说："崇尚劳动，尊重劳动，热爱劳动，是中华民族世代相传的美德；无私奉献，锐意进取，勇于创造，是新时代青年应该树立的劳动观念。"而运动对于人的基础体能、意志磨炼、团队协作、自信培养等，也具有不可估量的重要意义。

　　落实到教育，家长需要做的，就是在小学起始年级阶段，着力培养孩子做家务与适时运动的能力。比如，如何做好家庭卫生？家长要教会孩子如何把地板拖干净，这就涉及扫、搬、拖、擦、洗以及拖把选择与处理等多方面事情；再如洗碗，这不只是洗几个碗与几双筷的问题，还会涉及剩菜、灶台、桌面、碗槽、垃圾分类等相应事情的处理。如若发现孩子做事不完整、不彻底、虎头蛇尾，却不及时纠正，则会导致孩子精神品质缺失，这样的不良习惯最终会对后期的学习产生很大影响。

　　劳动与运动，关乎一个学生的综合素养，隐性影响着学生的文化成绩，家长和学校都应予以重视。运动的正向意义与不运动的负面影响都是显性的，而劳动的正向意义与不劳动的负面影响则多为人所不知，故容易被忽略。

5. 放下手机，仰望星空

随着时代的发展，手机管理已成为当今中小学生管理的一大难题。目前，国家已出台规定，原则上学生不得带手机入校。其实解决这个问题，关键不在手机上，而在思想认识上。内在的认知问题没有解决，外在行为是无法得到根本改变的。

我认为，我们应智容手机，即理性、睿智地对待中学生携带手机的问题。

"中学生该不该带手机入校"是一个陈旧的话题。即使国家已出台了相关规定，现实中亦存在争议。中学生没有必要非得带手机入校是一个常识，但这并不能成为禁止学生带手机入校的理由。"带不带"是一个人的自由，"能不能带"则是一种人生设限。宁疏勿堵，学校进行必要的疏导与管理，才能更好地体现学校应有的教育职责与服务意识。

反对学生带手机入校，最大的原因无非是担心手机会影响学习。其实，这是一个层次极低的问题，它忽略了手机亦可以帮助学生学习的问题。个别学生带手机入校出现违规情况属于管理问题，我们不能因管理存在难度就一禁了之。衡量一件事该不该做，不是看它是否增加了管理难度，而应看这件事本身符不符合时代发展的规律，只要符合时代发展的规律，就不必禁止，也很难真正做到绝禁，这就是当下几乎所有学校都明文禁止携带手机，但又几乎没有一所学校敢言禁令完全成功的内在原因。而手机之所以影响学生学习，原因之一是因为学生对手机充满了无限期待与向往，日夜思之所至。

担心使用手机影响学习，本质上其实窄化了学习的内涵。知识的接受、学会自我管理、提升适应社会的能力等都属于广义上的学习。"死教死学""强压强管"不仅不再是学习与管理的主要形式，它还必将被淘汰，因为社会对人才的需求已经发生巨大变化。社会需要的是能应对复杂变化、更加自律的新时代青年，而不是备受条条框框禁锢的青年。另外，从长远来看，人工智能的发展很可能使手机成为学习的一种工具，手机影响学习的说法可能站不住脚，毕竟，多数人是有自律能力的。我校2009年考上清华、北大及港大的33位同学中，中学阶段几乎都带手机入校。2017年我教过的温晋同学，高三全年都带手机入校，他是当年福建省高考文科状元。

从法制的高度说，学校不侵权是规范办校的基础。我们的焦点不应是"该不该带"的问题，而是要透过现象看本质，是学校有没有将管理的注意力与提升力落在关注并尊重学生的个性发展与心理健康上，是德育工作者是否敢于正视学生实际的问题。早在十余年前，深圳某学校不仅不禁学生带手机入校，而且还鼓励他们带手提电脑入校，甚至可以选择不听老师授课到图书馆安静地做拓展学习，这也是一种尊重——尊重学生自主选择的权利，因为学生本身是高度个性化的。事实上，我认为没有一位老师敢说自己一堂课的知识传授能超过任何一位学生自主学习的效果。从"班级授课制"诞生的第一天起，就决定了教师集中授课的"折中主义"，教师只能就"大多数"的学情施教。现代社会，学生可以也应该有权选择高效学习的行为方式，同样，学生也有高效、高质生活的选择权，毕竟手机为人们的高效学习与高质生活提供了便捷。

"禁"很简单，因为它简单粗暴，易于操作，便于管理。但这只是硬性规定，是权力使然，不是教育。教育即人性化服务，这种硬性规定不仅不是教育，它甚至是反人性的行为，所以常常容易引起反弹。我敢说，几乎没有一所学校能拿出有效的禁令方案，其实是因为它本身有悖于人性的健康发展与个性发展，漠视了学生主体差异的根本权利与特殊需要。由此看来，尊重规律，顺其自然，疏而治之，引导学生战胜手机，做手机的主人方为明智之举。这当中，信任与引导至关重要。

说这么多，并非要反对国家的相关规定，而是想让家长和老师放宽心，知道孩子们的难处，不要老认为是孩子的错，他们在"禁"上已经作出让步。再者，如果家长与老师能寻求到更智慧的引导方式，教会学生战胜手机等外在事物，才是真教育。

我们应该认识到孩子玩手机的根源，把握起始阶段孩子对手机的启蒙教育。很多家长与教师苦于孩子沉溺手机无法自拔，这一问题的根源在于孩子幼年时家长的教育滞后或教育失范，让孩子对手机使用的良好习惯未能在第一时间养成。现在一些家庭的做法是，幼儿时，父母因忙于各种事务，无时间陪伴或看管孩子，便常常给孩子一部手机，让其安静地玩，或用平板电脑玩游戏，或看电视，以此获得不打扰、不影响自己的目的。久而久之，孩子对电子产品产生了隐性依赖，他们的大脑皮层里首先填充的便是"玩手机"的错误观念。等到孩子升学后要成绩时，父母才发现孩子已沉溺于手机等电子产品不能自拔，此时再"禁"为时已晚，因为孩子对电子产品已高度依赖，不可能说禁就禁。

正确的做法是，孩子幼时原则上不让其接触或尽量少接触电子产品，多接触纸质书或智性玩具，培养孩子与纸质书或智性玩具的亲密情感。待其具备一定的分辨力与控制力，并基于手机现实需要时，在还没有养成"玩手机"的负面认知与习惯时，给予其正面的价值引导，植入正确理念的种子，后期管理就顺利很多。我家孩子幼时几乎没有接触过电子产品，一直都是亲近纸书阅读，等到需要手机时，我第一次给他买的便是智能手机。在刚买回时，我就跟他谈论了手机的使用原则，最后给他说一句话："要做手机的主人，而不是做手机的奴隶。"他当时说："我也想与其他小朋友一样，用手机玩游戏。"这说明，他身边的小伙伴"玩手机"已影响到了他，这时纠正就非常必要。我还记得他提出玩游戏的要求时是怯生生的，估计我会拒绝，但他内心的渴望已然写在脸上。没想到，我说："玩游戏好呀，玩游戏可以锻炼一个人的智商与反应速度，但任何事情都要有一个度，适当玩游戏可以，但过度沉溺手机不能自拔，人就会被奴化与异化。"他在一开始用手机时，虽有同伴的负面影响，但还没有负面行为，此时很容易纠正。

随后，我问他："你打算每天用手机玩游戏多长时间？"他想了想说15

分钟。我顿了一下，说不行，他很紧张，以为我不同意。我故意又停顿了一会儿后，说："15分钟太少了，玩得不尽兴，给你半个小时左右吧。"他听后特别高兴，因为这大大超过了他的预期。于是，我们愉快地达成共识。他此后就按这个时间玩，有时到第27分钟刚好玩完，因为不可能再玩一把，就停了；有时到33分钟才结束，也没有关系。总之，半小时左右，这个尺度他会控制好。就这样，慢慢地他养成了好习惯，学习过程中，也从来没有出现手机使用的负面情况。我想这与我一开始及时的引导有关。切记：不要等到孩子已经染上不良习惯后再来强行改变，这样就很被动了。

很多家长或老师会问，孩子或学生已经错过了教育引导黄金期，他目前沉溺手机，不仅已严重影响到学习，而且整个人似乎都异化了，怎么办？此时就要为思想认知赋能，智慧转化"手机狂热者"。

我们不要只盯着学生爱玩手机的外在行为，应致力于学生思想认知的改变。我有时会布置一些特殊的作业，比如，对于那些对父母大吼大叫、不尊重父母、滥用父母资源的学生，我会让其周末去当地最好的儿科医院诊室，认真观察那些正在发烧输液的儿童的父母亲的行为，然后想想小时候的自己是怎么过来的。这样，学生对父母的态度，大概率会有一个大的转变。而对于爱玩手机的学生，同样是因为思想认知太浅，没有找到更高位的时间消遣方式与人生追求。这类学生往往不爱阅读，因为喜爱阅读的学生，多数时间会沉溺在书海中，享受精神世界的丰盈，不可能会再沉溺手机。精神荒芜是这类学生的共性与通病，根治的药方就是要帮助其输入思想认知，提高思想境界。境界高了，自然会放下手机。

提升境界，一靠实地见闻，以见闻促进反思。比如我常会鼓励学生暂时放下手机，放下学习，走进大学，走进自己最心仪的高校，走进科研基地，激发他们心中的斗志。二靠阅读，以书中思想启悟自我。这也是最主要的方式。简单地灌输心灵鸡汤，对学生内在思想的改变不会持久，它必须借助丰盈的思想以形成正确认知。为什么手机瘾难戒？原因之一就是很少有人能输出理性对待手机的思想话语，一般家长与老师说的，亦是反复唠叨的庸常内容，如"手机是有害的""高考更重要"等，学生早已听腻，无法触及内心。

要唤醒学生，必须设法使用学生从未听过的富含教育哲理的"新鲜"语言。

高一、高二的学生处在一个转化的突破口。这时的他们已开始脱离初中生的简单幼稚，开始渴望思想的引领。学生自然难以通过普通阅读认识到手机的缺憾，这时，教师的阅读赋能就显得尤为重要。我一直认为，手机是一种语言，是一种浅表化的语言。一次，厦门市图书馆邀请我与市民聊聊青年成长的话题，很多在校学生及家长都参与了这次活动。我预估讲座中会被问及如何管理好手机这件事，讲座前一晚就定下了"对一般人而言，手机是一种浅表化的语言"的观点。为了更好地贴近学生，防止我以成年人的代际间隔凌空虚蹈，我特意微信了2017届班上的省文科高考状元温晋同学——他当时在清华大学读大二，在中学时就阅读了大量书籍，大学应该阅读量倍增了——想与他探讨一下这个话题，我给他发去一个问题："我认为手机是一种语言，而且是一种浅表化的语言，你认为呢？"

可能那天太晚了，温晋同学当晚没有看到信息。次日我开讲前半个小时，他给我发来了他的见解。内容如下：

关于老师提的这个问题，我是这样想的：我自己觉得中学生使用手机确实是内心空虚的某种体现。这种空虚倒不是一个只体现在中学生身上的问题，也不是一个特别骇人听闻的病症，因为它在现代人中非常普遍，而且与现代科学技术的发展息息相关。不过，在中学生身上较为集中爆发出来确实是值得深思的事情。

这个问题倒让我想到海德格尔的一个观点，也就是"语言是存在之家"。他认为，"哪怕我们根本不吐一字，而只是倾听或者阅读，这时，我们也是在说"。语言，或者语言背后代表的倾听、吸收与表达，能够给人以指引，赋予人的世界丰实感。不过，在海德格尔处，语言得以代表存在的尺度的前提，正是语言本身是发自内心的。在周围世界中最丰富的并不是语言，而是语言的变体——闲言。与触及内心的存在之家的"语言"相比，闲言的特点恰是封闭、局促和破碎的，也即在平常繁忙庸碌的生活中摄取到的浮光掠影、人云亦云的内容，以及迅速抛之脑后的对于信息的反映。因此，在《存在与时间》中，海德格尔说这种大量充塞常人沉沦的生活的闲言，是一种除了根的语言，它与一个人的内在的丰富性没有关系，相反，它常常以语言的对立面而存在。在繁忙的生活中，要真正有"倾听"的片刻是困难的。为了克服这种困难和负担，人会主动地去寻求闲言的机会，去逃避真正的语言。手机就是闲言的集散地，技术为这种逃避创造了条件。

中学生沉迷手机，或者说，手机的入侵越来越往低年龄段生长，除了外在的技术的普及使得对于中学生而言，持有手机是一件唾手可得的事情，更值得深思的地方在于，战胜"庸常"和"浮躁"的意志力的稀缺、闲暇片刻的匮乏和日常时间自身的被垄断的现象也已经占据了这些低龄人的生活世界。

基础教育没有施予孩子"倾听"与"阅读"的能力，这是个比较大的问题。我所认识的几个一二年级的孩子，他们的周末被各种各样的冗杂事物占据，和他们的家庭一起出来聚餐时，在大人聊天的难得闲暇的片刻，便争分夺秒地用手机、玩手机。我想，当他们从一个补习班出来去往另一个补习的地方时，应该也是这样吧。最后的结果恰恰是学会了浏览，习惯了把目光投向八卦和无聊的事情，却不具备观察所处的环境和世界、不具备省察自己生活的意识和能力。

某种意义上，被手机入侵已经成为现代人的一种宿命。但是，理想的教育在使内心丰盈起来的时候，会对这种入侵形成抵抗，从一个人的人生的长度来讲，让这种入侵来得更晚一些。

我读完后欣喜若狂，后悔海德格尔的《存在与时间》这本书买了很久却一直没有细读。果然，温晋同学帮我化解了疑难。他很好地解释了学生为何天天玩手机最终却两手空空的原因。后来，我在高一、高二的班级多次分享温晋同学的这几段话，帮助学生提升思想认知，使他们深刻意识到，要提高自己战胜"庸常"和"浮躁"的意志力，就要放下手机，学会"倾听"与"阅读"，要具备省察自己生活的意识和能力。这几段话，让原来好多沉溺于手机的学生放下了手机，重新抬起了仰望星空的头。

不强压，智慧引领。学生只有战胜手机，不依赖手机，才能释放出更多的学习时间与聪明才智，高效学习。

第八讲

共育引领：
关系重建，温暖彼此

1. 健康第一，生命第一

——逃课的小丁

初二男生小丁（化名）经常请假，已发展到一周内两三天不来上课的程度，且都是小丁的父母用微信向班主任请假。

请假的次数太多，且原因单一——孩子生病。班主任与年级组长想请家长来学校面谈，可几次邀约，家长在微信上都只留下同一句话应付了事："有空了我再过去。"故家长从未到过学校。

班主任、年级组长怀疑家长有意欺骗学校，溺爱并纵容孩子。

好几次，班主任及年级组长都很生气。但家长就是不来学校，孩子依旧请假，而且请假的密度越来越大。学校不想同意，可孩子直接不来学校。

问题陷入僵局。

上面是某九年制学校主管德育工作的一位负责人电话我时诉说的内容，请求我协助处理这件事，以期有效转化这位同学。听到其中一些信息，我表示担忧，尤其是孩子"请假的密度越来越大"这个细节，我意识到这个孩子的问题可能已比较严重，而家长与学校很可能还浑然不觉。家长只是一味地顺从孩子，学校也极有可能不明真相，只是出于某种原因或目的才要求孩子返校。于家庭，这很可能是一种典型的非专业、非智性的父母宠爱；于学校，也极可能是一种出于功利之心的浅层关怀。

要真正化解这一问题，需要爱与专业。

为了弄清事件的原因，证明我的猜想，我在电话中故意正话反说，采用迂回之策。我说："请假是学生与家长应有的权利，他要请就让他请呀。如果真是假借生病，家长都不着急，我们为何要替家长着急呢？"这位负责人说："不是呀，年级组长、班主任都说了，这样不行，肯定不是真病，他不来，班主任、年级组长甚至学校都担心平均分被他拖下来，不来也得来，反正就是坚决不同意他再请假了。"

果然最后问题发展到非此即彼、非黑即白的简单二元论。显然，除了学生和家长有问题，学校处理这件事的出发点亦可能并不在学生的精神成长上，而是只考虑班主任、年级组长及学校的量化考核。也就是说，班主任、年级组长或学校工作的出发点实际上是利己，这样的一种愿望会以言语、行为、态度的方式表现出来，并无意识地传递给对方，甚至会形成一种敌对势头。这样，在交流的过程中，家校双方各执一词，互不理解，学校认为家长溺爱孩子，家长则认为学校眼里只有成绩，只有考核，不但不配合，甚至还有意反向作对。问题陷入死循环，当然不好解决。

我把我的观点跟该校的班主任、年级组长等相关老师作了交流，并阐述了他们的言行确实可能给了孩子或家长过于功利的印象，让对方觉得不好受。教育的终极目标不在考核，更不在攀比。如果出发点或动机不纯，努力可能白废，好事可能变成坏事。我请他们暂时冷处理，先让我试着对接家长。

第一个难题，究竟是亲自登门家访好，还是请家长来学校座谈好？其实这两者各有利弊。但从负责人反馈的信息中，我预估小丁同学可能已有一定的心理障碍，而家长浑然未觉，所以第一次深聊分层进行，效果可能更好，即不在同一时间同时与家长、学生聊。亲自登门家访更能表达学校的诚意，也没有高高在上的感觉，但考虑到主要是孩子不愿意来学校，加之此前班主任、年级组长想要去家访，家长均以各种理由婉拒，我决定先请小丁父母一起来学校座谈，后面再找机会跟进式家访。如此选择，还有更深层次的原因：一是因为有一些重要内容不宜让孩子知道，必须先与家长达成共识；二是让家长来学校现场感受孩子们在学校一起欢声笑语的愉悦时光，反衬小丁一个人在家的孤独，让家长支持小丁来学校；三是让家长感受学校作为一个正规的育人单位的热情与严肃，暗示家长对孩子的教育行为不可以随意忽视学校的教育诉求。

第二个难题，如何才能把小丁父母同时请到学校？毕竟学校之前已经反复多次邀请家长来学校，可家长均直接搪塞过去，一直未来。

在与学校分管德育的副校长沟通后，为显示学校的重视程度，我以学校分管德育的副校长名义给小丁家长打去电话。在对小丁作了一些关心的问候后，我与小丁家长发生了以下对话。

我：我理解你们，因为你们本身不是学教育专业的，但孩子可能已出现了一些心理问题了。

家长：（诧异）啊？！

我：孩子因病请假的密度是不是越来越密了？不用急于回答我，您仔细想想。

我：（将请假的时间一一念给家长听）您觉得是不是越来越密了？

家长：好像是呀。

我：按照这个频率发展下去，您计算一下，不需要多久，这个孩子将不再愿意走出家门。

家长：（声音立刻软了下来）会这样吗？

我：如果只是不出门还好，很有可能接下来孩子都不愿与你们交流了。

家长：是啊，他现在就很少跟我们说话，只是在不想去学校叫我们帮他请假时，才跟我们说话。

我：你看我说得没错吧。你们作为家长，肯定是爱孩子的，但因为你们并非教师，没有受过专业的教育培训，在监管方面可能存在欠妥的管理方式，也就更无法察觉孩子可能已经有一些心理疾病了。

家长：那怎么办？

我：不要着急，今天我主动打这个电话，就是要设法帮你们一起来解决这个问题。父母能一起来一下学校吗？我们一起详细分析一下。最好是父母一起来，不然学校层面的建议不好传达。父母在孩子后续教育上如果认识不同步，就更费力，效果也不好。

（家长很快答应了。）

第三个难题，如何更快、更好地说服家长？这更需要与孩子当下心理素质相契合的专业知识。

小丁父母到学校后有一些紧张。我们先喝了一会儿茶，缓解了一下他们的心情。因为小丁请假在家，我便先带着家长在学校走了一圈。一路走来，小丁父母看到，教室里，是孩子与老师上课的生动情景；下课后，孩子们在走廊里欢声笑语，在运动场上飞扬着青春。这时候，我猜想，小丁父母的心里一定会想起自家孩子一个人在家的孤独情境。之后，我把小丁父母重新带回办公室。我问："孩子现在在家做什么呢？"家长说："唉，一个人窝在家里，什么也做不了。"我说："除了玩手机，估计也没别的事做吧。"家长有些伤感地点了点头。我说："可能我们一些年轻老师在与你们沟通交流时有心急与爱护的心理，用词也许过于直接，也以为家长一般都看重成绩，便急于跟你们表达了成绩的重要性，想让孩子尽快回到班级学习。但用心都是好的。其实你们今天亲自来学校走走，看看孩子们在学校一起快乐学习、生活的情景，可能也就知道老师们的良苦用心了。他们是想您的孩子也能如这些孩子一样，在学校健康成长。成绩固然重要，但怎么也不会比生命重要。小丁现在有一些迹象，我们目前考虑的首先应该是健康问题。今天来是要解决问题的，双方都要坦诚。你们告诉我，小丁请假是真的身体不舒服吗？如果是，就应出示详细的病历诊断材料。"家长说："不是，但孩子的精力又确实有些不太好。"我说："带孩子到医院做一个检查，如果医学证明孩子没有什么大问题，那么，这可能是孩子的一种逃避心理，可能是一个比身体疾病更需要注意的心理问题。"

然后，我借助哈佛大学心理学博士岳晓东的观点，给小丁父母层层讲解了为何要提早预防"回避型人格障碍"现象："孩子逃课，或做了别的坏事，一开始还会表现出不安、愧疚的心理，但慢慢地就不愧疚了，也就是应有的道德羞愧没有了。你们不妨想想，孩子从一开始请假，到现在请假，你们觉得孩子的心理反应是不是有从原来的犹豫、不安、愧疚到现在的无所谓？"家长说："好像现在是比较明显地没有什么反应了，觉得理所当然。"我说："这就对了，这种应有的道德羞愧感的失去，心理学上叫'去道德化'。"

我接着问："小丁原来有没有勤奋自律并愿意接受一些挑战的表现？"家长说："应该有，以前成绩还可以的，小学时自己想学会骑自行车，这应该就是想要接受挑战吧。"我说："现在呢？现在还有吗？"家长说："好像感觉没有了，他似乎对什么都提不起兴趣，至少不明显了。"我又问："是不是感觉有一些放任了？"家长说"是"。我说："孩子原有的一些勤奋、自律等人格表现现在没有了，这种现象心理学上叫'去人格化'。这两种现象叠加在一起，就有些像我们常说的'破罐子破摔'。当然，小丁的程度还没有严重到这个地步，但要引起足够重视。你们反复无理由地纵容孩子请假，在一定程度上其实是加速了他向负面方向的坠化，所以我们才反复邀请你们能来学校。今天来了就好。本来想到家里家访，觉得又难避开孩子，这些事，家长知道就好，关键是能给予孩子有益的教育。"

我转问班主任："不出意外的话，小丁现在在班上与同学们交流的频率没有以前多吧。"班主任说："是明显没有以前多。"我再问家长："小丁在家与你们交流的频率有无这种情况？"父母几乎异口同声地说"没有以前多"。我说："这就对了，孩子原来还跟同学、亲朋好友交往，现在因为常常请假而有了距离，产生生疏感。常常请假的一个直接后果是，孩子长时间与同学隔离，时间久了，慢慢与班上的同学信息就不匹配了，就会越来越缺乏共同语言，而孩子常常在家与父母接触太密，没有了起码的或必要的距离感，加之父母无力监管，有的甚至不会管，从而导致孩子与父母的心灵交往也变少了。孩子社交时间、能力等的减少或减弱，心理学上叫'去社会功能化'。如果这'三去'再发展下去，就是岳晓东博士所说的'自圆其说合理化'。孩子一直请假，多数情况下也没有医院的诊断证明，但还觉得自己有理，老师或学校不批，就觉得学校各种不对，于是躺平，或各种摆烂。学校不同意请假，孩子就干脆直接不来学校。这'四化'反复循环后，孩子最后就会完全'宅'在家里不想出门，不与任何人交往，直接后果就是孩子不与外界交流，走向封闭。带有以上心理特点的'宅'在家里的现象，心理学上就叫'回避型人格障碍'。最后孩子就很难融入社会。有些抑郁就是这样一步步产生的。这其实是一种人格障碍，要克服它，时间要早，首先就是要保持正常上学，保持孩子与同学间的正常交往，只有信息对称，才有交流的可能。然后，我推荐你们去读一读杨眉的《健康人格心理学——有效促进心理健康的14种模型》。"说完，我从包里取出这本书，赠予他们。

家长无比激动，答应第二天就送孩子来学校。家长表示感谢后，说还好今天来学校了，否则还不知道孩子竟背负了这么大的心理问题。

看着家长离开的背影，我却有些沉重。其实，艰难的工作才刚刚开始，后续会需要老师更多的爱与智慧。我转身对班主任说，当小丁返校后，要想方设法增加他在学校的乐趣。孩子之所以不想来学校，是因为他在学校没有感受到爱与乐趣。我请班主任从小丁最要好的朋友开始，再逐步扩大到班团干部，先增加小丁在学校的伙伴。然后告知所有科任教师，要求所有教师"特事特办"，当下不能机械地用统一的、硬性的规章制度来衡量他，也无法要求他与别的同学一样及时交作业。生命高于一切，待孩子的心理逐步正常后，再逐步提高要求，正如朱永通先生在《教育的细节》所言："坚持一厘米之变，即从能改变的地方开始，一厘米一厘米地努力去改变。"也正如我前面所言，以"跬步教育"的方式，引导孩子走向光明的未来。具体方法是：（1）设法睿智地不让小丁觉得有意而为之，不断给其增加伙伴，先成星星之火，后展燎原之势；（2）教师及家长不要"习惯无意识"地统一要求，不能一把尺子量到底。总之，此时适恰的方法，可能是以退为进。

这个真实案例告诉我们，家校共育有多么重要。"教育是慢的艺术"，无论是学校还是家庭，都需要有"健康第一，生命第一"的教育认知，学会"得寸进尺"式的智爱。任何急功近利或放任自由的"教育"都可能铸成大错。这也给学校敲响了警钟：如果工作的出发点仅定位在所谓集体成绩与排名，而非学生精神的健康成长上，这样的利益考量，既非真爱，亦非教育，会把本应幸福、有序的生活弄得一地鸡毛。

2. 摆正自己，松而不懈

——烦恼的森明

朋友的孩子森明就读于厦外，最近因未能进入学校高考保送生名单且考试成绩一次不如一次而一蹶不振。母亲反映，森明常常不去学校上晚修，且有沉溺手机等现象。父母严管手机，结果，森明在洗澡时把手机带入浴室，常常40多分钟不出来。母亲怀疑他在浴室偷用手机，但又不便发作，心里受堵。父亲言辞过激，与孩子直接发生争执。森明高三生活一地鸡毛，精神状态一片狼藉，代际关系急剧下降。

面对逐渐恶化的代际关系，朋友实在无计可施，求助于我。因为我与森明也很熟，就单独约了他来我家里，并没有约他父母一起来，想着有些话，隔离父辈，保持一定的隐私，可能效果更好。

我不确定他们的亲子关系已恶化到什么程度，但双方埋怨、赌气，孩子不思进取是确定的。我想，只要森明愿意来，那就还有救。

森明如约而至，我心中的石头落地了。

我打开门，阳光正穿越了玻璃，打在门外鞋柜上的盆栽绿萝上。绿萝在阳光的照耀下，灼灼其叶，摇曳生姿。我并没有让森明直入家门，而是笑着对他说："哇，好久不见，明显又帅了。"森明笑笑说："没有没有。"我说："你多久没来叔叔家了哈？你看咱们家的绿萝都长得多长了。来，捧着这个比你还高许多的枝条拍个照吧。"森明很高兴,也感叹地说:"才多久呀就长这么长了。"我说:"也才两个月,你以前常来的时候看着它好像天天都没有生长,可是相隔才两个月,就长得比你还高了。"说着我把森明迎进门,又指着冰箱顶部的那一盆绿萝说:"你再看这一盆,和门前的那一盆同时养的,当时大小一样,而这一盆几乎没有生长,长度不到外面那一株的二十分之一。"

坐下后,我和森明边泡茶,边聊天。我说:"你小子最近是不是有点不顺呀?"只这一句,森明的眼泪就快要下来了。我说:"你看,是不是,我就知道你受累了,所以我今天没让你爸妈同来,反正我们之间说过的话,绝不会告诉你爸妈的。"

我问森明:"生你爸妈的气吗?"森明说:"有一点。"我说:"不生气才怪,每个人都是凡人。那生我的气吗?"他摇摇头,笑了笑说:"不生,要是生你的气我就不来了。"我说:"是呀,但为什么生爸妈的气而不生我的气呢?是因为爸妈管了你,我没有管你。这说明爸妈是你最亲近的人,他们看着你的样子心疼、心急,却可能用了你并不喜欢的方式而已。作为年轻人,到了高三,思想、认知方面应该是要超越父母的水准了,你需要降维与爸妈一起怄气吗?"森明摇了摇头。"这就对了,每一个正常的年轻人,到一定时候都要超越父母的认知,我们不要在这个特殊的年龄阶层犯这个'错误'。正确的做法是,认知要超越父母,行为上也应表现出相应的做法,这样父母才放心,才不会觉得你没有长大而天天管控你。"森明恍然大悟似的点了点头。

我问他与家长怄气、与老师纠缠累不累,他说累;我问他会有好的结果吗,他说不会。"那怎么办?"他说:"我也不知道,迷茫、狼狈,甚至绝望。"

无言中几杯茶落肚,那一两分钟的无言与静默,似乎让我们都看见了自己的内心。

我突然说:"你要考清华、北大吗?"他很惊讶地望着我说:"叔叔你别笑我了。"我说:"我没有笑你,我就问你要不要考清华、北大。"他说不想,也考不上。我说:"要考上海交大或复旦大学吗?"他也说不想,考不上。我问他:"你知道能上这些名校的学生一般学校每年的比例多大吗?"他说:"不知道,但可以肯定的是不会多。"我说:"那不就对了嘛。既然这些第一梯队的高校咱们不考,高考各科我们也不考满分,那么有一些失分或与别人有差距,这本身也很正常,只要有人的地方就有差距。人与人之间比得了吗?为什么要为难自己呢?太多的学生盲目攀比,拿自身之短衬托别人之长,最后坠入难受的失控状态。加之当下各种应试、检查,最终方寸大乱,灰头土脸。比,只在自身之间,此时的'我'与此前的'我'是否有进步?只要有进步,生命就在有意义地生长。你失去了小语种高考保送资格,但也获得了高考更广阔的一片天。"后来我和森明慢慢达成共识:在客观冷静分析自身的情况下,首先要明白自己想要的是什么,即清楚定位。经过分析,森明放下了一流顶尖学校,放下了不切实际的想法,如此一来,森明也放下了思想包袱。

我说:"与自己和解,回到正常生活轨道上来,不再每天都神经兮兮。幸福而有尊严地生活,是学生应然的理想生活,并不遥远。要想过幸福而有尊严的生活,记住两句话:一是不为难自己,二是不作践自己。这是幸福生活必备的两个层面。'不为难自己'是不盲目攀比,不好高骛远,摆正自己,做好人生的低位设置;'不作践自己'是自己要有尊严,不躺平,不自贱,在保证身体健康的情况下,尽一切努力做好人生的高位设置。只顾眼前的苟且而牺牲未来的美好,绝不是'幸福'的内涵。心态平和以后,静下心来,能学多少就学多少,力争稳固基础分,我们不需要考太高的分,但必须全力冲刺,既不急躁,也不冒进,更不松懈。"

森明听后表示想通了,但感觉时间不够用了。这是我预料之中的问题。

我说:"刚才让你与绿萝合影,有没有一点启发?"森明说:"同样的两盆绿萝,室内的没有得到阳光照射几乎停滞生长,室外的得到了阳光的照射则生长旺盛,所以人要饱经灼晒才有可能更好地生长,温室里难以长出参天大树。"我说:"还有别的启发吗?"他说:"室外的那盆绿萝每天似乎看不到它的生长,但也才两个月就长得比我还高了,说明只要每天生长一点点,速度便能惊人。"我说:"你太让我高兴了,你的领悟力特别强!只要坚持,'龟速'即'神速'。有这样的认知还怕上不了好大学吗?从今往后,你坚定向前的步子难道还会比这无声的绿萝慢吗?"他抬了抬头,眉梢间似乎放出一道光。

我继续说:"有一年我做高三班主任,也是在这个时候,班上多数同学的心开始躁动,于是我悄悄地在教室后面放了一个盒子养蚕。同学们上课前看着蚕食桑叶,速度比蜗牛还慢,大片的桑叶似乎纹丝不动。可是,当他们聚精会神地听完一节课,再来看桑叶时,发现大片的桑叶只剩下了粗粗的叶脉,我说这就叫'蚕食'的力量。慢慢地,整个班的同学原本浮躁的心又很快地静了下来。"

然后我问:"现在要如何对待手机?此前偷偷摸摸在浴室里玩手机被父母嫌弃,会不会感觉没有尊严?"森明频频点头。我说:"手机是一把双刃剑,它是品质坚强者的试金石,也是意志薄弱者的祭奠品。清华大学毕业的音乐人李健曾经很长时间不用智能手机,不用微信,难道他没钱买吗?是不想玩,是不想做手机的奴隶,不想把宝贵的时间与高贵的生命浪费在手机上。人因自律而美,因节制而贵。想想此前玩过的手机上的那些东西,如今还有哪一件有意义?有哪一件还印象深刻?"他说没有。我说:"平庸者以玩物丧志而自入陷阱,卓越者以良好品性成就非凡。父母不是不想让你玩手机,是想让你先处理好眼下更重要的事,然后再更好地玩。'不玩是为了更好地玩',这是我曾经写给我 2021 届学生的一句话。事之于人,有一个轻重缓急。眼下,属于你最美的风景,就是享受前进中的孤独。人在孤绝情境下的自定与奋起,是人之为人最让人尊敬的所在,执着坚定而又不急不躁,过优雅的、为适恰理想而拼搏的高质生活,才是当代青年应有的理想生活。"

谈话结束的当晚,朋友发来信息,说:"太神奇了,孩子回家后像变了一个人似的,当晚就自愿交出了手机,自学到了凌晨 1 点,是孩子两年来最勤奋学习的表现。"我说:"不能学到那么晚,后续跟踪、调节好,保持好学习节奏。"后来的森明沉着而阳光,走向了为理想而拼搏的幸福之路,最后,成功考入武汉大学。

这个案例让我思考许多。从孩子的角度看，可能是格局不够，也可以说是认知与定位不对。从家庭的角度看，可能是沟通不畅。

当下很多家庭因孩子的学习问题而变得一地鸡毛。如何引导孩子提升格局，过幸福、完整的生活呢？这似乎是一个很复杂、很棘手甚至似乎很无解的问题。但大道至简，正如达·芬奇所言："简单是终极的复杂。"实际上就是如何做好家校沟通，引导学生提升格局，摆正自身位置，把持好学习节奏。

对此，我有两点思考。

一是学生需要提高认知或提升格局。学生不能只拘泥于眼前的苟且，要心有明灯，敢于追求幸福、完整的生活。"幸福"的含义，需要用长远的眼光来定义。只顾眼前而不顾未来、以牺牲未来为代价的苟且不是幸福，所以幸福首先意味着必要的约束，正如尼采提出的人生三境界中的"骆驼"一样，必须经历负重前行这一阶段；其次是在保持这样的底线上不被应试捆绑，有自我权衡力，过自适、积极、有尊严、有品位的学习生活，向着道义、感恩、善爱、仁慈、健康，至少是不作恶等人性素养努力，并且要学会以此来引导自身健康成长，实现无需他人约束的自觉。

"完整"则相对简单，就是人应经历的愉快阶段或艰苦磨难，尽量让学生遍尝，尽量不残缺。比如不剥夺孩子成长过程中重要的童年时光——淘气、调皮、游戏、旅游、阅读及学生活动等。换言之，就是不能只给孩子好的物质生活，而不给予其精神生活。如果这些个体成长中的要素残缺，人生必不完美。比如孩子的童年只用大量作业或各种培训填塞，这个孩子就失去了与土地或自然亲密接触的机会，失去了观察自然、激发兴趣的机会，失去了后期创作最宝贵的生活基础。没有享受过童年生活的人，后期会反复停留在这个遗憾中，对专业成长也是一种制约。

学生过幸福、完整的生活，从内在看，是可持续发展的必然。中小学生的生活应是五彩斑斓的。只用大量习题来填塞，既不持久，也不符合学习规律。如果把教育窄化为应试教育，孩子的创新能力就得不到有效培养。父母或教师在引导孩子捡拾地上的"六便士"之时，更要引导孩子抬头看看天上的那一轮皎皎明月。

引导孩子提升格局，过幸福、完整的生活，其实没有那么复杂，但必须要持之以恒地加以引导。即便是高三的学生，一样可以让自己的学习生活优雅从容。比如父母或老师可以鼓励孩子每月看一部电影，每周与孩子散步或运动一次，与孩子共同演奏一首曲子或共读一本书……有了这些美好而诗意的约定，孩子就会提前规划时间，拼挤时间，反而能更好地促进学习。

学生进入高三下学期后，普遍淡化了劳育与体育。我带 2021 届的学生时，就举办了多项活动以提增学生学习的诗性。比如引导学生开展全班智力小游戏，很大程度上帮助学生放松了心情，融洽了关系。

"应然"，就是指回到学生应该或本来的样子，不冒进，亦不自弃。这是一种起码的状态，即常态。但在当下教育情境中，却很可能是一件奢侈品。常态有常力，变态难持久。引导迷失的学生回到"应然"，需要人生格局。

二是教师或家长应透过现象看本质。教师或家长不能每天都像个警察，只盯着学生的不良行为，行为背后的思想、观念等才是问题的本质。博恩·崔西在《目标！》一书中认为，一个人的行动即外在行为是由内在的生活态度、理想、信念与价值观决定的，是一个由内而外的制约过程，像一个由内而外推开的水波同心圆，我将其称之为博恩·崔西"个人品性圈层理论"。这个理论告诉我们，个人品性的核心是价值观。内在价值观决定信念，信念决定理想，理想决定生活态度，而生活态度决定外在行为，成就或毁灭一个人。一个内心乐观、积极向上、目标明确、面向未来的人，其外在行为也必然向阳而生。

那么教师或家长是否应该透过外在行为去重点分析内在因素呢？只盯着孩子的外在行为，只要求孩子做什么或不做什么，简单地说"yes or no"，实际上是一种暴力沟通，很可能陷入沟通障碍；平等、对话式地分析内在因素，理解、帮扶式地交流，才能帮助学生激发内在力量，焕发出生命的热情，点燃希望的火种。

博恩·崔西"个人品性圈层理论"其实也适用于教师，甚至任何一个领域的职业定位。有无职业幸福感，取决于我们如何认知自己的职业，取决于我们内在的价值观。

森明勤奋好学的良好状态维持了两个月。正常情况下，一次性谈话所持续的效力总是有限的，如果一段时间后能回访加固，将会更好。

后来我主动联系朋友，了解森明最近的情况。朋友说，整体很好，但感觉妻子可能还是介入太多。适度介入是可以的，但如果过多，可能还是会成为孩子的一种负担。于是我再一次约了森明喝茶。

一番表扬与盛赞后，我问森明最近的感觉如何。我让他说真话，他开始有所顾虑，说如果什么都说，父母亲可能会觉得是告状，所以有时候就选择一个人忍。我说："那怎么行，这样下去你学习不好最终毁了谁？是你，而且更是你爸妈不想要的结果。父母怎么会介意呢？父母想要的就是你的健康成长，一开始正是他们主动向我提出来的，说明他们不介意你反映真实情况。你父母毕竟不是教育专业出身，在管理孩子方面，可能存在不足，这是可以理解的。不要说父母，现在有的老师也不一定真正理解教育。读苏霍姆林斯基的《给教师的一百条建议》，就知道老师也有诸多需要改进的地方。"这样一番话后，森明完全放开了思想包袱。

森明说自己有两点受不了母亲：一是每个晚修回家后，母亲总要给他一碗营养汤，说要加强营养，而且必须喝完；二是母亲总要说冲名校，而且每天都查找名校的相关信息，让他压力很大。

对于森明说的第一点，我问他："你不会跟妈妈说不用喝吗？"森明说自己说了，但没有用，因为母亲就是认为要加强营养，不能浪费。

我很快安慰好他，说："你今天最大的贡献就是说出了真实情况。其实这是沟通与理解的问题。母亲心善，总觉得要为你做一些什么她才放心。世间有一种爱叫'妈妈的冷'，就是孩子本身并不觉得冷，但妈妈总觉得冷，于是叫孩子务必要多穿衣服。"森明说："对对对，就是这种感觉。"我们再一次愉快地结束了谈话。

之后我又约了森明的父母一起喝茶。落座后，我单刀直入地问朋友的妻子："你知道世间有一种爱叫'妈妈的冷'吗？"她笑了笑，似有所悟。我继续说："孩子本不饿，也不需要，我们就不要强求。孩子说每晚睡前都喝得那么饱，影响睡眠。他如果需要，我们就给他喝，如果不需要，就不给。要不要、喝多少，都要尊重孩子的喜好。我们家长，尤其是高三的家长，做好随时为孩子服务的准备即可，千万不要一厢情愿地'我认为'就去'为'。就像你每天让孩子喝汤，你认为自己是爱他，却成了孩子的压力。"

  学会藏，也是教育的一门艺术。所谓"藏"，就是不那么直接。我指着茶椅上的一种饼干跟他们说："你知道这种好吃的饼干和我们做的菜一样，都加过盐吗？可是我们吃它的时候，完全不会感觉盐的存在，这就是成功。如果我们在吃饼干的时候，感觉到了盐的存在——或咸，或淡，那就说明这个盐加的比例是不恰当的。'智爱如盐'，你每天都让孩子感觉到它的存在，是喝汤的人之错，还是放盐的厨师之过呢？同理，你每天查名校的信息，也让孩子感受到了压力。"

  朋友的妻子一开始觉得很委屈，认为自己那么辛苦还得不到孩子的理解。但很快，她就调整了自己与孩子相处的行为方式，学会了隐藏爱意。其实，高明的爱必是隐藏的。就像好的慈善，应是润物无声的，那些捐一点钱，就要求受捐者上台合影的做法，反而变了味。

3. 关系重建，自信从容

——颤抖的小容

小容（化名）同学是班上的一名女生，在校寄宿。高二新到我班后不久，我便发现她的情绪一直有波动。慢慢地，我掌握了规律：她每逢周末返校后一直到周二心情都不好，周三至周五心情又回到正常，和同学们有说有笑。可是，回家过一个周末，周日当晚返校后在教室里的她，写作业时也无法集中注意力，有时整个晚自习都无法静心学习，甚至干脆请假不来教室，一个人留在宿舍。

出于对学生负责的心态，我从其同宿舍室友入手，私下找了她的几个室友聊天。她们在我的提醒下，才觉得小容同学的确每逢周日返校后就开始心情不好，一般到周三就又恢复正常，然后到周末返校后又开始循环。一个室友透露了一个重要的细节，她在一个周日的傍晚曾见过小容同学在宿舍哭。当时这个同学晚修时到了教室，由于临时返回宿舍取物品，见到小容一个人在宿舍流泪，全身都在颤抖，但这位同学问小容是否需要帮忙时，小容又瞬间镇定下来，说自己只是一时激动。当时这位同学也没有太在意。

从此，我的脑海里时刻浮现出小容颤抖的身影。经过私下足够的了解后，我确信，小容同学的问题出在家庭。果然，小容同学在我私密而细致的约谈时，终于哭诉着跟我说出了实情。原来每个周末她回家后，在两天的周末时光里，父母几乎都会吵架。她感觉不到家庭的温暖，慢慢地失去信心，总觉得自己与同学不一样，长期沉浸在家庭不和谐的痛苦之中。

事后我也了解到，她父母并非因为根本性的大问题而吵架，只是生活上的一些小事再加习惯性争吵所致。有时可能父母并不认为是吵架，但在孩子看来，父母很不和谐，觉得父母迟早都会离异，小容对家庭失去了信心。

学生在校问题转化为家校沟通问题了。我觉得，这个工作需要分步进行，不能"一锅端"。

第一步，根据从小容那里了解到的真实情况，先要争取小容的理解。

第二步，选择小容在学校上课的时间，单独到小容家与其父母沟通。

第三步，再到小容家，与小容及父母一起沟通交流。

与小容的正式沟通是在与其父母有一些基本沟通、了解到一些基本情况之后单独进行的。我跟小容说："几乎每个人的父母都会存在不同程度的争吵，毕竟他们是独立的个体，只是程度不同而已，所以不要觉得只有你的父母才争吵。可能你的父母争吵的方式比较直接，没有回避你，这在一定程度上恰恰说明父母情感的真诚。当然，父母的确可能不太懂教育，不知道这样会给你造成较大的心理困惑。但这属于认知层面。现在的关键问题在于，经了解，你父母争吵的主要原因只是见解不同，性格又比较直接而已，不存在你所担心的家庭稳定性的问题，希望不要影响到你对家庭的信心和学习。此外，作为高二的学生，你要理解父母。父母是成年人，自有他们的生活逻辑与情感世界，你能左右的，只有你的学习。你要相信，你，也就是年轻人的发展，才是这个家庭最稳定的力量。如果你的成绩好，父母再大的问题也可以和好如初。"

我给小容讲述了一个真实的例子。我的一个朋友，原来家庭和睦，但后来夫妻俩经常吵架，也是源于生活上的一些小事。当时读高二的孩子就经常陷入困惑。后来，孩子到高三时，朋友因为炒股，把家庭财产都赔光了，生活受到严重影响。事情出来时，朋友家的孩子即将面临高考，受了一些影响，只考上了上海同济大学。但事情远远没有结束，朋友家的孩子上大二时，这个父亲因为一直想赢回本金，没想到把房子也抵押了，夫妻俩也走到快要离婚的边缘。这个时候，反倒是他们的孩子明理，流着眼泪跟妈妈说："妈妈，你别担心，我出来工作后帮你一起把爸爸的欠债还了。"就这样，父母争争吵吵又持续了两年，这个孩子也发奋学习，研究生考试时考进了清华大学，一个家庭瞬间振奋起来，父母也因此重新找回自信，家庭关系和好如初。

我跟小容说："父母毕竟是成年人，你不要再随着他们的争吵而情绪起伏，最终把自己的前途搭了进去，于事无补。如果因为这样导致你一事无成，这个家庭就雪上加霜了。所以这个时候，不是你急也不是你跟着受气的时候，而是要理解。成人世界分分合合本身是一件很正常的事，并且要待势而发，你要为这个家庭的和谐添加一个重要筹码。"小容听后，坚定地擦去了眼角的泪痕，露出了笑容。

我与小容父母的沟通，故意回避了小容，选在了一个小容上课的工作日。我约好她家长后，直接到家里。我问她父母是否知道小容每个周末离家后的情绪。父亲说不是太了解，但感觉在送孩子去学校的路上，话总不多。随后，我跟她父母详细说了我的发现，突出她在宿舍颤抖哭泣的身影，并告知父母我已与孩子作了良好的沟通。我说："小容几乎每个周末返校后，低落的情绪会一直持续到周二或周三，有时周日返校当晚会请假，一个人待在宿舍不愿到教室。可是她周三以后因为受班级及身边同学的感染，心情又开始乐观起来，但回一次家再返校，情绪又开始低落。这就可以推断，孩子的情绪变化有可能是受了家庭的影响。我今天来，主要是想确认一下，你们作为父母，是否经常在孩子面前吵架？"父母确认了这一事实，与小容说的情况基本一致。我说："可能你们还没有意识到父母吵架对孩子的负面影响有多大，如果再这样下去，孩子可能会出现心理疾病。"

我列举了迟毓凯《人生困惑20讲》中的重要数据与理论相劝："一项针对4000多名儿童的成长追踪调查发现，童年时期，如果父母的婚姻关系痛苦或婚姻破裂，那么这些孩子将来在青春期出现抑郁、焦虑的风险就会增加；此外，父母解决冲突的模式在某种程度上也会传递给子女，子女会在自己与他人的亲密关系中复制这种模式。"

我跟小容父母说，这个数据与理论至少说明两个重要点：一是他们的生活已经较严重影响到小容的学习与生活，甚至影响到她的自信，因为她从童年时期就处在这种吵架的氛围中。二是如何有效解决他们之间的冲突或矛盾将直接影响到孩子以后与他人解决冲突的方式。所以应拿出一种能同时消除孩子这两种负面影响的解决方案。

小容父母纷纷醒悟，说此前没有人指导，总觉得生活的本真就是这样，不懂得"藏"的艺术。后来我们探讨解决的方案，一致认为父母应该在孩子面前"直面问题，真诚坦露，和谐悔改"。

之后顺利进入第三个环节——与孩子、家长三方真诚面谈。

三方坐下来后，我还是按程序先向家长汇报了小容在学校的表现，重点突出了她有规律的情绪变化现象，突出了学生亲眼所见的小容一人在宿舍哭泣颤抖的身影。小容同学也流着眼泪承认自己的无助与孤独。父母也坦诚了自己的不对，然后重点阐述了以后改进的措施，力争不再为生活琐事争吵。随后，由我重点阐述了父母此前争吵的原因，并非父母关系不好，而是性子急躁，及多年的习惯使然。并描绘了大量的此前父母爱护小容的美好瞬间，这样就消除了小容对家庭与父母关系的不自信，并引导她要善于发现身边的美好，重建小容对父母与家庭的信任关系。最后，父母拉着小容的手，请孩子原谅，并相互拥抱。我还给他们拍照留念。那感动的美好瞬间，相信正是小容与家庭重建美好的开始。

小容返回学校后，根据我持续的观察，没有再出现此前心情反复的情况了，这表明小容重建了对父母与家庭的自信。

小容的变化，有许多重要的因素，但有一个隐性的因素，或将还会影响到她往后的生活，那就是要善于发现身边的美好，因为此前她的眼中，只有父母争吵的身影。所以，父母和老师应多引导孩子发现身边的美好。

4. 发现美好，传递美好

——那碗沙茶面

厦外集美校区首届招生的六个高一班级，由于新校区建设的问题，暂时在海沧校区进行教育教学管理。2021 年 9 月 1 日，升入高二时，六个班的学生全部迁入集美新校区。当年，新高一的 14 个班级学生入学集美校区。集美校区共 20 个教学班正式开学。同一所学校，因为新老校区招生分数不同，加之一些家长习惯于认同老校区，对新校区的教育教学可能存在一些先入为主的观念，造成一些困惑。

我恰逢刚带完海沧校区首届"钱学森班"，学校便让我负责集美校区教研室工作，并作为年级负责人，在行政上配合年级组长负责集美校区高二六个班级的教育教学管理工作及两个"钱学森班"的语文教学工作。

集美校区一切皆新，条件好，环境好，教育教学管理好，我很喜欢这里的生活。但由于集美校区招标的两家食堂是先后营业的，先期营业的一家非厦大餐饮食堂，一直受到学生和家长的诟病，所以他们心中只认可海沧校区的"厦大餐饮"。海沧校区其实也是两家餐饮，另一家非厦大餐饮食堂经营得就很好。首届学生到高三时，距离第二家食堂"厦大餐饮"营业还有半个月，一天，有班主任在高三班主任微信群里转发了班级家长群里家长们的讨论：

家长A：老师好！年级没有错峰用餐吗？孩子昨晚方便面，今天中午面包，太可怜了！

家长B：都说人多，排不上。

家长C：我们也是，吃了两天方便面，都吃到口腔溃疡了。

家长D：允许过去（另一家食堂）吃饭后，现在的食堂可能会倒闭。

家长E：粮草不行，怎么跟外面的对手竞争？这么好的新学校，让食堂成为话题。

几乎是群起而攻之。事实上，集美校区三个年级一直都是错峰用餐，错峰时间相隔20分钟，时间安排表都发给了学生和家长。错峰用餐也基本是学校的惯例与常识，但家长还是在班级公共微平台发出这样缺乏基本思考与实证精神的问话。但凡有一丝实证精神的人，应该会在做最起码的核实或调查之后，才发出问询。这样的家长，对孩子负面教育行为的影响也就可想而知了。

作为高三年级的一位负责人，我当然欢迎学生与家长参与学校管理，也重视学生、家长及班主任反映的问题。于是，我在高三班主任群里及时回复了以下内容：

请班主任重视学生及家长反映的问题，但以上这些内容，是连最起码的理性都缺失的，我们要帮助家长科学引导教育。辛苦班主任，看看对应孩子是几点几分离开教室去的食堂，一个个落实。直接对话，必要时调取监控，了解一下孩子具体排队的时间，看看有没有排20分钟的，要具体落实，才能有效帮助家长。

随后，我也再次实地了解食堂。在做了大量工作后，我把相关的取证照片发在班主任群里，及时回复了这个问题：

20个打菜窗口，都贴了窗口序号，高三平均一个班有三个多窗口。我今天实地观察发现，中午高三共五分钟就全部打完了。昨天家长反映的问题，我去调查落实了，以高三（1）班为例，打饭排队超过20分钟的没有一个学生举手。少数学生站在门口看到排长队，于是畏难就不去打饭，吃方便面等，这是学生主观意愿决定的。20个窗口打菜，不说高三只有六个班级，即便高一、高二各14个班，平均一个班也有一个多窗口，能等多久呢？这是可以推算出来的。我们欢迎家长正常提意见，但要有最基本的理性与推断力。说孩子口腔溃疡是吃方便面吃出来的，有何医学根据？我最近一直没有吃方便面，但前几天也口腔溃疡了，那是什么原因？无理据的发言也终将引导出一个毫不讲理的孩子来，别的不说，至少文明、理性交流的公共素养与基本情怀就无法从家庭习得，更遑论实证精神的培养。

我将以上回复发出后，班主任们及时转发至各自班级家长群，很快，家长们平静了下来。然后，我跟各班主任说，看来，家校沟通与家长成长方面，我们做的工作还不够，窗口个数、用餐时间等基本信息还没有及时覆盖全体学生及家长，学生教育与班主任灵活应对问题能力方面仍需提升。

食堂的问题，学生并无多大反应，多数时候可能只是随口向家长一说；反弹最大的，恰恰是家长。有句话说得好，孩子本无事，家长自扰之。很多问题，包括教学问题，往往是家长在焦虑。

同样地，在接下来的一个招生季里，我负责接待来访的家长。一位家长领着孩子来学校咨询，一进门还没有落座，就用责怪的语气说："听说你们食堂做得很不好？"我很有礼貌地回敬这位家长，说："这位家长好，您刚才自己都说是'听说'，食堂办得好还是不好，您评价的理据是什么呢？您觉得像这样随意性的评价是不是对您孩子的一种直接或间接的负面影响呢？久而久之，孩子也就变成了没有任何可信依据就随意评价的人了。"这位家长听完后，感觉很不好意思，说："您不说我还真没有注意到。"家长这样的言传身教，对孩子其实是一种极大的隐形伤害。有一类孩子，看什么都不顺，在他的生命里，对别人只有不断地"喷"或"怼"，最后"喷"到把自己也封闭起来，独自在家中凌乱。孩子这种性格的形成，多半是受家长性格的影响所致。

我也是有孩子的人，同样的事，如果我是家长，我会如何处理呢？

首先，我坚信常识，对学校与教育保持最基本的信任。现代学校，学生饮食是最敏感的事，学生的每餐、每个品种都必须取样备查，常规情况下不会存在卫生问题。如果出现，对卖家也是毁灭性的打击。如果是因人而异众口难调的口味问题，我会引导孩子适应学校，毕竟，不把公共餐饮当作自家小厨，这也是公共素养与公共常识。再者，接受公共食堂，不提过分要求是对公共食堂本身属性的起码尊重。然后引导孩子专注学习，不被身边同学或家长的情绪影响。

其次，我会甄别孩子所提供信息的真伪，了解是否是孩子的借口，培养孩子遇到问题多从自身找原因的思维与品质。很多时候，孩子对父母其实就是顺口一说，为自己不想用餐或别的原因找一个台阶，但家长就信以为真并较真了。还有一种可能，孩子可能有些娇生惯养、过于挑食，这也应该反思。然后，我会了解学校各年级班级数、食堂打菜窗口数及就餐时间分布，看是否错峰安排，以此作为推断候餐时间的重要依据。

再次，如果学校食堂卫生没有问题，只是孩子口味的问题，我会设法借机培养孩子克服困难的能力，并用一周内为孩子送餐一两次的方式调节，力求培养孩子适应公共生活的能力，并相信这段时光对孩子也是一种极好的历练。我读大一的暑假里，到广州芳村做建筑工人，条件极差，房间无空调和电风扇，热得无法睡觉，我们几个男生就跑到楼顶水泥板上睡。没有枕头，就垫一个空矿泉水瓶。现在想来，那段经历也是一种福，增强了我对生活的适应能力。

最后，如果确实学校食堂办得如家长们所言，可以联系家委会成员，由家委会成员代表与学校领导直接沟通交流。不人云亦云，不盲目跟评，尤其不在公开平台、在完全没有理据的情况下随意发布信息，宣泄情绪。

后来，"厦大餐饮"终于营业。刚营业的前几天，确实有很多学生到这家餐厅用餐。可新鲜过后，也便不太去了。有一次，我问一些来之前餐厅用餐的同学为什么不去"厦大餐饮"用餐，他们笑笑说，吃来吃去，感觉也差不了多少。

不知道之前预言待"厦大餐饮"营业后原来餐厅会倒闭的那位家长有何感想，他如果亲自来学校看看，就会发现这里不仅没有倒闭，反而依然"人满为饭"，并且几十道菜品色香味俱全。这让我想起在海沧校区工作时，曾有一学生回家总是抱怨学校的饭菜不好吃，天天吵着要点外卖。这位学生的家长便通过关系，亲自进入学校，去食堂亲自查看，发现食堂里数十道色香味俱全的菜品一字排开。亲自取餐食用后，赞不绝口，然后就直接回家了，再也不听信他孩子的话。因为他知道，这是自家孩子的培养方式出现了问题。其实，我自己作为学校的老师，一直在食堂用餐，并且经常赞不绝口。

那么，学校、家长如何运用食堂资源来引导教育，铸牢孩子的精神底色，助益孩子的精神成长呢？

家长处理的最低层次是，孩子说一即一，在不求证的情况下便在公共平台宣泄情绪，最终孩子也变成了蛮不讲理的社会公民。他们甚至有可能掉入别人设置的陷阱而不自知，毕竟，食堂竞标方相互拆台的事时有发生。

好一点的处理方式是，理性取证，合理诉求，推动公共事务正常发展。

当然还有各种各样的处理方式，但我认为，最高明的处理方式应是睿智而艺术化地转化为教育资源，引导家长与学生的心灵走向健康发展的良性轨道。

这件事也促使了我对教育的思考：为什么有些家长或老师眼里看不到善良？或者不引导孩子善于发现身边的美好？食堂阿姨、学校保安每天都尽心尽力地服务学生，为什么孩子视而不见，似乎认为别人为他做的一切都是应该的，眼里尽是功利之心？后来我将对此事的处理转化为教育教学资源。高一语文教材必修上册第二单元的单元写作任务是"发现身边的美好"，其中有这样一段文字：

我们之所以经常被先进人物事迹感动，是因为这些事迹反映了人间的真善美，表现了人们对美好事物共同的追求。

恰好《闽南日报》于 2023 年 5 月 4 日发表了漳州厦大附中高一（9）班林宸可同学的一篇散文《那碗沙茶面》，写的就是自己从食堂门外开始排队、耐心等待取餐过程中，发现打菜阿姨心灵美的事。5 月 5 日，厦大附中姚跃林校长在读完这篇散文后，写了一篇微信推文《这世界有那么多人——"刀子嘴，豆腐心"》。姚校长在文章中这样写道：

昨天下午阅读了高一（9）班林宸可同学发表在《闽南日报》上的《那碗沙茶面》，很是感动。我立即将文章的截图和整版 PDF 文件发给食堂经理，竖了三个大拇指并留言："代我谢谢这位员工！"接着，我又将截图和整版 PDF 文件发到学校办公群并留言："高一（9）班林宸可同学的《那碗沙茶面》发表在昨天（5 月 4 日）的《闽南日报》上，我推荐给大家看。感谢那位食堂阿姨！感谢宸可同学！感谢傅晶晶老师（指导老师）！这才是附中的美好！"

全校师生读了林宸可同学的散文后，纷纷在姚校长的微信推文下面留言。

● "沙茶阿姨"真的很好，笑起来很好看，"沙茶大叔"很幽默，虽然平时看起来很凶。

● 写得真好啊！画面感好强。

● 沙茶窗口的大叔和阿姨人都很幽默，阿姨很温柔，大叔虽然看起来凶凶的，但是其实是那种刀子嘴豆腐心的人，还会讲冷笑话。

● 附中食堂的叔叔阿姨真的很好，有收盘子的时候明明很忙还是会回复学生"不客气"的阿姨，有会关心你米饭够不够的阿姨……

当天晚自习，姚校长习惯性巡课。走到高一（9）班时，姚校长不由自主地走进教室，当众表扬并感谢林宸可同学，分享了自己对《那碗沙茶面》的阅读体会和对"人性美"的看法，也表达了他自己对纯白少年的信心和赞美。

可以想见，林宸可同学与姚校长眼里看见、心里发现的身边的这种美，对全班同学是一种怎样的心灵激荡与教育；全校师生在阅读林宸可同学的文章时，静静地感受那种排队时耐心等待的平和与安静，以及心灵的细腻与丰富。也可以想见，姚校长在班级当面表扬林宸可同学时，同学们那种羡慕的眼光有多么强烈，这种心灵之美的传递对全班同学将会产生多么大的正向价值。哪一所学校食堂用餐不排队呢？有的人是抱怨，有的人是手捧书本发奋图强专注于学，有的人是在静心观察身边的美好。这让我想起艾利斯的ABCD理论，同样诸如食堂就餐需要排队这个诱发事件（A），它在学生、教师、家长的心里所产生的影响涉及三个方面：（1）个人对诱发事件所形成的信念（B）；（2）个人对诱发事件所产生的情绪与行为后果（C）；（3）质疑（D）。他们之间的实际关联是，C并非由A直接造成，而是由B直接作用。而要调整B对C的不良影响，就需要用D来调整。D恰恰能起到认知转换的作用，即促使当事人多从积极、正面、阳光的角度辩证看待逆境，化危机为生机。所以，当同学们一样面临排队取餐这样的事时，个人内心的信念起着决定作用，有的同学心态积极，排队时生发了许多快乐；有的同学心境悲观，消极对待，满怀抱怨。境界不同，格局不同，所见的风景与行为反应全然不同。同样的事，有的同学看见了风景，有的同学则产生了压力，甚至，转换成了怨气与怒气。

厦大附中德育处的志源主任在姚校长的截图发至群里仅30分钟后，就给姚校长留言："临时决定，下周主题班会：那碗沙茶面——人性之美！"

我相信，经过这样的肯定与扩大后，学生的眼光将不再只盯着身边他人的不是，而是释放出更人性的关怀，温暖彼此。这就是艺术化的教育。

随后，我在备课组教师群中分享了这一材料，在年级"发现身边的美好"的专题作文中，很好地运用了这一教学资源。

两年后，我辞去了学校行政职务，重新回到班主任岗位上，接管了厦外集美校区首届"强基班"班主任。在刚开始接管时，为防止学生与家长把注意力过多迁移到食堂等非学习方面的事上，我一开始便借助学生并家长联席会议，引用了林语堂先生对西南联大的经典评论："联大师生物质上不得了，精神上了不得。"分析了西南联大当时条件的艰苦，并列举了从西南联大走出的大批名人。随后，我经常主动分享学校食堂一些鲜美可口的菜品到家长群，或者发一些学生刚打好或正在用餐的照片到家长群。有一次，学校食堂新增了绿豆汤与奶茶摊点，我拍照后发到家长群，家长们纷纷点赞，并发来许多感慨：

- 还有绿豆汤喝？这么好？
- 大大的点赞。
- 用心的老师，幸福的孩子们。
- 这个摊点估计会生意超好。
- 期待家长们也有机会去吃下咱们学校的食堂。
- 哇，好幸福的娃们，我现在在校门口都流口水了，期待！
- 孩子们也太幸福了。
- 前天中午爸爸去给孩子送东西，娃一嘴油说："今天饭菜太好吃了！"
- 什么时候可以让家长进去吃一餐？孩子现在都不回家吃饭了，说食堂好吃，都吃胖了。
- 我家小子胖了6斤。
- 我们家的可不能再胖了，本来还期待住校后会瘦个十斤八斤的。
- 流口水了。
  ……

同样的食堂，不一样的交流与沟通方式，效果却截然不同。家长对学校的基本信任与理性诉求，家校对学生的良性引导，都至关重要。

5. 为何而忧，为何而教

——一次"伤心"的回复

疫情期间，较多老师发着烧在家给学生上网课。

2023年1月9日晚9:23，微信上一位高三学生家长给我发来一个要求，让我们学校也要像别的学校那样违规让学生到校上课。微信部分内容如下：

"骚哥"，听说A校的期末考试安排是16号返校考，18号自习，19号老师线上讲评。我们校区是否也可以这样啊？看看这阶段孩子们有没有认真学习。高三了，不能掉以轻心啊。

这周A校是到学校集体上网课，B校是集体到学校自习，都说是自愿原则，但基本上都去了，就我们厦外最"安分守己"。

我一看信息，脑海里就想起之前的一些事。也是这位家长，给我发来各种"呼声"截图。她不知从哪里了解到信息，一会儿发来"听说"A校的做法，一会儿发来"听说"B校的做法，一会儿又发来"听说"C校的做法，要求我们像那些学校一样。而这次，这位家长除了上面发的内容，还要求我们像A校那样，到除夕夜的前一两天再放假。

那段时间，学校很多老师带病工作，学生带病学习。说实话，看了这个信息后，我心里理解这位家长，却为教育感到伤心。

微信上，我给这位家长作了如下回复：

××同学妈妈：

您好。

感谢您真诚的建议。晚上因为一直忙着备课，未能及时回复。抱歉。

您的建议，可能需要商榷。

我如果圆滑，完全可以说一声"好，我上报领导"就可以了，但我没有这样做，因为我想的是，我们在做教育，而不是高考加工厂。

教育要尊重人性，尊重规律，而不是随性内耗。

我应该是很重视学生与家长意见的，但这不代表我会随便听从意见，毕竟教育是非常专业的事。您今晚提及的问题，可能我们难以安排。

原因如下：

其实我们还知道F学校上周就让年级前60名学生回校线下上课了。如果您的孩子是这所学校非前60名的学生，没有回校上课的特权，您心里会如何想？这样的学校，是不是也要我们去学习呢？

外国语学校之所以是外国语学校，我们之所以如此深爱着这所学校，正是因为它有自己独特的教育立场与教育情怀。我还可以告诉您，有的地方有些学校甚至鼓励孩子大年初一就到学校读书，也是您所说的"自愿"，但也要我们去学吗？您说"厦外最'安分守己'"，我们守，一些家长有看法，如果我们真不守了，估计更多家长要跳起来。

再说回这件事。您说想让老师们跟兄弟学校学习（其实也还都只是传言），可是我们在您之前也接到另一些家长的说法，说能不能早一点放假，毕竟春节时孩子及家人要回老家过年，要安排行程，要给孩子生活的权利，要让孩子适度走动，培养孩子春节期间与大家庭成员间的互动力，亲情与情商的培养是更重要的教育。您说，我们是听哪一方的意见呢？我们的老师回家过年需不需要时间？是否也应该准备一点点年货？能否给出一个家长代表们的最终意见，比如家委会对几乎全体家长的意见收集，或者教育主管部门确实可信的文件？知法、守法，是作为一所学校按章办事最起码的基础与尊严。事实上，什么时候集中线下上课，什么时候放寒假，这是政策性极强的事，容不得学校自己作主。

看到这个信息，我之所以比较心痛，其实以上说的还不是最重要的。最重要的是，我们应保持一种什么样的教育立场或理念，才能培养出更好的孩子？如何引导孩子学习？什么才是真正的学习？要逼着孩子把所有的时间都用在写作业上，才叫学习吗？如何做到眼里、心中都装着别人？如何引导孩子对身边的花鸟虫鱼也有生命的感发力？如果一个孩子或家长仅为了自己的一己之私而让所有老师几乎牺牲全部的生活，我想，第一，任何人都没有这个权力；第二，我们也不应该这样去想。要让老师给孩子上课到年前一天或前两天而不自知别人的利益及合法权益，这本身就不够善良，因为老师也是人，老师也要过年，这些是最起码的人文关怀。如果我们在考虑问题的时候全然不去思考，这还是教育吗？教育必须指向人的生命健康与精神成长，单指向客体知识与一己之私，不叫教育。孩子如果连最起码的他人生命关怀都不去想，这样的孩子纵然去了名校又有何用？所以，我们要引导孩子心有他人。

如果我是您，虽然可能也会为自家孩子的成绩着急，但我会更多地引导孩子学会关怀当下自身与科任教师的身体健康，关心正在生病的同学与老师的生命状况。您知道我们有多少老师处在生病的各种苦痛之中而坚持上课吗？

您可能也知道，就是您所说的 A 校，他们此前上网课，是一个老师上全年级各班的课。厦外的网课，依然是每一位老师只上原来自己班级的课，为什么这方面没有叫我们去学习别人呢？不要拿学校去作对比，我之前说过，既然选择了一所学校，就应该相信这所学校，尊重这所学校的文化。不同的学校有不同的教学理念与教育追求，这一点，家长在择校时是要考虑清楚的。

我们按着教育法规运作，尊重孩子们的身心健康，服从教育主管部门安排，知法，守法，所以还是希望您与其他家长能理解，让孩子安心享受短暂假期愉悦的调适时光，合理安排学习。这，其实是更重要的学习，更重要的生命关怀。更何况，孩子放假在家，并不意味着弃学。

您作为高三学生家长为孩子的学习着急，心情是可以理解的。但越是这个时候，越需要定力与理性。厦外的孩子高考总能稳定发挥，越战越勇，始终能保持对学习的热情，高考后从未出现学生撕书、扔书解恨的现象，这与我们平时不压得过紧有正向作用。其实，我们比您更急，但还得守住章法，保持节奏，不被别人带乱。

其实，也建议您先问问自家孩子，看看有无必要那样上课。我认为，至少八成的孩子是反对的。我们接到的各种信息都有，但如果像您那样安排，肯定会被学生电话投诉。非常时期，安心，静心，身心不乱，是孩子最好的学习心态，也是家长给予的最好的学习环境。相信孩子，相信我们。

感谢您，希望也恳请您一如既往地关注学校，并提出合乎教育法的建议。我们会高度理性重视家长的意见，这是我们竭诚为您家孩子的健康成长保驾护航的应有态度。

谢谢您。

之前我一直纳闷，为什么现在会有些学生，在高三保送或高考之前，可以一天24小时不分时间、不分场合地来"请教"老师，或要求老师给他打印各种学习材料，而一旦所谓成功之后便扬长而去，再也不回头，甚至后期班级的一些事务需要他回校帮忙也不理会，现在我似乎有了答案。因为有些老师和家长只习惯给予，甚至是没有原则地满足，以至于学生认为别人为他做的一切都是应该，都是必然。长此以往，没有培养学生关怀与尊重他人生命与利益的能力，这样的教育，其实是失责的教育！

很多时候，家长的焦虑已经影响到了孩子与学校教育。有些家长需要接受再教育，以确保教育的理性。追求教育的艺术性并浸透人文关怀，家校教育才可能有更多的幸福。

附录 1
关于本书部分评论

细致入微，苦口婆心，既着眼于高中阶段学生身心成长复杂的特点，更有宽广而又专业的心怀为他们的一生培基指路，激荡灵性。欧阳国胜老师堪称父亲型、导师型高中班主任的美好样本。读罢全书，颇生感慨，教育之难尽人皆知，到了高中阶段似乎更是山穷水尽，少有人相信生命的智慧与教育的技艺，很多教师由"手艺人"退化为"推磨者"，自身也鲜有幸福可言。阅读欧阳君诚恳而感人的生命叙事，我相信对教师们在学校中"重新活回自己"大有裨益。

——张文质（教育学者，家庭教育专家，生命化教育发起人，文质教育研究院创建者，著有《唇舌的授权》等教育专著）

我第一次见到爱班主任工作爱到把班主任工作视为专业，视同生命的老师。让他担任班主任，好像是对他的嘉奖。这就是厦门外国语学校正高级语文教师——欧阳国胜。多年来，欧阳老师用他的爱、知识、智慧与全身心付出，在班主任工作岗位上积累了丰富的经验，取得了卓越成就，赢得了学生、家长、同事与社会的齐声赞誉。以前，欧阳老师应邀赴全国各地向同行分享班主任工作经验。现在，这些知识、方法、技巧与智慧等用文字凝聚起来，让全国更多的班主任，或即将走上班主任岗位的老师，一书在手也能分享欧阳老师的班主任工作经验，可喜，亦可贺。

——鲍道宏（原福建教育学院中文研修部主任，课程学博士）

欧阳老师的《做幸福的引领者——班主任核心素养八讲》一书即将出版。他请我写个简短的推介语，我欣然答应。欧阳老师现为我校高一（12）班"钱学森班"的班主任，是学校年龄最大的班主任。2024年安排他当班主任时我还有点忐忑，他到集美校区工作三年刚回来，完全有理由拒绝，但他二话没说，挺膺担当。他已是正高级教师和特级教师，做班主任已不是必备条件。现如今愿意当班主任且像他那样几十年如一日地坚持当班主任的老师为数不多，令人感佩。有时我们总感到榜样离我们很远，其实榜样时时处处在我们身边。我为学校拥有这样的好老师而骄傲无比。

他写这本书期间，与我有过许多交流，我也很期待。书中他分享了自己当班主任与学生在一起学习、生活的点点滴滴，欢喜苦乐。他以研究者视角研究学生，长年深耕班级，全心投入，对学生了如指掌。书中记录了诸多典型的教育案例，有解决各种疑难杂症的策略，有温情满满的暖心活动，有仰望星空的点燃梦想……字里行间蕴含着教书育人的智慧，直抵心灵，极具教育价值，可为实操读本。

学生也对他好评如潮，在学生心中，他如父、如兄、如友。

班主任工作苦累繁杂，他却做成幸福的乐事。以做幸福的引领者去成就学生，我想所有的一切都源于一个"爱"字。正如他所言，用爱与专业照亮每一个学生。

——谢慧（厦门外国语学校党委书记）

欧阳国胜老师怀有"用爱与专业照亮每一个学生"的天命感，以"对学生要有类似父母般天然的爱"，警惕自己可能的"偏严过正"，在实践中坚持学思研并重，形成了自己不落窠臼、灵活机变、春风化雨的班级管理风格，比如因病残疾的绿羽同学被照亮了生命，成长为青年作家；因情感问题甚至想放弃学业的小木同学回归正轨，考上了心仪的大学等。书中诸多案例既深蕴育人智慧，更有直抵心灵的生命温度。好的班主任可以治愈、温暖孩子的一生，甚至可以改变孩子的生命轨迹。读此书，心头一直萦绕此念。

——孙民云（厦门市海沧区教育工委书记，区教育局局长）

一个称职的班主任，不仅仅是在表面上对学生进行关心和教育，而是真正将学生放在心上，用心灵去感受和理解每一个学生的需求和情感。他们深知，作为教育者，应该拥有温和而坚定的智慧之爱，这种爱不仅仅是情感上的关怀，更是专业上的引导和支持。他们用这种爱和专业知识去照亮每一个学生的成长之路，帮助他们克服困难，激发潜能，实现自我价值，而不是说在嘴上、写在书上、拍在照片上的。欧阳国胜老师的书中所强调的，正是这种班主任的内在品质和教育哲学，即在教育实践中，以学生为中心，用爱与智慧去引导和激励学生，让他们在成长的道路上更加坚定和自信。

——凌宗伟（江苏省特级教师，南通原二甲中学校长）

欧阳国胜老师用一个个生动鲜活的教育故事，深入浅出地诠释了什么是教育的幸福和幸福的教育。在他深情而深沉的笔下，师生交往里的日常琐碎，化成了美好的珍藏；生命陪伴中的点点滴滴，洋溢着幸福的气息。他的深入思考与实践探索，再次说明了这样的事实：被人影响变好，是一件幸福的事；能影响别人变好，更是一件幸福的事。这是生命律动的双向奔赴，也是精神成长的奇妙旅程。这是多么感动的景象，又是多么幸福的存在。

——张正耀（江苏省特级教师，正高级教师）

用两天时间读完欧阳老师的文稿后，我内心充满敬意。这是一部常年坚守在高中德育岗位上的"老班"的智慧结晶。作者以真诚质朴的文字，述说了自己对教育的深邃思考；用一颗温暖而丰富的心灵，做有灵魂的教育，做一间教室里的幸福引领者。欧阳老师知识丰富，眼光独到，思维发散，能放能收，给一线班主任开掘了一个精神富矿。这本书，无疑是一本极具实用价值的带班宝典。

——苗旭峰（《优秀班主任悄悄在做的班级管理创意》作者）

班主任的事业极大，在当下，在未来，在吸引，在凝聚，在奠基，在激活，在推举，在让孩子达到他们所能达到的高度。班主任的事业又极小，在一张张便签，在一首首小诗，在一句句温和且坚定的嘱托，在一次次自然而真诚的微笑。走近你，如坐春风，烦戾顿消；交流时，如饮甘泉，身心皆畅；离开后，若干年，你依然是每个孩子面对困境、执着梦想时的勇气和力量。这便是阅读欧阳国胜先生著作时带给我的感觉。

——陶妙如（教育管理学博士，特级教师，
教育部"国培计划"专家库专家）

这是一本温暖又智慧的书。作为班级管理的书籍，它有生动感人的师生故事，更兼具理论的高度和深度。读完，一个个活泼泼的学生出现在我的脑海。学生们的背后，默默站着一个人——他面带笑容，他真诚、专业、爱心满溢。这个人，就是欧阳国胜，学生口中的"骚哥"。遇到这样的班主任，是学子一生中幸运又幸福的事。而任何一位当过班主任的教师，业务上能做到这个境界，其职业生涯也一定是充满幸福光芒的。

——王木春（福建省东山县第一中学正高级教师，特级教师）

我就是书中欧阳老师提到的伍绿羽同学。回想当年欧阳老师亦师亦友的陪伴，种种美好的诗意、回忆涌上心头。眨眼间，我也已为人父，心中更多感慨。本书记录和分享了欧阳老师的教育理念和教学经历，初读，扑面而来一股青春的味道；再读，有着一种错落分明的层次感。《做幸福的引领者——

班主任核心素养八讲》应该是我们这个时代的一方良药。快节奏、效益优先、成果优先的观念带起的各种"卷",近年来在教学领域尤为明显,这对于多数孩子的成长来说,是不健康的。如何引导孩子,如何让孩子保持积极的生命状态,读了这本书,相信你会发现许多有趣、有爱、有情的地方,帮你更了解与欣赏自己的孩子。

——伍绿羽(福建省泉州市晋江市阿旦工作室负责人)

附录 2

教师：做幸福的引领者
——兼谈如何提升教师职业幸福感

当 DeepSeek 引发全球关注时，教育圈是否也感受到了"地震"？面对越来越不确定的未来，已确定无疑的是，教师的角色正在被重新定义。

教育的目标不能仅仅停留在知识传递上，而是需要更多地关注学生的潜能、全面发展以及教师的终身成长。AI 时代，教师该如何重新认识自身的职业特性？教师如何通过职业发展和职业自信获得意义感和幸福感？教师如何学会在师生的相互成就中享受独特的生命之旅？

"两会"之际，我们特邀教育专家、心理学专家以及一线优秀教师，围绕"如何构建教师的职业幸福感"主题展开对话与讨论。

教师职业幸福感的根基是找到意义感

主持人：您认为什么是幸福？什么是教师职业幸福？

王定华：教师的职业幸福感不仅关乎教师个体的职业发展，更关乎教育的未来与社会的进步。研究发现，教师的幸福感主要来源于以下方面：首先，职业的意义感。当教师感受到自己对学生产生了深远影响时，会产生强烈的幸福感，这是一种助人自助的成就感。其次，积极的师生关系。教学不仅仅是传授知识，更是一种心灵的交流。良好的师生互动能够提升教师的职业满足感。当教师感受到学生的尊重、认可和成长，他们的幸福感也会增强。再次，自我成长与自我实现。教学不仅是引导学生成长，更是教师自身的成长过程。不断学习和探索新的教学方法，与学生共同进步，会让教师获得更持久的职业满足感。最后，社会尊重与支持。教师的幸福不仅取决于个人的努力，也与社会环境密切相关。当社会尊重教师，给予合理的待遇、发展空间和情感支持时，教师的职业幸福感会更强。

彭凯平：幸福是人类内心深处的一种积极体验，它不是短暂的快乐或满足，而是一种长期的、稳定的心理状态，是一种有意义的快乐。心理学研究表明，幸福感因人而异，但通常来说，包括生理需求的满足、积极情绪体验、人生意义感充实和社会联结良好等方面。也就是说，幸福不是单一的维度，而是一个综合性的心理状态。另外，幸福不是避免痛苦或追求享乐，而是如何在挑战中获得成长，在人生的奋斗中实现价值。换句话说，真正的幸福不是"我得到了什么"，而是"我成长成了什么样的人"。积极心理学告诉我们，幸福也是一种理性选择，因为人类大脑的加工有负面偏差的特性，原因在于人类只有有限的注意力、记忆力和认知加工能力。因此，在漫长的历史进化过程中，人类大脑逐渐形成了负面信息加工的优势。也就是说，我们经常会自动注意一些不好的事情，因为负面事件对我们的影响要大于正面事件。从这个角度来说，幸福需要学习和修炼，需要通过理性来提升自身的幸福感。

李政涛：说到底，幸福是一种心理体验。这种体验既具有共通性，不分种族和民族，不分职业和专业，如安全感、成就感及其带来的意义感所引发的幸福感；同时也有特殊性，比如即使同样体验到了意义感，但不同的职业会有特殊的意义感。就教师而言，首要意义在于创造，这里的创造是"创造新人"。人的一生，至少有三重生命：第一重生命，是父母创造的；第二重生命，是教师创造的；第三重生命，是自我创造的。没有什么比理想新人的创造更有意义了。正是在这个层面上，我们确认教师是无可争议的创造者。因此，教师的幸福，就是创造的幸福，在创造新人的过程中，创造教育教学的理念与方式。只有当教师真正发现并且体认到自己创造了什么，因而成为创造者的时候，幸福感才会接踵而至。

欧阳国胜：人类社会越往高级阶段发展，获得幸福感就越会成为关注的重点。我认为，奋斗出幸福，幸福是一种心安。教师职业幸福是艺术化地"成人达己"。回望我的教师职业经历，第一站是一所农村中学。学校给了我一个"乱"班，我接任后在一学期内，就将这个班变成了全票通过的优秀班级。后来，我指导这所农村中学的学生参加一项全国性中学生征文大赛，并荣获二等奖。获奖学生还受邀去北京人民大会堂领奖。再后来，我指导一名无法参加高考的残疾学生学习写作。我们经常一起聊文学、阅读和写作。这名学生后来因写作而找到了自信与生命的意义，并获得了"青年作家"的称号。这些工作中的点滴成就，以及教师工作的意义感，让我慢慢树立了职业自信，也让我深深体会到：教育可以改变一个人，甚至一个家庭。我相信，教师职业可以通过创造价值而获得尊重，并最终获得作为一名教师的职业幸福感。

教师职业是一种情感和关系性工作

主持人： 关于教师职业幸福的特殊性，您认为主要体现在哪些方面？

王定华： 一个人遇到好老师是人生的幸运，一所学校拥有好老师是学校的光荣，一个民族源源不断涌现好老师是民族振兴的希望。教师是发展教育的第一资源，促进教师专业发展、提升教师职业幸福感是教育工作的重中之重。教师的职业特性要求他们不断地学习和更新知识，而这种终身学习的过程本身就是一种幸福体验。与某些职业可能会因重复性工作而感到枯燥不同，教师永远会在教学和师生互动中获得新的思考和启发，这使得教师的幸福感具有较强的动态性、成长性与持续性。不同于许多职业的幸福感较多依赖于薪资、职位晋升、物质奖励等外部因素，教师的职业幸福感更强调内在价值。许多教师即使面临较大的工作压力，仍然坚持不懈，因为他们坚信自己正在影响和造就他人的人生。这种由强烈的使命感而形成的意义感，是教师职业幸福感的突出特点。

彭凯平： 每个职业都有其特别之处，当然也有其特别的幸福来源。教师职业幸福感的独特性，主要体现在个体成长与社会价值的有机融合之中。教师的职业幸福感具有延迟效应。教师工作的目标是教书育人，教书可以通过成绩来表现，而育人则需要时间的沉淀。教师的工作成果往往不会立刻全部显现，而会在学生未来的成长中逐步展现。一名教师可能要等待几年甚至几十年后，才能看到自己曾教导的学生在社会上发挥作用。这种延迟性的幸福是一种积累式的成就感。另外，不同于很多依赖技术、资本或数据驱动的职业，教师的核心工作是育人，其本质是一种人与人之间的深度互动。在这里，教师的幸福感很大程度上源于师生之间深刻的情感联结。这种以人为核心的深度联结，能为教师带来长期而稳定的心理满足。虽然教师的职业幸福感总体来说比较高，但也面临着十分显著的情绪消耗挑战。由于长期面对学生、家长、社会期望，教师需要投入大量的情感劳动，这种高强度的情绪投入使得教师职业的幸福感更容易受到外部环境的影响，比如学生的学习表现、家长的认可程度、社会的支持等。

李政涛：我非常认同李希贵校长的一句名言："教育学首先是关系学。"真正的教育高手，一定是处理关系的高手：首先是处理师生关系的高手，其次是处理校家社关系的高手。就师生关系而言，情感是维系师生关系的基本纽带。但问题在于，这种情感纽带从何而来、如何建立，并得以持久？这就回到了如何看待理想的师生关系这一问题上。既然是关系，一定不是单向的，而是双向互动的。在我看来，理想的师生关系，一定是相互定义、相互照耀、相互成全、相互挖掘和实现生命价值的关系。如果只是单向的，如教师只能定义学生、照耀学生、成全学生，就难以建立起真正且持久的情感纽带。正是日常化的、具体而细微的教育活动和教育场景，为师生之间相互成就提供了独特的机遇。这是独属于教育、独属于学校，因而独属于教师的"关系机遇"，也体现了教师构建职业幸福的特殊性。

欧阳国胜："感人心者，莫先乎情。"教师是与人打交道的职业，能感知职业幸福的教师，首先是一个善于建设关系的人。只有关系和谐，才有幸福可言。我曾给厦外新疆高中班学生上课，我与学生间的关系非常融洽，学生喜欢听我的课，成绩也好。然而，我也曾遇到一名女生，几乎每节语文课都在刷数学作业。我多次冲动地想批评她，但因坚守"教育不撕破脸"的原则，就忍了下来，尽可能尊重她的听课方式。终于有一天，她笑盈盈地跑上讲台，说"我想送你一幅字"，并问我想要什么内容。我说要苏轼的《定风波》,她非常欣喜,说"我爸爸也特别喜欢这一首",并表达了其父对我的赞赏。我高兴、意外之余,也庆幸此前没有当众批评她而破坏关系。后来细想,她在刷数学题时,总会时不时抽出语文书来做些笔记,成绩也稳定。后来,我们的关系一直很和谐。我想,这就是一种教师的职业幸福。幸福的师者,专业之外,更应有温和坚定的智慧之爱。

好的教育是相互成全的生命旅程

主持人: 可见好的教育不仅是促进他人发展的方式,也是自我发展的最佳方式。

王定华: 最好的教育,应该是彼此成全的过程。今天,教育创新的重要性被进一步放大。教师要想"点燃"学生,自身要有"火种"。我理解,拥有"火种"的教师,首先需要具备终身学习的能力和开放创新的精神。新时代教师应当进一步树立教育创新意识,不拘一格地营造创新氛围,具有探索精神、求异思维,设计创新情境、提供创新条件,激发学生兴趣、促进学生创新思考。在此过程中,教师自身也会得到成长,并获得终身发展的机会。

彭凯平: 这句话非常精准地揭示了教育的双向成长性。教育不是教师单方面传授知识的过程,而是教师在帮助学生成长的同时,自身也不断发展的过程。从积极心理学的角度来看,教育是一种"利他而自利"的职业,它让教师在付出的同时,也获得成长、幸福和意义感。在对学生进行知识传播、情绪支持、人格塑造的同时,教师也在这些方面不断成长、不断打磨,在让学生变得更好的同时,也让自己变得更好。

李政涛: 一旦我们认同师生关系是相互成全的关系,必然就会"成人成己":在成就学生的同时,也成就自身。如果一种教育,只能让受教育者成长和发展,教育者却始终止步不前,那一定不是"好的教育"。不过,在我看来,"成人成己"的顺序,可能需要调一调,把"成己"放在"成人"之前,教师只有先"成己",才能"成人"。换言之,只有先善于"自我教育"或"我向教育",才能"教育他人"或"他向教育"。

欧阳国胜: 回想我在农村中学工作时,每到周末,校园几乎无人,只有我们几位外地教师。我和一位四川籍的马老师常一起躺在我那张破木床上，探讨一周来治班的得失，现在想来那就是最好的德育研讨。周末晚上，我常批改作文至深夜，当批到多数学生都犯错的地方时，我就不再批改，而是作深入研究。在那个简陋的房间里，我创造了自己论文写作与发表的第一个小高峰，这种习惯一直延续至今，后来我发表了140余篇期刊文章。这些文章和相关研究都是基于我的日常教学，教育写作极大地提升了我的专业素养。在帮助学生成长之时，我也实现了自我成长。我觉得，一些教师难以长久地感知职业幸福，原因之一是完全把自己当作蜡烛，只有消耗没有发展，即自己的生命没有走向成长。其实，教育在"成人"之时，必然要实现"达己"，教育才能持久，教师也才能收获职业成长的乐趣与幸福。

从建立职业自信到获得职业幸福感

主持人：在您看来，教师要获得职业自信和职业幸福有哪些有效途径？

王定华：学科专业素养是教师从事教学工作的基础，在教师知识结构中居于关键地位。当教师成长为学科专家，谙熟学科本质，理解学科知识的产生与来源、关联与结构、作用与价值、思想与方法，就会建立起职业自信，也就更容易找到职业幸福感。另外，每一位教师都应努力成为反思性实践者，在实践过程中以问题为导向，及时发现问题，深入探究问题，找出解释或解决问题的方法。一些国际组织和国家已将反思性思维纳入教师必备素养的范畴。教师还应成为终身学习者，始终保持好奇心和求知欲，不断充实、拓展、提高自己，始终处于学习状态。通过终身学习，教师不仅可获得胜任教学的学科专业知识，还能有广博的通识知识，具备宽阔的胸襟和较高的站位，也能够更主动地更新教育观念，并对学生持续产生积极的影响。

彭凯平：这个问题非常重要。结合我个人的从教经历，我认为专业成长、情感联结和意义感，是建立职业自信的核心三要素。首先，从初出茅庐的年轻教师到一步步走向成熟，体现在对知识的不断掌握和教学能力的不断提升上。教育是永恒的动态过程，需要不断更新知识和优化教学方法。保持终身学习的心态、积极接受反馈、拥抱变化和创新，这些都会帮助教师在课堂和科研中更加自信，而这种自信会自然转化为职业幸福感。其次，通过情感联结提升职业幸福，这是我一直特别强调与践行的重要方面。知识传授是教育的载体，更深层次的是人与人之间的情感交流。我的幸福感，很大一部分来源于积极的师生关系，以及这种积极关系下所创造出的激动人心的生命成就。关注学生的身心成长、培养积极的课堂氛围、营造师生双向成长的情境，在此过程中，职业幸福感与自信心会越来越强。最后，通过意义感充实职业自信。意义感是幸福的重要来源。研究表明，教师的职业幸福感与自信心往往来自对教育事业的深刻认同和价值感实现。思考教育的长远影响、将教学视为一种社会责任、培养"利他幸福感"，都是增强职业自信的好方法。

李政涛： 我的职业自信首先来自学科自信。作为教育学从业者，无论历史、现实与未来有多少对教育学的各种诟病或轻视，我始终坚信这门学科存在的价值和意义，坚信它对于人类文明赓续发展的意义，对于教育实践变革的意义，以及对于教师和学生成长的意义。只有把自己从事的学科建设好、发展好，助力它作出更多的贡献，我才有更多的自豪，才会有更大的自信，才能更积极地影响我自己的学生。有了这种源于学科、源于自己安身立命的职业根基的自信，教师就能够体验和享受职业的幸福和尊严。职业自信和职业幸福感是相互促进的，当我们意识到自己的工作在影响他人生命时的意义与责任，并看到自己的努力产生积极的成果时，职业自信心与幸福感会变得更加深远和持久。

欧阳国胜： 美国心理学家阿尔伯特·艾利斯认为，每个人面对同一诱发事件的心理感受是不一样的，而个人对诱发事件所形成的信念，会直接影响个人的情绪与行为后果。所以，遇到不开心的诱发事件时，我们需要学会多从正面、积极的角度来辩证看待，学会化危机为生机。我校集美校区开始招生时，我曾被安排到新校区工作，还要当班主任，并同时教初三和高一的语文。作为一名老教师，我不得不每天早上 5:30 起床，赶第一班公交车，坐50 分钟后再打车，才能到新校区。说实话，当时有些老教师难免有些情绪。但是，我尝试从积极的角度去看这件事，尝试找到早起的乐趣。跨年级同时教初三与高一，这也帮助我更深入地理解了初高中教材。所以，虽然路途遥远，我却几乎每天都是第一个到办公室。一些有情绪的教师看着我的工作状态，情绪也很快稳定了下来。那段时间，我带领两位年轻教师一起作高考作文的深度研究，在八省联考中，我们新校区高三作文平均分全市第二，帮助年轻教师建立了职业自信，也因工作能创造价值而幸福满满。所以，我们不仅要"活"在课堂里，更要"乐"在课堂里。

对职业境界的追求其实也是一种道德修养

主持人：从某种角度说，获得职业幸福感是需要长期求索的过程。对此，您怎么看？

王定华：职业幸福感并非一蹴而就的，而是一个不断探索、调整和成长的过程。特别是像教师这样的职业，幸福感往往来自长期的积累，而非短期的回报。联合国教科文组织发布的《一起重新构想我们的未来：为教育打造新的社会契约》强调，"学生、教师和知识构成了经典的教学三角。教与学都由知识共享滋养和促进""教学法应围绕合作、协作和团结等原则加以组织。它应培养学生的智力、社会交往能力和合乎道德的行动能力，使其能在同理心和同情心基础上共同改造世界"。这是一个让我们充满期待的教育目标，需要教育工作者长期而共同的努力。新时代的基础教育教师，需要重视培养学生的情感能力和大局思维，将影响世界和国家的相关话题融入课堂讨论，引导学生深度思考，将"胸怀国之大者"意识贯穿教育教学始终，在长期求索中获得职业意义感和幸福感。

彭凯平：心理学家米哈里·契克森米哈赖的研究发现，人在投入某项有挑战性的工作并全神贯注时，会进入"心流"状态，这种状态带来的满足感远超物质奖励。这个实验的启示是：教师在不断提升自己的教学能力、尝试新方法时，更容易获得职业幸福感。持续学习和挑战自我，是保持职业幸福的重要因素。著名心理学实验罗森塔尔效应证明，积极关系提升幸福感。这个实验的启示是：教师对学生的积极期待会影响学生的成长，而当教师看到学生的进步时，也会获得职业幸福感。哈佛成人发展研究（Harvard Study of Adult Development）的实验，则支持了"意义感是长期幸福的关键"。这项研究从1938年持续至今，跟踪了数百名参与者长达80多年。实验发现，影响幸福感的最关键因素不是金钱或地位，而是有意义的关系和对社会的贡献感。教师职业恰恰对社会有深远影响。当教师意识到自己的教育工作正在塑造未来的人才，他们会感受到更深层次的职业满足感。

李政涛：这个问题非常好，也非常重要，它再次点出了一个关键问题：教师的职业幸福从何而来？这里的关键点有两个：一是求索，二是长期。真正的幸福不是靠别人的恩赐或被动获得的，因为这只是短暂的惊喜而不是长久的幸福；真正的幸福应是在积极主动的探求中获得的。没有一种幸福可以信手拈来，轻易获取的往往不是真正的幸福，而只是生活中随机出现的、碎片化的，同时可能转瞬即逝的高兴或快乐等低层次的情绪而已。如果教师职业幸福的源头在于创造，那么就说明它一定是长期积累、持续努力的产物，是在克服重重困难中坚持不懈的结果。长期的坚持求索产生创造的力量，长期的坚持探索产生创造的幸福。

欧阳国胜：教师工作是一种默默耕耘而不求人"看见"的良心活，是无需监管也要长期尽心去做好的一份天职。教师要"站着"教书育人，才会幸福。我在即将出版的《做幸福的引领者——班主任核心素养八讲》一书中，结合《爱的艺术》谈到，教师对学生及对教育之爱，并非任何人都能轻易沉迷其中，需要你积极发展全部个性，形成一种创造性人格及"爱自己邻人的能力"。显然，这是一种罕见的品质，也就注定"获得爱的能力是一个难以达到的目标"（弗洛姆语），它回答了为什么多数教师难以得到幸福。同样，它也揭示了教育工作最核心的素养之一就是爱和激情。换个角度说，对职业境界的追求其实也是一种道德修养，一种人生修养。黑塞在《读书：目的与前提》中说："真正的修养不追求任何具体的目的，一如所有为了自我完善而作出的努力，本身便有意义。对于'教养'也即精神和心灵完善的追求，并非朝向某些狭隘目标的艰难跋涉，而是自我意识的增强和扩展，使我们的生活更加丰富多彩，享受更多更大的幸福。"教师要学会不止于获取特级或正高级等某些具体的头衔名号，而应追求自我完善，并意识到这种追求本身就是一种幸福，这样的教师才能拥有真正的职业修养与职业幸福。

（郜云雁撰写，中国教育新闻网"教育圆桌派"相关报道）

后　记
嗅着花香，真好

　　曾有不同的人多次邀约我出版书稿，我均婉拒了。导师鲍道宏教授劝我，要把古典诗词方面的书稿付梓。全国各地也有多人约我出版高考写作方面的书，亦未应允，因为我想把重心放在学生身上。但鲍老师说，把经验上升为深度研究与理性反思，是"把重心放在学生身上"的另一种表达。最终说服我，让我把班级管理方面的点滴经验转化为书稿的，是被我喻为"苏格拉底式助产士"的华东师范大学出版社的策划编辑朱永通。他在听过我几场德育讲座后，力劝我总结成书稿，以惠及更多教师与家庭。对于讲座，我是有自信的，我在全国各地的讲座颇受欢迎，且多场被要求现场加时，但要成书，总感觉底气不足。

　　最终，永通君的一个词让我心动了。

　　那次永通君电话我，我恰好在赴安徽一个300余人的讲座途中。他问我讲什么主题，我说讲"做幸福的班主任"。他趁机说："好呀，你就围绕'幸福'来写，立足班主任核心素养。"这是一个大胆而真实的想法。说"大胆"，是在众多班主任普遍感到痛苦的时候，我们居然提出"幸福"；说"真实"，是我从事班主任工作这么多年，的确一直感觉幸福，虽然未必做得好。我辞去行政工作后，作为特级教师与正高级教师，毅然回到班主任岗上。姚跃林校长说："唯有热爱可以解释。"鲍道宏老师则说："让他担任班主任，好像是对他的嘉奖。"

经永通君这么一提,"幸福"一下子就"跃"了出来,觉得很合我的心境。后来与永通君多次茶叙,并在他的提议下,用"做幸福的引领者"作书名。幸运的是,"做幸福的引领者"这个标题很快成为2024年12月厦门市海沧区第十一届"教育阅读节"暨"大夏书系读写节"海沧专场活动的主题。2025年3月,中国教育报——中国教育新闻网编审部云雁即将组织全国"两会"话题"教育圆桌派"。参加过厦门市海沧区第十一届"教育阅读节"的她对此次活动主题和内容高度认同,决定把圆桌派的主标题定为"教师:做幸福的引领者——兼谈如何提升教师职业幸福感",围绕此话题相约第十四届全国政协委员、北京外国语大学党委书记王定华,清华大学教授、中国国际积极心理学大会执行主席彭凯平,华东师范大学教授、教育部中学校长培训中心主任李政涛以及我本人共话"教师职业幸福感",我作为一线教师代表参与本次对话。可以预见,随着人工智能的发展,"幸福"将成为职业归属绕不过去的一个词。

2024年4月,在写作过程中,恰逢厦门市教育局举办庆祝第40个教师节"今天我们如何当老师——弘扬践行教育家精神"大型系列活动。可能市里考虑到我是全市正高、特级、厦门市拔尖人才中唯一依然坚守在一线班主任岗位的普通教师,选定我为全市中学系列唯一的教师代表,与高校系列厦门大学的一位科学家教师代表及另一位小学幼儿园系列的校长代表共三人参加庆祝教师节"中青年名师论坛"大型活动。我借机静心系统梳理,充实自己的同时,也充实了书稿内容。

永通君的要求极高。一开始我是有些担忧的,但写作过程其实很顺,毕竟自己怎么做就怎么写,每一个细节都出乎自己,无需任何编造。写完后,又逐字逐句修改,数易书稿,加之永通君的把关,终至宁愿超期也不放过一个小问题。感谢永通君的耐心等待与理解宽容,他的耐心与细心成功地助我"生产"。

既是《做幸福的引领者——班主任核心素养八讲》,绕不过去的有四个关键词。

一是"幸福"。"幸福"是我做班主任的真实感受。人类越是往高阶段发展,"幸福"就越重要。在甲骨文中,"幸"意为"免去灾祸"或"反屈为直","福"意为"人于祭台祈福",而这种祈福的最低愿望便是"幸"。所以,任何一种职业,"幸福"的前提首先是付出,是履职担责,做好本职工作,不犯错误,先做到"免去灾祸",或出现过错能快而艺术化地"反屈为直"。奋斗出幸福,可以想见,如果一个教师的本职工作常出问题、麻烦缠身,又何言职业幸福?其次,在此前提下,幸福是一种身心安适、满足愉悦的内心自足与自适,是给予受众爱心与帮助后的一种内心丰盈与成长,一种精神认同与价值肯定。与物质、权力、地位关系不大,虽身处困境亦能一心向阳,是个人内心的感悟和付出所换取的满足感,付出越多,幸福感越强烈。一个对工作不付出甚至常敷衍的人,难有幸福可言。"人是自我决定的动物。"这种"决定",可正可负。教师职业幸福关键取决于自己对职业的认知与定位,取决于对职业的个人信念。幸福是自给的,又是他赋的,最终是自洽的,是积极向好的一种心理调控能力,并非单向度的物质享受,更多的是一种精神状态。我们不仅要"活"在课堂,更要"乐"在课堂。最后,如果付出一直没有回报,也难有幸福可言,所以付出如果能创造价值、获得尊严,幸福感会更强烈。马斯洛需求层次理论中最高的两个便是"尊重需求"与"自我实现需求"。因付出而艺术化"免去灾祸",创造价值并获得尊重而收获幸福的例子,书中阐述颇多。

二是"引领"。说"引领"似乎有一些张狂与傲气,好像自己足够优秀并居于领头羊之味,实则非也。师者的身份与位置决定我们必须是引领者,客观原因使然。西汉扬雄在《法言·学行》中说:"师者,人之模范也。"所谓"师范",就是效法、模范,是学习之榜样。所以,教师的职业性质与特点决定我们必须要起引领作用,这是一份责任。

三是"班主任"。这是我与永通君讨论较多的一个词。因为书稿所叙内容并非全然只指向班主任。事实上,所有科任教师,包括中小学及幼儿园教师,甚至家长,我希望他们都能读一读这本记录了我对许多教育的真实观察与思考的小书。正如埃德加·莫兰在《一个世纪的人生课》中所言:"每个人都是多重身份的集合体,既独一又多元。"我首先是一个语文老师,然后才是一个班主任，毫无疑问，我还是一位家长、一位教育观察者。我在初中与高中执教多年，也长期深入小学与幼儿园；我在农村中学工作多年，又在知名城市中学工作多年，所积累的教育案例也算具有一定的代表性与典型性。无形中，我是在用多重身份来撰写这本书，只是更多地定位于班主任，叙述视角和思考角度多立足于班主任而言。

　　四是"核心素养"。其实"核心素养"与"幸福"有着内在的一致性。我近来重读弗洛姆的《爱的艺术》，获益良多。弗洛姆在书中说："爱并不是一种任何人都能够轻易沉迷其中的感情……除了努力积极发展你的全部个性，使之形成一种创造性人格倾向外，一切爱的尝试都一定是要失败的；没有爱自己邻人的能力，没有真诚的谦恭、勇气、忠诚、自制，就不可能得到满意的个人的爱。在罕见这些品质的一种文明中，获得爱的能力注定是一个难以达到的目标。"读到这段话时，我有一种怦然心动的感觉。如果将这种爱迁移到师者之爱，我认为十分贴切。教师对学生及对教育之爱，并非任何人都能轻易沉迷其中，需要你积极发展全部个性，形成一种创造性人格及爱"自己邻人的能力"。显然，这是一种罕见的品质，也就注定了获得爱的能力是一个难以达到的目标。它回答了为什么多数教师"不可能得到满意的个人的爱"（亦即幸福）的原因，揭示了教育工作的难度、宽度与广度。同样，这段话也揭示了教育工作中最核心的一条素养就是"爱"，而且还不是一种泛爱，是我在这本书中反复强调的类似父母般不索取任何回报的天然之爱。但随着教育改革的深化与教育本身的专业性，学校毕竟不是慈善机构或托儿所，它必须使学生走向知识、道德、审美等方面的成长，这就是另一条重要的核心素养，即专业。所以，教育，必须要"让爱与专业照亮每一位学生"。本书的架构，将"爱"与"专业"视为教师或班主任的核心素养，称为"价值引领"与"专业引领"，围绕这两种核心素养，兼谈了另外六种素养，即人文引领、文化引领、会话引领、活动引领、品行引领、共育引领。我在面授讲座时则将此八种"引领"称为八种"引力"，亦可理解为教育执行力。

　　除了以上四个关键词，"骚哥"这一称呼我也想在此郑重提一下。因需要再现一些与学生交流的现场图景，映射真实情境，书中不可避免地需要还原学生对我的真实称谓：骚哥。其实"骚哥"是一个褒称，它已成为厦外师生间和谐共处的一种文化见证。它的起因源于我的一次全校公开课（《厦门晚报》曾对此作了报道）：

2005年我调入厦外的第一次全校公开课上，给学校首届新疆内高班学生讲解对联知识，随后进入训练阶段。为了激活课堂，我临时改变原定教学方案，让学生自由出上联，并承诺五秒内对出下联。当时此诺是如何说出来的，我已忘了，只知道旋即课堂气氛就活跃了起来。一位维吾尔族女生立马起立，抛出上联："新疆美女俏"。几乎在她话音刚落还未落座的瞬间，我便拿起粉笔在黑板上对出下联："厦门俊男骚"。

那一刻，我和同学们及众多听课同仁都笑成一片。笑过之后，同学们用我刚传授过的知识反驳："老师，您刚才的对句虽十分工整，地名'厦门'对'新疆'，偏正短语'俊男'对'美女'，性别词'男'对'女'，形容词'俏'对'骚'，而且符合仄起平收之规定，但您刚才说了，对联的最高境界不是'工整'，而是'雅'，这个明显不雅，得重对。"

我说："非也非也。何谓'骚'？司马迁引淮南王语说：'离骚者，犹离忧也。'班固解为'遭忧'，东汉王逸《楚辞章句·离骚序》中说：'离，别也。骚，愁也。''离'通'罹'，意为'遭受'。'离骚'即为'遭受忧愁'。故'骚'即'愁'。比如说，你今天心情不好，忧愁，别人惹你，你就可以说：对不起，别惹我，我今天有点'骚'。"众人又是大笑。我接着说："回到对联上，你'新疆美女俏'，我'厦门俊男'追不上，心情自然愁了。'骚'的平声调比'愁'更合'仄起平收'之原则，所以'骚'更为合适，也更有文化味。"

话毕，掌声四起。

这是这堂公开课上现场生成的教学内容。一下课，我从前门出，听课教师江滨老师从后门出，他结合我平时爱写文章的特点，幽我一默："骚人，你这个骚人！"从此，"骚人"这一称谓便在厦外传开了。慢慢地，同事结合我名字中的"国"字叫我"国骚",表示级别之高,学生开始亲切地称我为"骚哥",一届传一届,其乐融融。我工作地共有两个:一为晋江市英林中学,一为厦外。凡学生称"骚哥"的地方,工作地均为厦外。

书中以我曾经工作过的农村中学晋江市英林中学和现在工作的全国知名城市中学厦外所带的历届班级为原型,记录了我带班的真实经历,并结合我身边亲人、朋友众多的教育实例,从幼儿园、小学到初中、高中。谈不上成功,更谈不上经验,但作为反思或教训,又真实,可落地。

感谢晋江市英林中学与厦外全体同仁,他们给予了我许多关怀与照顾。这两所学校是此书成长的真实土壤。感谢永通君与导师鲍道宏教授,没有他们的鼓励与帮扶,就没有这本书;感谢任勇局长与姚跃林校长,他们认真而细致地作序加持,画龙点睛般地提升了此书的质量;感谢众多为此书精心撰写推介语的局长、校长及老师与朋友,他们热心的推介给予我力量;感谢所有的学生,他们的宽容与接纳帮助我不断成长。

时值2025年农历正月初六,我旅居在湖南宁远一中(我高中母校)亲人的家里。新春喜气正浓,二十四节气中的第一个节气立春又至。此时,时间的指针正指向神奇的中国传统历法的新旧之交的晚上10:11。几乎在同一时间,四围鞭炮齐鸣,礼花应时绽放,绚烂美丽,传递着吉祥与幸福。元英顿去,东皇已至。空气中弥漫着新春的气息与祝福。春天是播种与耕耘的季节,带班如园中耕作,我,就是这个园子里平凡而普通的园丁,虽满身泥汗,却嗅着花香,真好!

期盼有价值的交流。盼之,谢之。

欧阳国胜

2025年2月3日

图书在版编目（CIP）数据

做幸福的引领者：班主任核心素养八讲／欧阳国胜著.
— 上海：华东师范大学出版社，2025. — ISBN 978-7-5760-6004-1

I. G451.6

中国国家版本馆 CIP 数据核字第 20258TY251 号

大夏书系 ｜ 全国中小学班主任培训用书

做幸福的引领者——班主任核心素养八讲

著　　者	欧阳国胜
策划编辑	朱永通
责任编辑	薛菲菲
责任校对	杨　坤
封面设计	奇文云海·设计顾问
出版发行	华东师范大学出版社
社　　址	上海市中山北路 3663 号　邮编 200062
网　　址	www.ecnupress.com.cn
电　　话	021-60821666　行政传真 021-62572105
客服电话	021-62865537
邮购电话	021-62869887
地　　址	上海市中山北路 3663 号华东师范大学校内先锋路口
网　　店	http://hdsdcbs.tmall.com/
印 刷 者	北京密兴印刷有限公司
开　　本	700×1000　16 开
印　　张	16.5
字　　数	244 千字
版　　次	2025 年 5 月第一版
印　　次	2025 年 6 月第二次
印　　数	5 101-9 100
书　　号	ISBN 978-7-5760-6004-1
定　　价	69.80 元

出 版 人　　王　焰

（如发现本版图书有印订质量问题，请寄回本社市场部调换或电话 021-62865537 联系）